职业教育新形态旅游类专业中高职一体化教材
浙江省高职院校"十四五"重点立项建设教材

康养旅游管理

◎主　编　段学成
◎副主编　王　一
◎主　审　郑能波

电子工业出版社
Publishing House of Electronics Industry
北京·BEIJING

内 容 简 介

本书以旅游管理专业教学标准为指导，以导游省级特色专业和康养旅游高水平专业群建设成果为切入点，对接设计行业岗位标准，采用工作过程系统化重构课程内容，融合互联网新技术，结合教学方法改革，嵌入视频、作业、拓展资源等数字资源，实现教材、课堂、教学资源三者融合的新模式。从设计思维、基础巩固，到综合提升，层层递进，符合学生认知规律，培养学生职业能力。

本书内容设计依托国家专业教学标准和职业技能标准，对接新规范、新技术，对接企业，引入康养旅游企业案例和管理经验。教材编排时充分考虑职业院校学生学习特点，采用"项目任务教学法"的设计。编者将康养旅游管理核心知识和关键技能与企业导游岗位实际工作过程紧密结合，设置了"康养旅游管理感悟、康养旅游决策管理、康养旅游企业计划管理、康养旅游企业组织管理、康养旅游企业领导管理、康养旅游企业控制管理、康养旅游管理的方法分析、管理创新"八个项目，每个项目包括项目导读、思维导图、案例导入、项目总结、项目实践等教学内容，每个任务内容包括任务目标、资料链接、任务操作、任务思考，穿插二维码和知识链接。以任务驱动的方式进行教学。先练后讲，先学后教，强调学生的自主学习，调动学生学习的创造性、积极性，有利于加强对学生自学能力、创新能力的培养。

本书可作为职业院校康养类和旅游类专业的教材，也可作为相关培训机构的培训教材，还可作为高校研究机构学者、旅游和康养企业经营管理者的参考用书。

未经许可，不得以任何方式复制或抄袭本书之部分或全部内容。
版权所有，侵权必究。

图书在版编目（CIP）数据

康养旅游管理 / 段学成主编. -- 北京 ：电子工业出版社, 2025. 2. -- ISBN 978-7-121-49669-1

Ⅰ. F590.3

中国国家版本馆 CIP 数据核字第 20259FJ315 号

责任编辑：王志宇
印　　刷：三河市鑫金马印装有限公司
装　　订：三河市鑫金马印装有限公司
出版发行：电子工业出版社
　　　　　北京市海淀区万寿路 173 信箱　邮编　100036
开　　本：787×1 092　1/16　印张：14.25　字数：364.8 千字
版　　次：2025 年 2 月第 1 版
印　　次：2025 年 2 月第 1 次印刷
定　　价：45.00 元

凡所购买电子工业出版社图书有缺损问题，请向购买书店调换。若书店售缺，请与本社发行部联系，联系及邮购电话：(010) 88254888，88258888。
质量投诉请发邮件至 zlts@phei.com.cn，盗版侵权举报请发邮件至 dbqq@phei.com.cn。
本书咨询联系方式：(010) 88254523，wangzy@phei.com.cn。

PREFACE 前 言

　　管理是人类不可缺少的重要活动，随着未来社会共同劳动的规模日益扩大，劳动分工协作更加精细，社会化大生产日趋复杂，管理就更加重要了。康养旅游管理是管理在康养旅游行业的应用，康养旅游企业既有一般企业管理所需要的理论知识，也有行业特点需要的特殊管理技能。本书就是为适应康养旅游企业的人才培养需要而开发编写的，具有较强的行业针对性和理论适用性。

　　本书以旅游管理专业教学标准为指导，以导游省级特色专业和康养旅游高水平专业群建设成果为切入点，对接设计行业岗位标准，采用工作过程系统化重构课程内容，融合互联网新技术，结合教学方法改革，嵌入视频、作业、拓展资源等数字资源，实现教材、课堂、教学资源三者融合的新模式。从设计思维、基础巩固，到综合提升，层层递进，符合学生认知规律，培养学生职业能力。

　　本书内容设计依托国家专业教学标准和职业技能标准，对接新规范、新技术，对接企业，引入康养旅游企业案例和管理经验。教材编排时充分考虑职业院校学生学习特点，采用"项目任务教学法"的设计。编者将康养旅游管理核心知识和关键技能与企业导游岗位实际工作过程紧密结合，设置了"康养旅游管理感悟、康养旅游决策管理、康养旅游企业计划管理、康养旅游企业组织管理、康养旅游企业领导管理、康养旅游企业控制管理、康养旅游管理的方法分析、管理创新"八个项目，每个项目包括项目导读、思维导图、案例导入、项目总结、项目实践等教学内容，每个任务内容包括任务目标、资料链接、任务操作、任务思考，穿插二维码和知识链接。以任务驱动的方式进行教学。先练后讲，先学后教，强调学生的自主学习，调动学生学习的创造性、积极性，有利于加强对学生自学能力、创新能力的培养。

　　本书配套的教学资源丰富，纸质教材中穿插数字化资源，"扫一扫"二维码可获得本项目相关资料。配套在线课程包括多个教学案例和微课视频，并且同步将课程标准、教学课件、范例源文件及题库在智慧平台资源库共享，利于线上线下混合教学组织。

　　本书由从事多年管理学和康养旅游研究的数位资深教师联合企业人员共同完成编写，由浙江舟山群岛新区旅游与健康职业学院段学成任主编，由浙江舟山群岛新区旅游与健康职业学院王一任副主编，邓捷、胡自勤、周倩参编。段学成负责编写项目一、项目二、项目三和项目四的学习任务一，并负责全书统稿；王一负责编写项目五、项目六和项目四的学习任务二；邓捷负责编写项目八和项目四的学习任务三；胡自勤负责编写项目七，周倩也参与了部分编写工作。安吉天使小镇乐园有限公司人力资源中心总监张毅等企业人士提供相关资料。本书由郑能波主审。

在编写过程中，得到许多专家、学者的指导，在此表示深深的谢意。感谢所有参与编写的老师，是你们的辛勤付出，才有本书的面世。本书融入和汲取了国内外专家、学者的理论研究成果，主要参考文献已列在书后，在此向各位专家、学者表示崇高的敬意和诚挚的感谢！由于康养旅游产业链不健全，相关研究在国内起步较晚，理论和实践都需要不断总结，加上编者知识结构有限，教材中难免存在疏漏之处，真诚希望各位专家、学者批评指正，不吝赐教。

编　者

目 录

项目一 康养旅游管理感悟 ·· 1

  学习任务一 康养旅游管理认知 ·· 2
    一、管理 ·· 3
    二、康养旅游管理 ·· 4
  学习任务二 康养旅游管理者认知 ·· 10
    一、康养旅游管理者的类型 ·· 11
    二、康养旅游管理者的技能 ·· 12
    三、如何成为康养旅游管理者 ··· 14
    四、现代管理者素质的核心——创新 ·· 15
  学习任务三 走进康养旅游企业 ·· 17
    一、康养旅游概念 ··· 17
    二、康养旅游主要企业类型概述 ·· 17
  学习任务四 管理思想发展认知 ·· 19
    一、古典管理理论 ··· 20
    二、行为科学学派及其理论 ·· 32
    三、现代管理思想与管理理论 ··· 36

项目二 康养旅游决策管理 ··· 43

  学习任务一 认知康养旅游决策 ·· 44
    一、康养旅游决策的含义 ·· 45
    二、康养旅游决策的类型 ·· 45
    三、康养旅游决策的原则 ·· 46
    四、康养旅游决策的程序 ·· 47
  学习任务二 康养旅游决策方法分析 ·· 49

一、定性决策方法 …………………………………………………………… 49
　　二、定量决策方法 …………………………………………………………… 52

项目三　康养旅游企业计划管理 …………………………………………………… 61

学习任务一　康养旅游企业计划制订 ……………………………………………… 62
　　一、康养旅游企业计划的概念 …………………………………………………… 63
　　二、康养旅游企业计划的特点 …………………………………………………… 63
　　三、康养旅游企业计划的作用 …………………………………………………… 65
　　四、康养旅游企业计划的类型 …………………………………………………… 66
　　五、康养旅游企业计划的程序 …………………………………………………… 70

学习任务二　康养旅游企业目标管理 ……………………………………………… 74
　　一、目标概述 ……………………………………………………………………… 75
　　二、康养旅游目标管理 …………………………………………………………… 77

项目四　康养旅游企业组织管理 …………………………………………………… 83

学习任务一　康养旅游企业组织和组织职能设计 ………………………………… 84
　　一、组织与组织工作认知 ………………………………………………………… 85
　　二、康养旅游企业组织职能设计 ………………………………………………… 91

学习任务二　康养旅游企业组织结构设计 ………………………………………… 94
　　一、直线型组织结构设计 ………………………………………………………… 95
　　二、职能型组织结构设计 ………………………………………………………… 96
　　三、直线职能型组织结构设计 …………………………………………………… 96
　　四、事业部制组织结构设计 ……………………………………………………… 97

学习任务三　康养旅游企业组织文化设计 ………………………………………… 99
　　一、组织文化的含义和特征认知 ………………………………………………… 100
　　二、康养旅游企业组织文化的功能分析 ………………………………………… 102
　　三、康养旅游企业组织文化的设计 ……………………………………………… 103

项目五　康养旅游企业领导管理 …………………………………………………… 108

学习任务一　康养旅游企业领导认知 ……………………………………………… 109
　　一、领导的定义 …………………………………………………………………… 110
　　二、领导的作用 …………………………………………………………………… 110

　　学习任务二　康养旅游企业领导能力分析 …………………………………… 111
　　　　一、领导理论研究 ……………………………………………………………… 112
　　　　二、领导者能力素质分析 ……………………………………………………… 118
　　　　三、康养旅游企业领导者影响力分析 ………………………………………… 121

项目六　康养旅游企业控制管理 ……………………………………………………… 124
　　学习任务一　控制认知 …………………………………………………………… 125
　　　　一、控制的含义 ………………………………………………………………… 125
　　　　二、控制的原则 ………………………………………………………………… 126
　　　　三、控制的作用 ………………………………………………………………… 128
　　学习任务二　康养旅游企业控制过程管理 ……………………………………… 128
　　　　一、确定标准 …………………………………………………………………… 129
　　　　二、衡量绩效 …………………………………………………………………… 130
　　　　三、采取纠正措施 ……………………………………………………………… 130
　　学习任务三　康养旅游企业控制方法分析 ……………………………………… 131
　　　　一、控制的类型 ………………………………………………………………… 132
　　　　二、控制的方式 ………………………………………………………………… 135

项目七　康养旅游管理的方法分析 …………………………………………………… 140
　　学习任务一　康养旅游企业激励 ………………………………………………… 142
　　　　一、康养旅游企业激励概述 …………………………………………………… 143
　　　　二、康养旅游企业激励理论 …………………………………………………… 144
　　　　三、康养旅游企业激励艺术 …………………………………………………… 149
　　学习任务二　康养旅游企业沟通 ………………………………………………… 154
　　　　一、康养旅游沟通原理 ………………………………………………………… 155
　　　　二、有效沟通的障碍及其克服 ………………………………………………… 161
　　　　三、康养旅游组织冲突与谈判 ………………………………………………… 165
　　学习任务三　康养旅游企业战略分析法 ………………………………………… 178
　　　　一、康养旅游企业战略理念 …………………………………………………… 179
　　　　二、康养旅游企业战略管理的发展 …………………………………………… 184
　　　　三、康养旅游企业具体战略分析法 …………………………………………… 186

项目八 管理创新···194

学习任务 管理创新认知···195
一、创新的含义、特征与作用···196
二、创新的原则、过程与主体···200
三、创新的内容、策略与方法···206
四、中国企业的管理创新···213

参考文献···220

项目一

康养旅游管理感悟

项目导读

通过本项目的学习,在知识上,要求学生理解管理概念、性质,康养旅游概念,康养旅游管理含义、职能、环境,熟悉康养旅游管理者类型、管理者的技能,如何成为管理者,掌握康养旅游主要企业类型,了解管理思想发展过程。在能力上,会分析企业管理基本情况和康养旅游企业类型,能评价分析不同康养旅游企业的管理问题。在素质上,养成从管理者的角度思考康养旅游企业管理问题的习惯。

思维导图

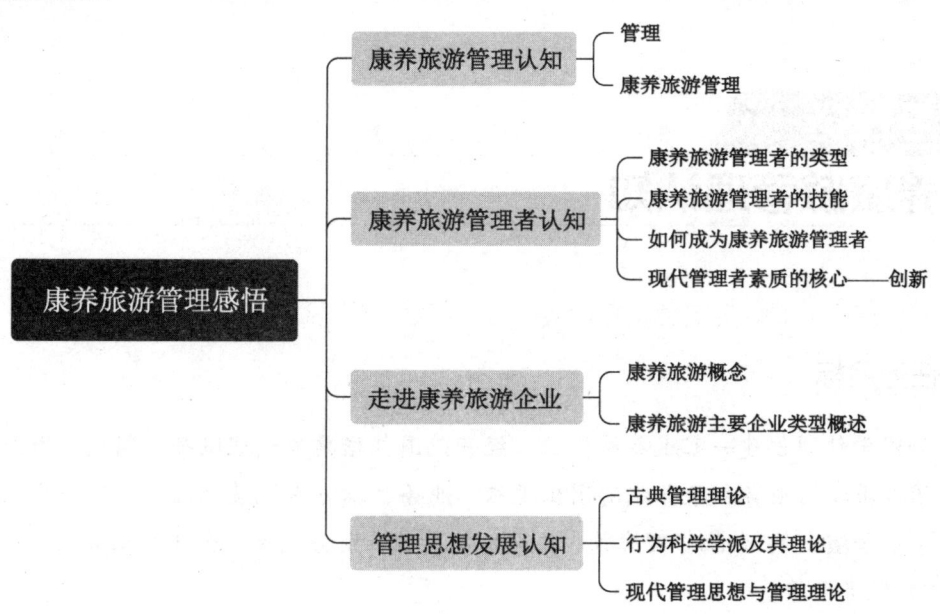

康养旅游管理

案例导入

以一幅《清明上河图》为蓝本，全国建设了 10 多个"宋城"主题公园。但最成功的莫过于杭州宋城。宋城集团是中国最大的民营旅游投资集团之一，然而在企业迅速成长的过程中，企业高层管理者必须冷静地审视企业的过去，准确定位企业的现在与未来。经过宋城集团管理层多次研讨、分析、碰撞及思考后，形成以"主题公园+旅游文化演艺"为主营模式，成功打造了以"宋城千古情"为核心的中国最成功的宋文化主题公园、宋城景区和华东地区最受欢迎的游乐主题公园——杭州乐园，构建了"西湖观光，宋城怀古，杭州乐园度假游"的杭州主流旅游线路。

在经营管理过程中，由于企业发展过快，由原来只有宋城一个景区发展到空间上分散的六大景区，出现了管理混乱的局面，人员严重不足，集团内外繁杂的事务常常使总经理感到分身乏术。然而在不断积累管理经验的基础上，宋城集团逐步走上了专业化的管理道路，对主题公园和旅游文化演艺这两类原本独立的细分板块业务进行全方位、多层次的深度融合，有效地解决了传统单一化经营模式的缺陷，同时也预示着企业从幼小期到迅速成长期的转型过程中企业与企业家发生的蜕变。

启示

宋城集团的成功告诉我们，企业的成功离不开管理，管理是企业运行的核心；管理的内容极为丰富，方法多种多样；旅游企业从事管理的人员较多，不同的管理者承担着不同的管理职能。

学习任务一
康养旅游管理认知

任务目标

你和同学计划创建一家康养旅行社，经营范围包括票务代理服务、国内旅游业务、康养旅游团入境旅游业务、康养旅游团出境旅游业务、承办展览展示活动、组织文化艺术交流活动（不含演出）、企业管理咨询、康养酒店管理、财务顾问、企业形象策划、信息咨询（不含中介服务）等。

以小组为单位，成立一家康养旅游旅行社团队，要求学习理解管理的概念、性质，掌

握康养旅游概念、康养旅游管理的含义和职能、熟悉康养管理的环境。

资料链接

什么是康养旅游？快来了解一下吧。

任务操作

一、管理

（一）管理的概念

"管理"是随着人类社会的产生而产生的。人类社会的各种组织和群体行为都离不开管理。不同的学者对管理进行了不同的解释，具有代表性的解释主要有以下五种。

一是从工作目的的角度出发对管理进行定义。美国著名管理学家弗雷德里克·泰勒（Frederick Taylor）认为，管理就是确切知道要别人干什么，并促使他们用最好、最经济的方法去干。管理的主要目的是使雇主实现最大限度的富裕，并使每个雇员实现最大限度的富裕。他强调的是寻求最经济的方法完成工作任务。

二是从工作过程的角度出发对管理进行定义。法国管理学家亨利·法约尔（Henri Fayol）认为，管理就是实行计划、组织、指挥、协调和控制，是一种分配于领导人与整个组织成员之间的职能。

三是从管理效果的角度出发对管理进行定义。苏联管理学家加夫里尔·哈里托诺维奇·波波夫认为，管理同土地、劳力和资本一样，都是一种生产因素。一个公司的管理，将在很大程度上决定其生产率和盈利能力，因此管理是"生产的第四要素"。

四是从文化价值观的角度出发对管理进行定义。现代管理学之父彼得·德鲁克（Peter Drucker）认为，管理不仅是一门学问，还应是一种"文化"，它有自己的价值观、信仰和语言。管理根植于一种文化、一种价值传统、习惯和信念之中，根植于政府制度和政治制度之中。

五是从决策的重要性的角度出发对管理进行定义，把管理与决策等同起来。美国管理学家赫伯特·西蒙（Herbert Simon）就在《行政行为：对行政组织决策过程的研究》一文中提出："管理过程就是决策的过程。"

上述这些不同的定义均反映了各位学者对管理的不同认知。综合来看，我们可以定义，管理就是在特定的环境下，通过对内外部环境的分析，采用计划、组织、领导、控制、决策等手段对组织资源进行合理使用，以便达到组织设定目标的过程。

这个定义包含着以下4层含义。

① 管理的目的是实现组织目标。

② 管理需要各种资源作依托，包括人力资源、财务资源、物质资源、信息资源等。

③ 管理过程是一系列的计划、组织、领导、控制、决策、激励等活动组合。

④ 管理是在一定环境下进行的，必须对内外部环境进行充分的分析和研究。

（二）管理的性质

管理具有二重属性，即自然属性和社会属性。管理是人类共同劳动的产物，具有同生产力和社会化大生产相联系的自然属性；同时，管理又具有同生产关系、社会制度相联系的社会属性。

管理的自然属性，也称管理的生产力属性或一般性。它由生产力决定，而与生产关系、社会制度无关，具有历史长期性。

管理的社会属性，也称管理的生产属性或管理的特殊性。管理的社会属性是由与管理相联系的生产关系和社会制度的性质决定的。在历史发展的过程中，不同社会形态下，管理的社会属性体现着统治阶级的意志，带有明显的政治性。

康养旅游管理是管理在康养旅游行业的应用，有其特殊含义和职能。

二、康养旅游管理

（一）基本含义

康养旅游管理从学科范围来看属于管理学的分支，或称为行业管理学，即对康养旅游活动这一经济行为进行的计划、组织、指挥、协调及控制的活动过程。康养旅游是一项综合性的社会经济活动，涉及政治、经济、文化、历史、地理、法律等社会领域，因此康养旅游管理也具有丰富的内涵。

康养旅游管理是指为了以最有效的方式实现康养旅游活动的目标，综合运用管理职能的作用，对康养旅游所涉及的各种关系和现象进行管理的活动和过程。从组织层面可以将康养旅游管理分为宏观康养旅游管理和微观康养旅游管理。

宏观康养旅游管理是指政府部门从促进国家康养旅游产业发展的角度来管理康养旅游

活动，其主要功能是发挥政府职能，培育和完善康养旅游市场。具体来讲，一是通过制定康养旅游政策、法规和行政手段，对涉及国家和地方康养旅游业发展的重大问题和横向协调等问题进行一系列组织管理工作，保证国家和地方康养旅游业的协调发展；二是对康养旅游市场进行宏观调控，以达到获得优良宏观经济效益和社会效益的目的；三是提高我国康养旅游业声誉和国际影响。

微观康养旅游管理是指康养旅游服务企业的经营管理活动。康养旅游服务企业为康养旅游活动提供必需的服务，是康养旅游活动的重要环节，做好康养旅游企业管理是康养旅游管理的重要任务之一。在现代康养旅游企业管理中要求管理者运用现代管理理论和方法，对企业所能支配的人、财、物、信息、能源等有形资产及无形资产，进行有效地计划、组织、指挥、协调和控制，使各项要素得以合理配置，以求达到康养旅游企业所预期的目标。因此，当前中国的康养旅游企业应加快改革步伐，建立现代企业制度，学习和吸收国际先进的管理理论和方法，结合本企业的实际情况，建立科学的企业管理体制，提高管理水平。

（二）康养旅游管理的职能

康养旅游管理的职能是指管理活动的职责和功能。由于对管理认识的不统一，管理职能到底有哪些也众说纷纭。自亨利·法约尔（Henri Fayol）提出管理的计划、组织、指挥、协调和控制五大职能以来，也有不同学者提出多种管理的职能。随着康养旅游管理理论和实践的不断发展，康养旅游管理职能按照康养旅游管理的特点、目的和作用一般包含计划职能、组织职能、领导职能和控制职能四大基本职能。

1. 计划职能

计划是对康养旅游组织在未来一段时间内为实现组织的目标对组织的资源做出的各种安排。因此，计划是解决管理中干什么、谁来干、什么时间完成的问题。计划管理是一项专业技术性较强的工作，是康养旅游发展方针和经营目标的具体体现，它直接决定着康养旅游业发展的资金安排、设备物资消耗和业务经营活动的开展，影响着康养旅游业的经济效益。

计划职能包括对将来趋势的预测，根据预测的结果建立目标，然后再制定各种方案、政策及达到目标的具体步骤，以保证组织目标的实现。对于康养旅游企业来讲，计划形式要多样，既要编制综合的经营计划，又要编制各项专业活动的具体计划，并把计划指标层层分解落实。为使计划制订得科学合理，必须对企业的内外环境进行严格的科学分析。要通过调查研究，全面分析并认清当前存在的机会和威胁，保持综合平衡，从而保证计划的科学性和预见性，使企业的工作有条不紊地进行。只有这样才能充分发挥计划的指导作用，从而实现决策所规定的目标。

2. 组织职能

计划的实施要靠与其他人合作完成。在康养旅游管理活动中，组织管理是计划管理的继续。康养旅游管理的组织职能是指为有效实现康养旅游组织目标，建立组织结构，配备人员，使组织协调运行的一系列活动。因此，组织职能是解决管理中谁去干的问题。根据工作的要求与人员的特点设计岗位，通过授权和分工，将适当的人员安排在合适的岗位上，用制度规定各个成员的职责和上下左右的相互关系，形成一个有机的组织结构，使整个组织协调地运转，产生比个体总和更大的力量，实现更高的效率。

一个组织的目标决定着组织结构的具体形式和特点。例如，饭店、旅行社、康养旅游景区、康养旅游协会、康养旅游行政部门等组织由于各自的目标不同，其组织结构形式也各不相同，并显示出各自的特点。反过来，组织工作的状况又在很大程度上决定着这些康养旅游组织各自的工作效率和活力。在每一项管理业务中，都要做大量的组织工作，组织工作的优劣同样在很大程度上决定着这些决策、计划和管理活动的成败。任何社会组织是否具有自适应机制、自组织机制、自激励机制和自约束机制，在很大程度上也取决于该组织的组织结构状态。因此，组织职能是管理活动的根本职能，是其他一切管理活动的保证和依托。

3. 领导职能

康养旅游的领导职能是一种影响力，是指领导者为实现组织的目标而运用权力向其下级施加影响力的一种行为或行为过程。由于每位成员的目标、需求、偏好、性格、气质、价值观及工作职责和掌握信息量等存在较大差异，因此在相互合作中可能会产生各种矛盾和冲突。这就需要有权威的领导者进行领导，指导每位成员的行为，沟通每位成员之间的信息，增强彼此间的理解，统一每位成员的思想和行动，激励每位成员自觉地为实现组织目标而努力。领导职能是解决康养旅游管理中如何干的问题。

在实践中履行康养旅游管理的领导职能重点要注意以下3点。

① 领导必须有权威性，以保证各项规定及指令得到贯彻执行。

② 必须保证领导过程的正确性，要防止因领导决策失误造成下级管理的混乱或经济损失。

③ 必须坚持逐级领导的原则，即工作指令逐级下达，不越级指挥，以达到命令统一的管理状况。

4. 控制职能

每位成员在执行计划过程中，由于受到各种因素的干扰，常常会使实践活动偏离原来的计划。为了保证目标及为此而制订的计划得以实现，就需要控制计划执行过程。康养旅游管理的控制职能就是按照计划标准检查计划的完成情况和纠正计划执行中的偏差，以确保计划目标实现的一系列活动。可见，控制职能关键是在管理过程中发现问题、解决问题，管理者必须及时获取关于计划执行情况的信息，并将有关信息与计划进行比较，发现实践活动中存在的问题，分析原因并及时采取有效的纠正措施。

管理的计划职能、组织职能、领导职能和控制职能是完成管理活动所不可缺少的因素。计划职能是管理的首要职能，它对组织的目标进行分解，规定出管理的具体目标和行动规划，使组织成员明确奋斗的目标和方向，解决组织干什么的问题；组织职能规定组织成员在实现管理目标过程中的地位、作用及所拥有的权利和责任，规定了组织成员各方面的关系，包括分工、协作、上下级等关系，这是实现管理目标的组织保证，解决组织谁去干的问题；领导职能是为保证组织实施计划目标而采取各种措施以发挥和调动员工积极性、主动性和创造性，解决组织如何干的问题；控制职能与计划职能密不可分，控制职能具有预测和纠正在执行计划、指令的过程中偏离目标的功能。可见，各种职能之间是相辅相成的关系，缺一不可。

（三）康养旅游管理的环境

康养旅游管理环境是指存在于康养旅游行业组织内部或外部的，影响康养旅游管理实施和康养旅游管理功效的各种力量、条件和因素的总和。构成康养旅游管理环境的客观因素有很多，小到员工的生理、心理状况，大到国家的政治、经济、文化、宗教等，甚至整个世界的宏观环境。具体地讲，康养旅游管理的环境有的是有形的，如旅游资源的地理位置、景区的面积大小等；有的是无形的，如一个地区的民俗文化、道德价值观等；有的是物质的，如建筑、交通等；有的是精神的，如管理思想和管理理论；有的是社会环境的因素，如国家制度、旅游业政策等；有的是自然环境的因素，如资源、物产等。

根据各种因素与旅游活动的关系及它们对旅游业影响的表现形式和程度的不同，康养旅游管理的环境可以分为内部环境和外部环境。内部环境主要指旅游组织履行基本职能所需的各种内容的资源与条件。外部环境是指旅游组织外部的各种自然和社会条件与因素。

1. 康养旅游管理的内部环境

康养旅游管理的内部环境通常是组织运行环境和组织文化环境。一般而言，旅游组织不仅有其独特的组织文化，其组织内部环境条件也不同，这就要求管理者分析研究本组织的内部环境，根据本组织的实际情况，制定相应的组织目标和发展战略。

（1）组织运行环境

完成康养旅游组织的活动需要拥有一定的组织运行环境，利用一定的资源，包括组织的结构、组织制度、组织领导作风、组织人力资源、资金实力、科研能力、社会声誉等。这些因素不仅与外部环境因素一样，影响一个组织目标的制订和实现，还将直接影响该组

织管理者的管理行为。

（2）组织文化环境

组织文化环境是处于一定经济社会文化背景下的组织，在长期的发展过程中逐步形成和发展起来的日趋稳定的、独特的价值观，以及以此为核心而形成的行为规范、道德准则、群体意识、风俗习惯等。

从这个定义中可以看到，组织文化环境实际上是指组织的共同观念系统，是一种存在于组织成员之间的共同理解内容。因此，组织中不同背景和地位的人在描述其组织文化时基本上用的是相同的语言。在每一个组织中，有各种不断发展着的价值观、仪式、规章、习惯等，这些观念一旦被全体员工所接受，就变成了组织的共同观念，即成为组织文化的一部分。而组织文化一旦形成，便会在很大程度上对管理者的思维和决策施加影响。

2. 康养旅游管理的外部环境

管理活动必然处在一定的外部环境中。对于康养旅游管理系统，不论是酒店、旅行社，还是景区、景点，都处在一定的外部环境中，它需要从外部环境中获得物质、能量、信息，也要向外部环境输出自己的物质、能量、信息。因此，外部环境是康养旅游管理系统存在、发展的条件。同时，外部环境还是康养旅游管理系统显示功能、做出贡献的场所和舞台。例如，市场为旅游企业提供了活动的场所，市场就是旅游企业的主要外部环境。

康养旅游管理的外部环境是一个十分复杂的系统，包含众多因素。具体来说，可以划分为以下6个方面。

（1）自然环境

自然环境是指对康养旅游业产生影响的各种自然因素，主要是在地理位置、气候条件、自然资源及灾害、环境污染程度和控制方式等方面表现出来。

自然环境对旅游业而言是一把双刃剑，在不同的时间和空间，自然环境有可能成为旅游业谋取利益或形成阻碍的因素，因此它与管理活动有着密切的关系。首先，自然环境作为影响人类生存和发展的复杂的多重因素，是旅游组织管理活动不可缺少的条件。其次，旅游业的发展，在很大程度上取决于环境资源的支撑能力。自然环境的差异，造成了不同国家、不同地区、不同民族的物质生产方式和文化类型的差异；同时，也影响着他们的生活方式、思维方式，并在一定程度上影响着人们的风俗习惯，对康养旅游管理产生着深刻影响。最后，康养旅游管理活动改变着人类赖以生存的自然环境，这种改变表现为两种趋势：一是改善自然环境，二是破坏自然环境。例如，自然生态资源的合理开发，可以丰富和满足人们对旅游项目求新的欲望，但过度开发必然影响生态质量及自然环境，甚至危及人类的生存和可持续发展。这就要求旅游管理活动必须为实现人类的可持续发展，保持与自然环境的协调与平衡。

（2）经济环境

经济环境是指对康养旅游业产生影响的各种经济社会因素。它是影响管理活动的诸多因素中最重要、最基本的因素，包括利率、通货膨胀、失业和经济增长等。经济环境能够给经营管理者带来很多机会，也能够造成诸多威胁。

景气的经济环境使旅游企业更易取得资源，旅游企业出售自己产品和服务的机会大大增加；与此相反，恶化的经济环境会给旅游企业带来威胁，因为恶化的经济限制了管理者获取企业所需资源的能力，企业的现实顾客会大量减少，潜在顾客的开发难度增加，管理者不仅要在削减各部门人员的同时激发保留下来员工的积极性和主动性，还要确定获取和更加有效地利用资源的方法。成功的管理者会充分意识到经济环境对企业影响的重要性，密切关注整个经济的变化，以便未雨绸缪，及时做出适当的应对。例如，随着我国社会主义市场经济体制的建立和旅游行政管理体制的改革，政府与旅游企业、旅游企业之间、旅游企业与社会、旅游企业与员工等一系列关系都发生了很大的变化。国有旅游企业逐步向自主经营、自负盈亏、自我约束、自我发展的独立经营者转变。旅游企业的投资主体进一步多元化，形成多种所有制的旅游企业在市场上平等竞争的局面。与此相适应，旅游企业的管理目标、内容、方法及相应的组织结构、规章制度等方面也发生了深刻的变化。

（3）政治和法律环境

政治和法律环境包括组织所在地区的政治制度、政治形势，党的路线、方针、政策和国家法令等因素，这些都会对旅游行业及组织产生重大影响。政治和法律环境主要表现在地区的稳定性和政府对各类组织或活动的态度上。地区稳定性是旅游组织在制定其长期发展战略时所必须考虑的，而政府对各类组织和活动的态度则决定了各个旅游组织可以做什么、不可以做什么。例如，中国加入世界贸易组织（WTO）后信息产业的扩大开放将推动随之进入的电子商务和销售网络大发展，从而促进旅游运作与管理方式的现代化。

（4）社会与文化及心理环境

社会与文化及心理环境主要由组织所在地的人口、家庭文化教育水平、传统风俗习惯及人们的道德和价值观等因素构成。由于社会组织是由人组成的，而且人既是管理者又是管理对象，这就决定了组织及其管理离不开人与人之间的关系，离不开人们的社会心理因素。社会上的特种文化环境及心理氛围，必然对旅游组织的成员及管理产生广泛而深刻的影响。例如，旅游服务中的支付小费现象在许多西方国家是一种惯例，而在中国由于对旅游服务在理解上与西方存在差异，人们较少会支付小费。因此，我国旅游企业的员工管理就不能照搬西方国家的管理模式。管理者必须高度重视这些社会与文化及心理环境的影响，并能主动地适应这种环境的变化。

（5）技术环境

"技术"通常指我们做某种事情的知识总和，包括发明创造、技能方法。技术环境主要指组织所在国家或地区的技术进步状况，以及相应的技术条件、技术政策和技术发展的动向与潜力等。一个组织拥有的技术，对组织的生存和发展影响极大。当今世界，国内外实现突飞猛进发展的旅游集团，无不是以先进技术取得优势的。技术环境已成为旅游业组织环境中的关键因素，当代旅游业管理制度的建立、发展和完善，许多都是为了适应新的科学技术发展的要求。

（6）竞争环境

与其他环境相比，竞争环境对组织的影响更为直接和具体。每一个组织都处在不同的竞争环境之中，其竞争因素主要包括竞争对手、潜在竞争对手、服务对象、资源供应者和社会特殊利益代表组织。在这些因素中，有效的竞争活动是最关键的因素。没有一个组织在管理中可以忽视竞争环境，竞争环境是管理者必须对其有所了解并及时做出反应的一个重要环境因素。

这些因素相互作用，共同影响和制约着管理活动。对管理理论和方法而言，任何的外部环境变化总存在着对管理活动有利的机会和不利的威胁。外部环境是特定旅游组织的管理者所无法影响和控制的，因此在康养旅游管理活动中，要充分分析外部环境的各类因素，尽量利用机会，避免威胁，并制定相应的发展战略。

任务思考

1. 什么是管理？管理是一个怎样的过程？
2. 如何认识管理的两重性？
3. 如何认识管理的特征？
4. 康养旅游管理的职能是什么？

学习任务二
康养旅游管理者认知

任务目标

通过本任务的学习，掌握管理者类型、技能，理解如何成为管理者等。

资料链接

企业的成败在何人

任务操作

一、康养旅游管理者的类型

通常，我们从以下三个角度对康养旅游管理者进行分类。

（一）按管理层次划分

一是高层管理者，是指一个组织中职位最高的人员。他们对外代表组织，对内拥有最高职位和最高职权，并对组织的总体目标负责。他们侧重组织的长远发展计划、战略目标和重大政策的制定，拥有人事、资金等资源的控制权，以决策为主要职能，故也称为决策层。例如，一家康养旅游酒店的总经理、董事长等就属于高层管理者。

二是中层管理者，是指一个组织中中层部门的负责人员。他们是高层管理者决策的执行者，负责制订具体的计划，行使高层授权下的指挥权，并向高层报告工作，也称为执行层。例如，康养旅游公司的人事部经理。

三是基层管理者，是指在生产经营第一线的管理人员。他们负责将组织的决策在基层落实，制订作业计划，负责现场指挥与现场监督，也称为作业层。例如，康养旅游酒店的领班、主管等。

（二）按管理工作的性质与领域划分

一是综合管理者，是指负责整个组织或其所属单位的全面管理工作的管理人员。他们是一个组织或其所属单位的最高领导者，对整个组织或该单位目标实现负有全部的责任；他们拥有这个组织或单位所必需的权力，有权指挥和支配该组织或该单位的全部资源与活动，而不是只对单一资源或职能负责。例如，康养旅游酒店的总经理、董事长都是综合管理者。

二是职能管理者，是指在组织内只负责某部门职能的管理人员。这类管理者只对组织中某一职能或专业领域的工作目标负责，只在本职能或专业领域内行使职权、指导工作。职能管理者大多具有某种专业或技术专长。例如，康养旅游酒店的财务经理，只负责财务这种单一职能的管理。就一般工商企业而言，职能管理者主要包括以下类别：计划管理、生产管理、技术管理、市场营销管理、物资设备管理、财务管理、行政管理、人事管理、后勤管理、安全保卫管理等。

（三）按职权关系的性质划分

一是直线管理人员，是指有权对下级进行直接指挥的管理者。他们与下级之间存在着领导隶属关系，是一种命令与服从的职权关系。直线管理人员的主要职能是决策和指挥。直线人员主要指组织等级链中的各级主管，即综合管理者。例如，康养旅游企业中的总经理—部门经理—班组长，他们是典型的直线人员，主要由他们组成组织的等级链。

二是参谋人员，是指对上级提供咨询、建议，对下级进行专业指导的管理者。他们与上级的关系是一种参谋、顾问与主管领导的关系，与下级是一种非领导隶属的专业指导关系。他们的主要职能是咨询情况、提出建议和进行指导。参谋人员通常是指各级职能管理者。

直线管理人员与参谋人员，是依职权关系进行区分的，是相对于职权作用对象而言的，在实际管理中两者经常转化。例如，计财处长对其他各部门来说是参谋管理者，因为其只是在计财领域内进行专业指导；而对于计财处内部人员来说，计财处长却又是直线管理者，因为他对本处工作人员有直接指挥的权力。

二、康养旅游管理者的技能

每位管理者都在自己的组织中从事某一方面的管理工作，都要力争使自己主管的工作达到一定的标准和要求。管理是否有效，在很大程度上取决于管理者是否真正具备了作为一位管理者应该具备的管理技能。

通常而言，一名管理者应该具备的管理技能包括技术技能、人际技能、概念技能三个方面。那些处于较低层次的基层管理者，最需要的是技术技能，其次是人际技能；处于较高层次的中层管理者，更多需要的是人际技能，其次是技术技能与概念技能；而处于最高层次的管理者，则尤其需要具备较强的概念技能，其次是人际技能及技术技能。

（一）技术技能

技术技能是指完成涉及一定技巧和流程的具体任务的能力。比如，康养旅行社的计调人员要熟悉旅游线路的设计方法、吃住行游购娱等旅游行程的安排技巧、旅行费用的计算能力等。对于管理者来说，虽然没有必要使自己成为精通某一领域技能的专家（因为他可

以依靠有关专业技术人员来解决专门的技术问题），但也必须了解相应的专门知识，掌握最基本的专业技能，否则就很难与他所主管的组织内的专业技术人员进行有效的沟通，也就无法对他所管辖的业务范围内的各项管理工作进行具体的指导。当然，不同层次的管理者，对专业技能要求的程度是不同的。相对而言，基层管理者需要的专业技能程度较深，而高层管理者则只需要有些粗浅了解即可。

（二）人际技能

人际技能是指处理各种人际关系的技能，即理解、激励他人并与他人沟通和共事的能力。这种技能首先包括领导技能，因为领导者必须学会同下级沟通并影响下级的行为。人际技能的内涵远比领导技能广泛，因为管理者除了领导下级，还需要与上级领导和同级同事打交道，学会说服上级领导，领会领导意图，学会同其他部门同事紧密合作，还要与相关的外界人员和组织产生联系与交往。可以说，人际技能对高、中、低层管理者有效地开展管理工作是非常重要的，因为各层次的管理者都必须在与上下、左右之间进行有效沟通的基础上相互合作，以共同完成组织的目标。

（三）概念技能

概念技能是指对事物的洞察、分析、判断、抽象和概括的能力，包括理解事物的相互关系，从而找出关键影响因素的能力、确定和协调各方面关系的能力，以及权衡不同方面优劣和内在风险的能力等。管理者不仅要看到组织的全貌和整体，了解组织与外部环境是怎样互动的，了解组织内部各部分是怎样相互作用的，能预见组织在社区中所起的社会的、政治的、经济的作用，知道自己所管部门在组织中的地位和作用，还要能够快速地从复杂的情况中辨别出各种因素的相互作用，抓住问题的起因和实质，预测问题发展会产生什么影响，需要采取什么措施解决问题，这些措施实施以后会出现什么后果。显然，在组织的动态活动中，任何管理者都会面临一些混乱而复杂的环境，需要认清各种因素之间的相互联系，以便抓住问题的实质，根据形势和问题果断地做出正确的决策。因此，管理者所处的层次越高，其面临的问题就越复杂，无先例可循甚至具有多变性，就越需要管理者具备概念技能。

知识链接

管理者是负有一定责任的人

任何组织或团体的管理者，都要运用和行使相应的权力，同时也要承担一定的责任。权力和责任是一个矛盾的统一体，一定的权力又总是和一定的责任相联系。当组织赋予管理者一定的职务和地位，从而形成一定的权力时，相应地，管理者同时也就担负了对组织一定的责任。在组织的各级管理者中，责和权必须对称和明确，没有责任的权力，必然会导致管理者用权不当，没有权力的责任是空泛的有权无责或有责无权的人，难以在工作中发挥应有的作用，不能成为真正的管理者。如果一个管理者仅有职权，而没有相应的责任，那么他是做不好管理工作的。如果管理者没有尽到自己的责任，就意味着失职，等于放弃了管理。

三、如何成为康养旅游管理者

康养旅游管理者可以从以下三个方面来提高自己，从而成为优秀的康养旅游管理者。

（一）个性和爱好

美国的约翰·霍兰德（John Holland）教授认为个性（包括价值观、动机及需要）是影响人们做出职业选择的决定性因素。他的研究表明，通过职业偏好测试，几乎所有成功的管理者至少符合以下两种个性中的一种。

1. 社会型

社会型的人喜欢从事能够为他人提供帮助的职业。此类职业一般包括管理者、心理咨询医生和社会工作者。一般而言，社会型的人会发现自己很容易与各种人交谈，善于帮助有心理问题或遇到麻烦的人，能巧妙地向他人解释一些事情，而且他们也乐于帮助他人解决个人问题，以及结交陌生人。

2. 企业型

企业型的人喜欢为实现某一目标而去说服他人或者监督他人的工作，尤其喜欢用言语来影响他人。律师和公共关系管理人员就表现出这种倾向。企业型的人认为自己有雄心壮志并且做事果断，善于在公众场合演讲，善于与难相处的人打交道，能够成功地组织他人开展工作。他们喜欢影响他人，善于推销产品或观点，喜欢作为团队的领导来监督他人的工作。

（二）能力倾向

能力倾向如何也将决定其能否成为优秀的管理者。埃德加·沙因（Edgar Schen）认为，职业生涯的规划是一个不断了解自我的过程。在这个过程中，人们了解了自己拥有的天分、能力、动机及价值观，慢慢形成较清晰的对职业的理解。当你更多地了解自己时，你就会形成自己的职业认定，一旦做出选择，就不会轻易放弃。沙因根据自己对麻省理工学院毕业生的研究，得出结论：管理者有非常强烈的管理能力职业倾向。他们表现出非常强烈地想成为管理者的动机，他们的经历使其相信自己有胜任管理职位所必需的能力，他们最终的目标是成为高级管理者。当要求他们解释为什么认为自己有获得这些职位所需的能力时，许多人会说自己具备以下能力：①分析能力，即在信息不完全和不确定的情况下识别、分析、解决问题的能力；②处理人际关系能力，即影响、监督、领导各种各样的人的能力；③情感能力，在情感压力和人际关系危机下，能够保持良好的状态，而不是表现得疲惫不堪，能够承担重大的责任而不至于被压垮。

（三）以往的成就

研究表明，可以通过仔细回顾一个人以往的成就，来对他的未来进行预测。在对美国电话电报公司进行了两项长期的研究后，有关学者得出了一些有意义的结论。比如，他们发现，在刚刚被聘任到基层或中层以上的管理岗位时，读过大学的员工比没读过大学的员工显示出更好的发展潜力；8年以后，这两组员工的区别则更为明显。很显然，读过大学的人比没读过大学的人平均晋升速度更快，得到的职位也更高。大学成绩也很重要，在职业生涯早期，大学成绩较好的员工比大学成绩相对较差的员工具有更大的晋升潜力，在管理层中的级别，也是前者更高。在大学所修的专业也很重要，从人文专业和社会科学专业毕业的管理者在刚入职就得到了较高评价，被看成是有潜力的管理者，他们后来在公司的发展也非常快。工商管理专业的管理者排第二，而主修数学、自然科学及工程专业的管理者排第三。是什么原因导致了人文专业和社会科学专业毕业生呈现这种令人惊讶的表现呢？这项研究显示，他们在决策能力、智力水平、书面表达能力、解决问题的创造力及对成功的渴望程度等项目上，得分都是最高的。而在领导能力、语言交流能力、人际关系技能和适应性方面，学习人文、社会科学和工商管理专业的人也比学习数学、自然科学和工程专业的人表现得要出色。当然，此类研究结果并不是说数学、自然科学等专业对管理就毫无帮助。也许该结论只适用于这一群特定的管理者，或者说只是适用于美国电话电报公司的管理者，但这却可以表明，不论你学习什么专业，不断提高各种能力都是非常重要的，如提高决策能力、创造力和书面沟通能力。

四、现代管理者素质的核心——创新

在社会化大生产不断发展、市场竞争日趋激烈的今天，时代对管理者素质提出了严峻的挑战。在当今时代进行有效而成功的管理，最重要的管理者素质就是创新。创新是现代管理者素质的核心。

创新素质主要体现在以下四个方面。

（一）创新意识

管理者要树立创新观念，要真正认识到创新对组织生存与发展的决定性意义，并在管理实践中，事事、时时、处处坚持创新，要有强烈的创新意识。

（二）创新精神

创新精神涉及创新态度和勇气的问题。管理者在工作实践中，不仅要拥有创新的意识，更要敢于创新。要有勇于突破常规、求新寻异、敢为天下先的大无畏精神。

（三）创新思维

管理者不仅要敢于创新，还要善于通过科学的创新思维来完成创新构思。没有创造性思维，不掌握越轨思维的方法与技巧，不采用科学可行的创造性技法，是很难实现管理上的突破与创新的。

（四）创新能力

管理创新是靠创新能力实现的。创新能力是在管理实践中，由相关的知识、经验、技能与创造性思维综合形成的。

知识链接

大师中的大师：彼得·德鲁克

被尊为"大师中的大师"与"现代管理学之父"的彼得·德鲁克，于1909年出生在奥地利的维也纳，祖籍荷兰。彼得·德鲁克最伟大的贡献是创建了"管理学"这门学科，他在《管理的实践》一书中如此阐述管理的本质："管理是一种实践，其本质不在于'知'而在于'行'；其验证不在于逻辑，而在于成果；其唯一权威就是成就。"他所提出的影响最为深远的理论是"目标管理"，在他看来，管理者的工作基本点就是完成任务以实现公司目标，指导和控制管理者的是行动目标而不是他的老板。相对于多数强调具体处事方式的管理学家，他认为，管理者的眼光、奉献精神和诚实决定了管理水平，然后才是方法。

任务思考

1. 按照管理者层次的高低可以将管理者分为哪几类？
2. 作为一个管理者应该如何扮演人际角色？
3. 管理者应该具备哪些技能？
4. 一个优秀的管理者应该具备哪些素质？
5. 作为一个高层管理者应该注重哪些技能的培养？
6. 有些所谓的管理者只监视装配线上的机器人或计算机，这些"管理者"可以算作管理者吗？

7. 拥有所学的管理知识和能力，是否能成为一名合格的管理者？

学习任务三
走进康养旅游企业

任务目标

理解康养旅游的概念，掌握康养旅游企业类型。

资料链接

康养旅游的发展趋势

任务操作

一、康养旅游概念

康养旅游是在旅游过程中能够提高和改善旅行者身体健康状况的旅游活动。旅行者往往是健康人群、亚健康人群。出行的动机往往是对健康保健有浓厚的兴趣，或者在居住地不可获得目标地专业服务，再或者是对感受某种生活方式的追求，当然也有医疗的追求。在旅游中可以得到保健、强身、健身、锻炼、放松、进修、康复、护理、美容、水疗、传统及文化型的康疗服务等。

二、康养旅游主要企业类型概述

康养旅游主要企业包括以下八种类型。

一是康养旅游地产，指引入医疗、健康管家服务等而开发建设的房地产项目，往往建立在旅游目的地或者是城市周边环境比较好的区域。在为居民或旅居人员提供优质住宅的同时，也为业主提供优良的医疗保障和健康管家服务。

二是康养旅游酒店。康养旅游酒店包含两类：一类是康养连锁酒店，在康养旅游过程当中为游客提供系统的康养服务，通过大规模的康养酒店的连锁集团建设，支撑"康养居"的主打产品。以医、康、养、娱、游、学六大主题内容为特色；另一类是中医养生酒店，就是将传统的中医学与现代医学科技、养生理念相融合建设的酒店，打造"排毒""睡眠"等健康主题客房、中医养生餐厅等设施。

三是康养旅游移动平台，就是在线旅游平台。随着5G时代的到来，在线旅游市场将会出现爆发式的增长。专业的康养旅游移动互联网平台是健康旅游产业的整合者，如"健游天下"App是我国第一款为旅游人群提供医疗健康保障、养生服务的专业App。游客可以通过这个移动平台轻松找到一些特色康养旅游目的地，享受旅游健康预约、旅游医疗急救等服务。

四是康养旅游医院，主要指旅游综合医院。比如我国第一家旅游综合医院是桂林旅游综合医院。它面向游客提供多元化的办医重点项目，集医疗、科研、预防、保健、康复、培训于一体，是一家国际化的旅游医疗服务保障中心和养生康复保健中心。另外，还有专业的医疗旅游医院。在博鳌国际医疗旅游区里设置了博鳌超级医院、博鳌银丰康养国际医院等九家专业医疗机构。

五是旅游健康保险企业，主要提供与旅游相关的健康保险服务，包括意外伤害保险、医疗保险等。这类企业通过与旅行社、康养旅游企业等合作，为游客提供全方位的健康保障，确保在旅游过程中遇到健康问题时能够得到及时有效的处理。旅游健康保险企业的出现，不仅为游客提供了更多的保障选择，也为康养旅游产业的发展提供了有力的支持。

六是康养旅游景区企业，指以康养旅游及其相关活动为主要功能或主要功能之一的空间或地域。这里的旅游景区主要具有参观游览、休闲度假、康乐健身等功能，具备相应的旅游服务设施，提供了相应旅游服务的独立管理区域。我们可以对康养旅游景区企业进行以下分类。其一，按照它的设立性质，可以分纯商业的旅游景点和公益性的旅游景点。前者是投资者完全是为了盈利而设立的，如一些游乐园。后者是政府部门和社会团体主要出于社会公益目的而建立的旅游景点，如长城、黄山。其二，按照其功能分类，可以分为观光型的旅游景点，即以观光游览为目的的，如我国的一些名山大川；康养度假型的旅游景点，即以康养休闲度假为主要功能；娱乐型的旅游景点，即以消遣娱乐为主要目的；活动型的旅游景区，即以休闲运动为主要功能。

七是康养旅行社，指从事招待、组织、接待康养旅游者等活动，即为康养旅游者提供的相关康养旅游服务开展的国内旅游业务、入境旅游业务或者出境旅游业务。它的业务内容包括安排交通服务、住宿、餐饮、观光游览、导游领队、旅游咨询、旅游设计服务。同时还可以接受订票、订住宿，提供会务、商务旅游咨询等服务。

八是康养旅游综合体，指一种以大健康产业与旅游度假产业双轮驱动的区域综合型企业。这一模式以东西方养生哲学与东西方养生理疗技术为支撑，构建的健康产业链与旅游度假产业链两大产业体系。打造延年益寿、强身健体、修身养性、康复理疗、修复保健、生活方式体验、文化体验七大健康主题，形成区域健康的生活方式。

任务思考

1．什么是康养旅游？
2．举例说明康养旅游企业类型。
3．通过以下案例分析康养旅游企业。

米易县位于四川省攀枝花市东北部，攀枝花市素有"四川小三亚"之称。因其良好的气候条件、自然地理条件和丰富的阳光资源，成为康养度假旅游胜地。在米易康养度假田园综合体的整体开发中，开发出了"康养+度假""康养+文化""康养+运动""康养+农业""康养+娱乐"五种康养度假模式。例如，规划的康养社区，社区配有大面积绿地、广场、花园、种植园区，为入住者提供优美的居住环境，从个人居所到服务场所、公共空间全部为无障碍设计；开发傈僳风情馆，馆内设生产、生活和文化习俗等展区，重点展示傈僳族文化；策划的空中长廊，可作为人行天桥等运动设施；策划的阳光果园，依托火龙果种植田，选择一块区域作为火龙果采摘园，游客可在果园采摘、品尝和购买新鲜的火龙果，同时也可以深入体验农事农活，感受乡村生活的乐趣；规划的自然课堂户外营地，以家庭游客群体为主要目标客群，打造集科普教育、亲近自然于一体的亲子游乐空间等康养旅游项目。结合米易县各区域多样化的旅游资源，对整个县域旅游功能进行分区，不同分区植入特色化的康养旅游产品，实现"攀西旅游区田园度假康养综合体"的总体定位。

（1）该案例中企业属于什么类型的康养旅游企业？
（2）米易县康养旅游产品有什么特色？

学习任务四
管理思想发展认知

任务目标

能熟悉古典管理理论的产生及各个主要派别的理论观点、代表人物；能理解泰勒科学管理理论、法约尔一般管理理论、韦伯的行政组织理论的主要内容。

资料链接

早期中外管理思想的发展历史

任务操作

一、古典管理理论

（一）泰勒科学管理理论

1. 泰勒及其对科学管理理论的探索

（1）泰勒——科学管理之父

泰勒出生于一个富裕的美国律师家庭，由于眼疾，泰勒不得不从哈佛大学法律系退学，进入费城的一个小机械厂当学徒，1878年进入米德维尔钢铁厂当技工，到1890年升至总工程师。在米德维尔钢铁厂的管理实践中，泰勒就感到当时的企业管理者不懂得用科学有效的方法进行管理。1893—1898年，泰勒成立了自己的公司，专门研究管理中的科学性问题，并从事管理咨询工作。1898年，他受聘于宾夕法尼亚州的伯利恒钢铁公司做咨询工作。

在长期的工作中，根据自己的经验，泰勒认为谋求提高生产率，生产出较多的产品是完全可能实现的，关键在于要确定一个工作日的合理工作量。从这点出发，他在著作中系统地提出了科学管理思想。1895年，他发表《计件工资制》一文。1903年，出版了《工场管理》，概述了科学管理理论的主要论点。1911年，他出版了《科学管理原理》一书，它标志着现代管理科学理论的诞生。正是在这本著作中，他提出了科学管理四原则，即对工人工作的每一个要素开发出一种科学的方法，用以代替经验方法；科学地挑选工人，并对他们进行培训、教育，使之成长；与工人衷心合作，以保证所有工作按已提出的科学原则去做；管理者和工人在工作和职责的划分上几乎是相等的，管理者应承担比工人更难以胜任的各种工作。

1915年3月2日，泰勒在费城去世。由于对科学管理理论的贡献，泰勒成为20世纪最具影响力的人物之一,被后人称为"科学管理之父"。

(2)泰勒对科学管理理论的探索实践

泰勒在工作期间,深切感到工人劳动效率不高,他认为原因在于两个方面:一是工人消极怠工,普遍存在"磨洋工"和偷懒现象;二是工人缺少培训,没有正确的操作方法和适合的工具,影响生产率的提高。基于上述观点,泰勒从1898年起,着手进行了一系列著名的科学试验,内容包括以下3个方面。

① 搬运生铁块试验。泰勒在米德维尔钢铁厂工作期间,始终对生产的低效率不满意,他认为工人在用"磨洋工"的方式工作,生产率只达到应有水平的1/3。于是,他于1880年开始在车间做试验,系统地研究和分析工人的操作方法和劳动时间。一个很有名的试验是装运生铁,过去每天的生产率是12.5吨,泰勒通过试验行走速度、把握位置和其他变量,经过长时间地、科学地试验各种程序、方法和工具的组合,泰勒成功地找到了提高生产率的方法,使生产率提高到每天装运48吨的目标。采用类似的方法,泰勒找到了做每一件工作的最佳方法,从而建立了他的科学管理理论。

② 铁锹试验。泰勒对伯利恒钢铁公司堆料厂工人的铁锹进行了系统研究,并重新进行了设计,使每种铁锹的载荷都能达到21磅(1磅合0.4536千克,下同)左右,同时训练工人使用新的操作方法,使堆料场的劳动力从400~600人减到140人,平均每人每天的工作量从16吨提高到59吨,每吨操作成本从7.2美分降至3.3美分,每个工人的工资也由每日1.15美元增至1.88美元。

③ 金属切削试验。泰勒从米德维尔钢铁厂工作开始,先后对金属切削进行了长达26年之久的各种试验,试验次数共计3万次以上,耗费80万磅钢材,资金15万美元。试验结果发现了能大大提高金属切削加工产量的高速钢,并取得了各种车床适当转速和进刀量的完整资料。

2. 泰勒科学管理理论的主要内容

科学管理是以工厂管理为对象,以提高工人劳动生产率为目标,在对工人的工作和任务进行研究的基础上制订出标准的操作方法,并用此法对工人进行指导、训练来提高劳动生产率。科学理论并非泰勒一人的发明,而是把19世纪在英、美等国发展起来的内容加以综合而成的一套思想。泰勒的理论和实践,是管理工作的一场革命,对当时企业管理从单凭经验到走向科学化的道路,起到了重要作用。他所推行的一套制度和方法被称为"泰勒制"。

(1)工作定额原理

工作定额原理是整个定额制度的基础。泰勒把每一个工作都分成尽可能多的简单的基本动作,把其中没用的动作去掉,同时,选择最适用的工具和机器,然后通过观察最熟练工人的每一个操作动作,选择出每一个基本动作的最快和最好的方法,把时间记录下来,再加上必要的休息时间和其他延误的时间,得到完成这些操作的标准时间。这就是"合理的日工作量",它构成了每个工作日标准定额的基础。这样的标准定额是对工作进行管理的依据。

(2) 差别计件工资制

泰勒认为,工人"磨洋工"的一个重要原因是报酬制度不合理。计时工资不能体现劳动的数量,计件工资虽能体现劳动的数量,但工人担心劳动效率提高后雇主会降低工资率,从而等同于劳动强度的加大。针对这种情况,泰勒提出了一种新的报酬制度——差别计件工资制。其内容包括以下3点。

① 通过时间和动作研究来制订有科学依据的工作定额。

② 实行差别计件工资制来鼓励工人完成或超额完成工作定额。所谓差别计件工资制,是指计件工资率随完成定额的程度而上下浮动。如果工人完成或超额完成定额,则定额内的部分连同超额部分都按比正常单价高25%计酬;如果工人完不成定额,则按比正常单价低20%计酬。

③ 工资支付的对象是工人而不是职位,即根据工人的实际工作表现而不是根据工作类别来支付工资。它意味着同一岗位甚至同一级别的工人,都将得到不同的工资。泰勒认为,实行差别计件工资制会大大提高工人的积极性,从而提高劳动生产率。

(3) 职能工长制

泰勒认为,为了提高劳动生产率,每一个职位都要安排第一流的工人。其标准是:在不损害健康的情况下,他能完全胜任该职务的工作;具有工作积极性并愿意从事该项工作;具有坚强的意志力。管理部门的任务就是要为每个雇员寻找最合适的工作,使之成为第一流的工人(见图1-1)。

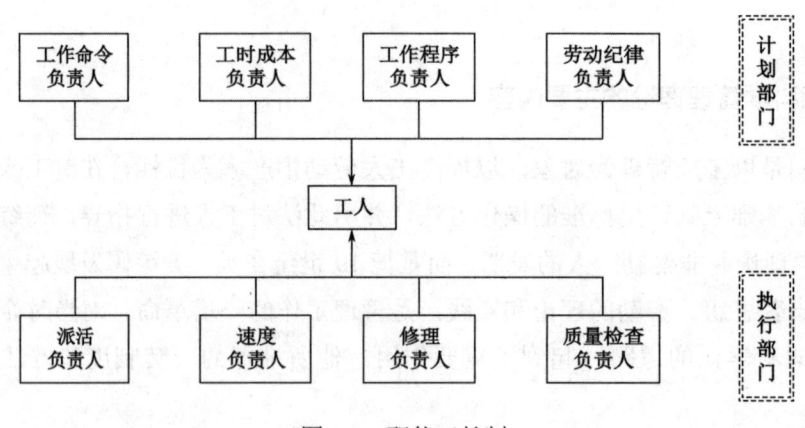

图1-1　职能工长制

(4) 计划职能与执行职能相分离

泰勒主张改变原来的经验工作法,代之以科学工作法。所谓经验工作法,是指每个工人采用什么操作方法、使用什么工具等，都根据个人经验来决定。所以，工人工作效率的高低取决于他们的操作方法和使用的工具是否合理，以及个人的熟练程度和努力程度如何。所谓科学工作法，是指每个工人采用什么操作方法、使用什么工具等，都根据试验和研究来决定。他认为应把计划职能和执行职能分开。提出管理部门要按科学的规律来制订计划，从事计划职能的人称为管理者，负责执行计划职能的人称为劳动者。

（5）例外原则

例外原则的提出是泰勒的又一重大贡献，其目的主要是解决总经理职责权限问题。所谓例外原则，就是指高级管理人员为了减轻处理纷乱烦琐事务的负担，把处理各项文书、报告等一般日常事务的权力下放给下级管理人员，高级管理人员只保留对"例外"事项的决策权和监督权。这样，高级管理人员便可以有充足的时间去考虑更广泛的政策及重要的人事问题。

（6）大饼原理

这种以例外原则为依据的管理控制原理，以后发展为管理上的分权化和实行事业部的管理体制，是工人与雇主间一次彻底的"精神革命"与"思想变革"。增强责任观念，使工人和管理者双方把注意力从盈利分配转到增加盈余上来，并用友好合作和互相帮助代替对抗与斗争，即只有大家共同把饼做大以后，每个人才能分到更多。

3. 后继者对于科学管理理论的贡献

在泰勒之后还有其他一些管理学者对科学管理进行了研究，如弗兰克·吉尔布雷斯（Frank Gilbreth）夫妇在动作研究和工作简化方面做出了贡献；亨利·甘特（Henry Gantt）发明了甘特图及亨利·福特（Henry Ford）的流水生产线等。

（1）弗兰克·吉尔布雷斯夫妇

泰勒的思想激起了人们研究和发展科学管理方法的热情，他最杰出的追随者是弗兰克·吉尔布雷斯夫妇。弗兰克·吉尔布雷斯曾经是一位建筑承包商，1912年，当他在一次专业会议上聆听了泰勒的演讲后，放弃了他的承包商生涯转而致力于研究科学管理。同他的心理学家的妻子一起，在动作研究、疲劳研究、制度管理等方面做出了出色的成绩，特别是动作研究是他们做出最大贡献的领域。为了进行有关工人操作动作的研究，他们将工人的动作分解为常用的18种"动作基本元素"，并用不同的符号、名称和颜色表示，其目的是减少不必要的动作，提高加工速度。吉尔布雷斯夫妇还很重视企业中人的因素，他们把当时西方社会科学各学科及生理学、心理学、教育学等学科的知识用来改进和扩大工人的能力，以便为提高生产率服务。

（2）亨利·甘特

亨利·甘特是泰勒创立和推广科学管理制度的亲密合作者，也是科学管理运动的先驱者之一。甘特扩展了泰勒某些思想，并加进了自己的理解。甘特提出了任务和奖金制度，对那些以少于标准规定的时间完成工作者给予额外奖励。甘特最著名的发明是创造了一种线条图，称为甘特图，即生产计划进度图，管理者可以利用它来进行计划和控制。甘特图在一个坐标轴上表示出计划的工作与完成的工作，在另一个坐标轴上表示出已经过去的时间，这在当时称得上是一项革命。甘特图使管理当局能够随时看到计划的进展情况和及时采取必要的行动保证项目按时完成。甘特图及它的各种改进，今天仍广泛用于各种组织作为安排工作进度计划的手段。另外，甘特非常重视工作中人的因素，因此他也是人际关系理论的先驱者之一。

（3）亨利·福特

亨利·福特是美国著名的汽车制造者，被大众普遍认为是大规模生产的第一位倡导者。福特首创了一套生产和管理制度——福特制。福特制在生产和管理的实践中实现了许多科学管理的原理，如制造方式标准化、流水式装配线、把服务大众作为宗旨、建立人事部门、关心员工生活等。

4. 对科学管理理论的评价

（1）科学管理理论的贡献

泰勒的科学管理理论是管理思想发展史上的一个里程碑，它使管理成为科学的一次质的飞跃。作为一个较为完整的管理思想体系，科学管理理论对人类社会的发展做出了自己独特的贡献。

① 科学管理理论的创立者弗雷德里克·泰勒是一位西方古典管理思想发展的集大成者。正如英国管理学家林德尔·厄威克（Lyndall Urwick）所说："泰勒所做的工作并不是发明某种全新的东西，而是把整个19世纪在英、美两国产生、发展起来的东西加以综合而形成的一整套思想，他使一系列无条理的首创事物和实验有了一个哲学的体系，称为科学管理。"

② 科学管理理论在管理哲学上取得了重要的突破。正如美国管理学家德鲁克在《管理的实践》中指出："科学管理只不过是一种关于工人和工作系统的哲学，总的来说，它可能是自联邦主义文献以后，美国对西方思想做出的最特殊的贡献。"

③ 泰勒将科学引入管理领域，提高了管理理论的科学性。泰勒等人做了大量的科学试验，并在此基础上提出了系统的理论和一整套的方法措施，为管理理论的系统形成奠定了基础。从本质上讲，科学管理理论突破了自工业革命以来一直延续的传统的经验管理方法，是将人从小农意识、小生产的思维方式转变为现代社会化大工业生产的思维方式的一场革命。

④ 实现了劳动与管理的分离。科学管理理论提出的有科学依据的作业管理、管理者同工人之间的职能分工、劳资双方的心理革命等，为作业方法和作业定额提供了客观依据，

使劳资双方有可能通过提高劳动生产率、扩大生产成果来协调双方的利害关系，从而推动了生产力的发展，劳动生产率有了大幅度的提高。

⑤ 科学管理运动加强了社会公众对消除浪费和提高效率的关心，促进了经营管理的科学研究。其后的运筹学、成本核算、准时生产制等，都是在科学管理理论的启发下产生的。

（2）科学管理理论的局限性

① "经济人"假设。在泰勒和他的追随者看来，人最为关心的是自己的经济利益，企业家的目的是获取最大限度的利润，工人的目的是获取最大限度的工资收入，只要使人获得经济利益，他就愿意配合管理者挖掘出自身最大的潜能。这种人性假设是片面的，因为人的动机是多方面的，既有经济动机，又有许多社会和心理方面的动机。

② 诸项原则并没有得到很好的贯彻。科学管理的本意是应用动作研究和工时研究的方法进行分析，以便发现提高劳动生产率的规律，但很多企业的工时研究没有建立在科学工作的基础上，往往受到企业主和研究人员主观判断的影响，由此确定的作业标准反映了企业主追求利润的意图，为工人确定的工资率也是不公正的。此外，泰勒主张的职能工长制和差别计件工资制，也没有得到广泛的应用。

③ 泰勒对工会采取怀疑和排斥态度。在泰勒看来，工会的哲理和科学管理的哲理是水火不相容的，工会会使工人和管理部门不和，加紧进行对抗和鼓励对抗，而科学管理则鼓励提倡利益的一致性。所以泰勒认为，如果工人参加工会，组织起来就容易发生怠工的情况。但实际上，在通过工时研究和动作研究来确定作业标准和定额及工资时，如果没有工会的参与，很难建立起真正协调的劳资关系。

尽管泰勒的科学管理理论存在局限性，但有一点是没有疑问的，泰勒确实是管理思想演进过程中一个重要时代的领路人，正如丹尼尔·雷恩（Daniel Wren）在《管理思想的演变》中所说："科学管理反映了时代精神，科学管理为今后的发展铺下了光明大道。"

（二）法约尔一般管理理论

泰勒的科学管理开创了西方古典管理理论的先河，在其被传播之时，欧洲也出现了一批古典管理的代表人物及其理论，其中影响最大的首推法约尔及其一般管理理论。

1. 亨利·法约尔及其一般管理理论

亨利·法约尔是古典管理理论在法国最杰出的代表。他与泰勒的背景、经历不同，泰勒是从"车床前的工人"开始而逐步向上发展，理论适用于企业；法约尔在大部分时间里则都担任管理人员，担任了30多年总经理的职位，他是从"办公桌前的总经理"开始向下发展的，其理论适用于各种组织。1916年，法约尔发表《工业管理与一般管理》，标志着一般管理理论的形成。

法约尔研究的对象和泰勒的研究对象有所不同，泰勒着重于车间、工厂的生产管理研究，而法约尔着重于企业全面经营的研究。法约尔认为经营和管理是两个不同的概念，经营并不等于管理。经营是引导一个组织趋向某一既定目标，它的内涵中包括了管理。而管理理论是指有关管理的、得到普遍承认的理论，是经过普遍经验并得到论证的一套有关原则、标准、方法、程序等内容的完整体系；有关管理的理论和方法不仅适用于公私企业，也适用于军政机关和社会团体。这正是其一般管理理论的基石。

一般管理理论关注的焦点是什么类型的专业化和等级制度才能使组织效率最大化，这两个概念的使用使组织设计变得僵化，较少关注人，只把人看成齿轮上的一环。一般管理思想的基础有四个关键问题，它们是劳动分工、等级与职能过程、组织结构和控制范围。

法约尔的一般管理理论对管理学的发展产生了巨大的影响，后来成为管理过程学派的理论基础。因此，继泰勒的科学管理理论之后，一般管理理论被誉为管理学史上的第二座丰碑，而法约尔可以说是一般管理理论的奠基人，被称为"管理理论之父"。

2. 一般管理理论的主要内容

（1）区别经营和管理

法约尔区分了经营和管理，他认为这是两个不同的概念，管理包括在经营之中。通过对企业全部活动的分析，法约尔将管理活动从经营职能中提炼处理，成为经营的6项职能。企业的全部经营活动可以分为以下6种。

① 技术活动（生产、制造、加工）。
② 商业活动（购买、销售、交换）。
③ 财务活动（筹集和最适当地利用资本）。
④ 安全活动（保护财产和人员）。
⑤ 会计活动（财产清点、资产负债表、成本、统计等）。
⑥ 管理活动（计划、组织、指挥、协调和控制）。

企业内不论是高层领导，还是普通工人，每个人或多或少都要从事这6项活动，只不过是随着职务的变化和企业的大小而各有侧重。高层人员工作中管理活动所占比重较大，而在直接的生产工作和事务性活动中管理活动较少。法约尔认为，人的管理能力可以通过教育来获得，所以他也强调管理教育的必要性和可能性。

（2）管理的职能

在法约尔看来，管理就是实行计划、组织、指挥、协调和控制。其中，计划就是探索未来、制订行动计划，组织就是建立企业的物质和社会的双重结构，指挥就是使其人员发挥作用，协调就是连接、联合、调和所有的活动及力量，控制就是注意是否一切都按已制定的规章和下达的命令进行。

（3）提出 14 项管理的一般原则

为了使管理者能很好地履行各种管理职能，法约尔提出了 14 项管理的一般原则。

① 劳动分工原则。法约尔认为，劳动分工属于自然规律。劳动分工不仅适用于技术工作，也适用于管理工作，应该通过分工来提高管理工作的效率。但是，法约尔又认为，劳动分工有一定的限度，经验与尺度感告诉我们不应超越这些限度。

② 权力与责任相符原则。有权力的地方就有责任。责任是权力的伴生物，是权力的当然结果和必要补充，这就是著名的权力与责任相符的原则。法约尔认为，要贯彻权力与责任相符的原则，就应该有有效的奖励和惩罚制度，即应该鼓励有益的行动而制止与其相反的行动。实际上，这就是现在我们讲的权、责、利相结合的原则。

③ 纪律原则。法约尔认为纪律应包括两个方面，即企业与下级人员之间的协定和人们对这个协定的态度及其对协定遵守的情况。法约尔认为纪律是一个企业兴旺发达的关键，没有纪律，任何一个企业都不能兴旺繁荣。他认为制定和维持纪律最有效的办法是：对协定进行详细说明，使协定明确而公正；各级领导要称职；在纪律被破坏时，要采取惩罚措施，但制裁要公正。

④ 统一指挥原则。统一指挥是一个重要的管理原则，按照这个原则的要求，一个下级人员只能接受一个上级的命令。如果两个领导人同时对同一个人或同一件事行使他们的权力，就会出现混乱。在任何情况下，都不会有适应双重指挥的社会组织。

⑤ 统一领导原则。一个集体是为了同一个目的，因而集体内所有成员的行为，只能有一个领导、一个计划。这是统一行动、协调配合、集中力量的重要条件。

⑥ 个人利益服从整体利益的原则。法约尔认为，整体利益大于个人利益的总和。一个组织谋求实现总目标比实现个人目标更为重要。协调这两个方面利益的关键是领导阶层要有坚定性并做出良好的榜样。协调要尽可能公正，并经常进行监督。

⑦ 人员的报酬原则。法约尔认为，人员的报酬首先要考虑的是维持职工的最低生活消费和企业的基本经营状况，这是确定人员报酬的一个基本出发点。在此基础上，再考虑根据职工的劳动贡献来决定采用适当的报酬方式。法约尔认为不论采用什么报酬方式，都应该做到以下三点。

第一，它能保证报酬公平。

第二，它能奖励有益的努力和激发热情。

第三，它不应超过合理限度的过多的报酬。

⑧ 集中的原则。法约尔认为，集中或分散的问题是一个简单的尺度问题，问题在于找到适合于该企业的最适度。分权意味着提高下级的重要性，集权意味着降低下级的重要性。集权与分权作为两种管理方法，并没有严格的界限，也无所谓哪个好和哪个坏。采用集权或者分权的管理方法，与组织的环境有关，随着组织的目标、条件、环境、人员等因素的

变化而变化。

⑨ 等级链与跳板原则。等级链与跳板原则指在管理机构中，最高一级到最低一级应该建立关系明确的职权等级系列，这既是执行权力的线路，也是信息传递的渠道。一般情况下不要轻易地违反它。但在特殊情况下，为了克服由于统一指挥而产生的信息传递延误，法约尔设计出一种"跳板"，也称"法约尔桥"。利用这种跳板可以进行横向的信息交流，但只有在各方面都同意而上级又始终知情的情况下才能这样做。如在酒店管理层中，总裁代表这个组织的最高领导，往下依次为总经理、部门经理、部门主管、领班、服务员，按照组织系统，传统的信息沟通是遵循严格的等级制，如果服务员之间发生了必须两者协商才能解决的问题，必须将问题向领班报告，领班再报告给部门主管，如此层层上报到最高决策层，当最高决策层做出研讨意见后，则由总经理经部门经理、部门主管依次下达，最后由领班传达给服务员（见图1-2），这样既费时又误事。法约尔提出一个信息沟通的跳板，使领班可以直接商议解决问题，再分头上报。

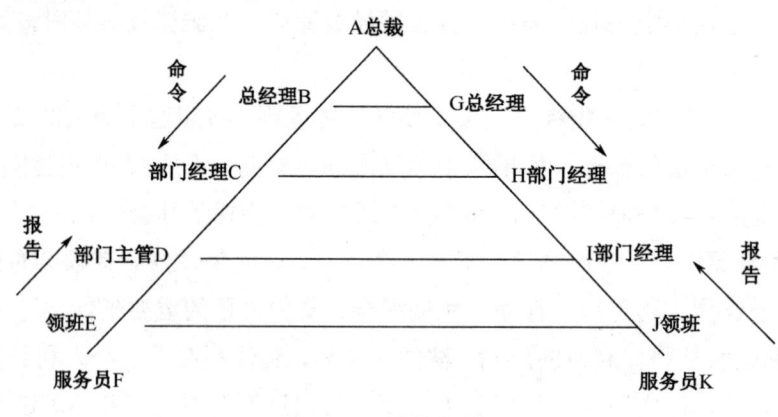

图 1-2　"法约尔桥"

⑩ 秩序原则。所谓秩序是指"凡事各有其位"。法约尔认为这一原则既适用于物质资源，也适用于人力资源，合理的秩序是按照事物的内在联系确定的。

⑪ 公平原则。主管人员对其下级仁慈、公平，就可能使下级对上级表现出热心和忠诚。当然，在贯彻"公平"原则时，还要求管理者不能"忽视任何原则，不忘掉总体利益"。

⑫ 人员的稳定原则。法约尔认为，一个人要适应他的新职位，并能很好地完成他的工作，这需要时间。这就是"人员的稳定原则"。按照"人员的稳定原则"，要使一个人的能力得到充分的发挥，就要使他在一个工作岗位上相对稳定地工作一段时间，使他能有一段时间来熟悉工作，了解工作环境，并取得别人对自己的信任。但是人员的稳定是相对的，而人员的流动是绝对的。对于企业来说，就要掌握人员的稳定和流动的合适的度，以利于企业中成员能力的发挥。像其他原则一样，稳定的原则也是一个尺度问题。

⑬ 首创精神。首创精神是创立和推行一项计划的动力。领导者不仅要有首创精神，

还要鼓励组织内的全体成员发挥他们的首创精神。法约尔还指出,纪律原则、统一指挥原则和统一领导原则等的贯彻,会使组织中全体成员首创精神的发挥受到限制。

⑭ 集体精神。一个组织内集体精神的强弱取决于组织内成员之间的团结、和谐与协作的氛围如何,因此保持组织内人与人之间融洽的沟通十分重要。

3. 一般管理理论的评价

（1）实践应用

法约尔在《工业管理与一般管理》中指出:"没有原则,人们就处于黑暗和混乱之中;没有经验与尺度,即使有最好的原则,人们仍将处于困惑不安之中。"在这里,法约尔阐明管理作为一门科学与一种艺术之间的关系,即理论是可以指导实践的,问题在于如何应用这个理论,再好的管理理论,如果不懂得如何去应用,也是没有用处的。要使管理真正有效,还必须积累自己的经验,并适宜地掌握合理运用这些原则的尺度。

管理必须善于预见未来。法约尔十分重视计划职能,尤其强调制订长期计划,这是他对管理思想做出的一项杰出贡献。在今天,市场经济为旅游企业进行市场营销提供了充分的自主权。但是在旅游业整体发展的问题上,必须有一定的计划做总体的引导,从而合理有效地调配和组织人、财、物等资源,取得物质效益和精神文明的稳定及协调发展。同时,一个地区、一个企业或一个时段上的旅游业,又必须在周密的计划指导下协调发展。

法约尔强调管理中的统一指挥和统一领导,在现代旅游条件下,旅游者的旅游活动复杂多样,千变万化。大到全旅游行业,小到一个景区、一次活动、一次接团,都必须有一个统一的、高效的、有权威的指挥系统,运用组织职责和权力,通过下达指示、指令和其他手段,使上通下达,左右协调。

法约尔提出的"管理能力可以通过教育来获得"的思想,在今天仍有指导意义。在旅游业发展过程中,企业的很多领导者信奉"经验至上主义",认为"实践和经验是取得管理资格的唯一途径",在企业运营中,他们推崇经验管理,墨守成规,轻视管理培训,最终导致在企业快速成长阶段,出现管理能力不足和管理人才匮乏并存的局面。通过管理教育,既可以迅速提升管理层的管理能力,也可以迅速造就急需的管理人才,这是世界级大企业的公认准则。企业的所有管理人员均应该接受必要的管理培训,这也是企业得以良性发展的重要基准。

"向管理要效益"已逐渐成为企业的共识。计划、组织和控制等术语已被众多的管理者所熟知,但理应记住,管理职能绝不是在真空中起作用的,而是在实践中得到运用和强化的。将法约尔这些朴素的管理原则和职能落到实处才是企业走向成功的基石。

法约尔与泰勒的科学管理并不是矛盾的,只不过是从两个方面来看待和总结管理实践。这些管理的职能和原则对企业而言,是"为和不为"的问题,而不是"能和不能"的问题,实质上也是企业维系长期有效竞争的平台,有之未必然,无之必不然。

（2）对法约尔一般管理的评价

首先，虽然法约尔的管理思想与泰勒的管理思想都是古典管理思想的代表，但法约尔管理思想的系统性和理论性更强，后人根据他建立的构架，建立了管理学并把它引入了课堂。其次，法约尔提出的管理原则，经过多年的研究和实践证明，总的来说仍然是正确的，这些原则过去曾给实际管理人员带来巨大的帮助，现在仍然为许多人所推崇。最后，法约尔一般管理理论的主要不足之处是他的管理原则缺乏弹性，以至于有时实际管理工作者无法完全遵守。

（三）韦伯的行政组织理论

古典管理理论的另一个重要组成部分，就是由德国管理学家马克斯·韦伯（Max Weber）提出的行政组织理论。

1. 韦伯与行政组织理论

马克斯·韦伯是德国的社会学家、经济学家和管理学家，与杜尔凯姆、马克思并称为社会学的三位奠基人。韦伯的主要著作有《新教伦理与资本主义精神》《一般经济史》《社会组织和经济组织的理论》等。

韦伯所处的时期正是德国企业从小规模世袭管理向大规模专业管理转变的关键时期，他在管理思想上的最大贡献是提出了所谓理想的行政组织体系理论，其核心是组织活动要通过职务或职位而不是通过个人或世袭地位来管理。他的理论是对泰勒和法约尔理论的一种补充，对后世的管理学家，尤其是组织理论学家有重大影响，因而在管理思想发展史上被人们称为"组织理论之父"。韦伯与泰勒、法约尔是西方古典管理理论的三位先驱。

2. 韦伯行政组织理论的主要内容

（1）理想的行政组织体系

韦伯的理想行政组织体系又被称为官僚政治或官僚主义，与汉语不同，它并不带有贬义。韦伯的原意是通过职务或职位而不是通过个人或世袭地位来管理。要使行政组织发挥作用，管理应以知识为依据进行控制，管理者应有胜任工作的能力，应该依据客观事实而不是凭主观意志来领导，因而这是一个有关集体活动理性化的社会学概念。

韦伯指出，所谓"理想"是指这种体系并不是最合乎需要的，而是组织的"纯粹的"形态。韦伯的理想行政组织结构可分为三层，其中最高领导层相当于组织的高级管理阶层，行政官员相当于中级管理阶层，一般工作人员相当于基层管理阶层。企业不论采用何种组织结构，都具有这三层基本的原始框架。它的主要特征可归纳为如下6点。

① 组织中的人员应有固定和正式的职责并依法行使职权。组织是根据合法程序制定的，应有其明确目标，并靠着这一套完整的法规制度，组织与规范成员的行为，以期有效

地追求与达到组织的目标。

② 组织的结构是一层层控制的体系。在组织内，按照地位的高低规定成员间命令与服从的关系。

③ 人与工作的关系。成员间的关系只有对事的关系而无对人的关系。

④ 成员的选用与保障。每一职位根据其资格限制（资历或学历），按自由契约原则，经公开考试合格予以使用，务求人尽其才。

⑤ 专业分工与技术训练。对成员进行合理分工并明确每人的工作范围及权责，然后通过技术培训来提高工作效率。

⑥ 成员的工资及升迁。按职位支付薪金，并建立奖惩与升迁制度，使成员安心工作，培养其事业心。

韦伯认为，凡具有上述 6 点特征的组织，可使组织表现出高度的理性化，其成员的工作行为也能达到预期的效果，组织目标也能顺利达成。韦伯对理想的官僚组织模式的描绘，为行政组织指明了一条制度化的组织准则，这是他在管理思想上的最大贡献。

（2）权力论

韦伯认为，任何组织都必须以某种形式的权力作为基础，没有某种形式的权力，任何组织都不能达到自己的目标。人类社会存在三种为社会所接受的权力，即传统权力、超凡权力、法定权力。

① 传统权力。这是传统的权威，由历史沿袭下来的惯例、习俗而规定的权力，它是以对古老传统的不可侵犯性、按传统执行权力的人的地位的正统性、对过去传统的尊崇为基础的。对于传统权力，韦伯认为，人们对其服从是因为领袖人物占据着传统所支持的权力地位，同时，领袖人物也受传统的制约。但是，人们对传统权力的服从并不是以与个人无关的秩序为依据，而是在习惯义务领域内的个人忠诚。领导人的作用似乎只为了维护传统，因而效率较低，不宜作为行政组织体系的基础。

② 超凡权力。这是神授的权威，它是对某人的特殊和超凡的神圣、英雄主义模范品质的崇拜，以及以先知启示和超人智慧的崇拜为基础。而超凡权力的合法性，完全依靠对于领袖人物的信仰，他必须以不断的奇迹和英雄之举赢得追随者，超凡权力过于带有感情色彩并且是非理性的，不是依据规章制度，而是依据神秘的启示。所以，超凡的权力形式也不宜作为行政组织体系的基础。

③ 法定权力。这是合理合法的权威，它以对法律确立的职位或地位权力的服从为基础。

韦伯认为，凭借前两种权威建立的组织并不是科学的理想组织，只有法定权力才能作为行政组织体系的基础，其最根本的特征在于它提供了公正性，原因在于管理的连续性使管理活动必须有秩序地进行；以"能"为本的择人方式提供了理性基础；领导者的权力并非无限，应受到约束。

因此，只有在第三种权威基础上建立的组织，才在绝对纪律性和可靠性等方面比其他任何组织都要优越。他把这种组织称为官僚制组织。

（3）理想的行政组织的管理制度

韦伯认为，理想的行政组织体系应具有如下5点特征。

① 明确的分工，即对行政组织的每一个职位的权利与义务做出明确的规定，人员要实现专业化分工。

② 自上而下的等级系统，即要把各种公职或职位按权力等级组织起来，形成一个权责分明，层层控制的等级制度。

③ 人员的任用。人员的任用要完全依据等级职务的要求，并据通过正式考试或者训练和教育所获得的技术资格来进行。

④ 职业管理人员，即行政人员领取固定的"薪金"，他们是"专职的"公职人员，所有担任公职的人都是任命的，而不是选举的，除了按规定必须通过选举产生的公职。

⑤ 组织中人员之间的关系。韦伯认为组织中行政管理人员必须遵守组织中规定的规则和纪律，要按程序办事。同时，组织中人员之间的关系，完全由相关的规则和制度来约束，而这些规则和制度都是以理论准则为指导，不受个人情感的影响。

韦伯认为，理想的行政组织体系和其他组织形式相比，具有高效率的特点。而且从组织的有效性来看，它符合理性原则，具有明确性、纪律性、可靠性。而实质上，人们则常把它看作官僚组织模式，但它为组织理论的发展提供了框架。

当然，在古典管理阶段，有较大贡献的代表人物及其理论还有许多。他们都是泰勒科学管理理论的追随者，主要在生产作业管理方面及组织结构等方面进行研究，因而，他们的核心思想都是为了提高生产现场的作业效率。所有这些理论都极大地促进了社会生产力的发展及管理理论的发展。但是，随着生产力的发展，这些以"工作为中心"的管理理论在提高生产率方面也表现出一定的局限性。

二、行为科学学派及其理论

行为科学学派起源于20世纪20年代末30年代初，在1949年美国芝加哥大学的跨学科会议上正式被定名为"行为科学"。该学派比较有代表性的理论有乔治·梅奥（George Mayo）的人际关系学说、亚伯拉罕·马斯洛（Abraham Maslow）的需要层次理论、弗雷德里克·赫茨伯格（Frederick Herzberg）的双因素理论、道格拉斯·麦格雷戈（Douglas McGregor）的 X-Y 理论等。

（一）人际关系学说

1. 霍桑实验

霍桑实验是于 1924—1932 年在美国芝加哥郊外的西方电气公司的霍桑工厂进行的一系列实验。20 世纪二三十年代，美国工厂在泰勒制科学管理条件下，生产率有了很大提高。但是集权强制管理也激起了工人极大的不满和愤怒，纷纷以怠工、离职来表达自己不当"牛"要做"人"的对抗，这就使曾经提高了的生产率又降了下来。为了寻找工效低的原因，学者进行了著名的霍桑实验。

霍桑工厂是美国西方电气公司的一个分厂。1924 年，美国科学院组成一个科研小组到西方电气公司霍桑工厂进行实验。内容是工作环境与工作效率的关系。开始工作后，他们采取了许多方法，改变工人的工作环境（增加照明、播放音乐等），观察工人的工作效率。实验结果发现不论工作条件改变与否，对工作效率的影响不明显。1927 年，美国哈佛大学的梅奥教授接管了科研小组，并继续做实验。他将自愿来做实验的女工分成两组，结果也得出了同样的结论，但在实验中却发现，产量的变化有一定的规律性。在监工不在时工人的心情比较舒畅，而且因为是自愿来做实验的，女工之间配合得很好。接着，他又发现了工人中有一个"头儿"，这是工人之间的一种默契，也许这个"头儿"一个眼色，工人就不愿意干了，产量也就上不去了，于是，梅奥教授在此基础上建立了人际关系学说。

2. 人际关系学说的主要观点

根据以上实验，梅奥等人创作了《工业文明中人的问题》等一系列著作，总结出了人际关系学说，主要观点如下。

① 工人都是"社会人"，是复杂的社会系统的成员，不是经济人。他们有必须加以满足的物质方面的要求，但更重要的是他们有社会方面和心理方面的要求。

② 管理者应重视协调人际关系。领导的责任在于提高工人"士气"，增加工人"满意度"，从而达到提高生产率的目的。为此要改变传统领导方式，建立和谐的人际关系。

③ 企业除了正式组织，还存在着"非正式组织"，它是影响生产率的一个重要因素。

（二）需要层次理论

1943 年，美国人本主义心理学家马斯洛经过大量的研究，提出了"需要层次理论"。他指出，人生来固有五个层次的需要，这些需要由低到高分别是：生理需要，即人类维持自身生存和发展而产生的需要，是人最原始且根本的物质性需要，包括对吃、穿、住、行等方面的需要；安全需要，包括安全的社会环境、安全的住所、稳定的职业、较好的福利、劳动保护、社会保险等人身、职业安全的需要；社交需要，又称为归属与爱的需要，是指人们希望归属于一定的群体，成为其中的一员，相互关心、相互支持，并希望通过自己付出情感得到别人的友谊和爱；尊重需要，包括自我尊重和希望受到他人尊重的需要；自我实现需要，指人有充分发挥自己的潜在能力，越来越成为自己所期望的人，完成与自己能力相称的工作的需要。这是在前面四层次需要获得不同程度满足之后，产生的最高层次的需要。由于每个人各种需要的重要程度不同，因此形成不同的需要层次结构（见图1-3）。

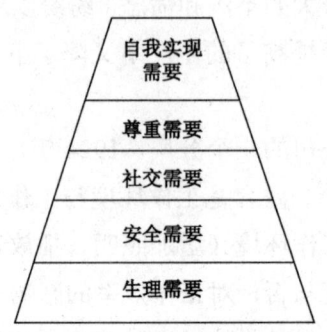

图1-3 马斯洛五个层次需要示意图

五种需要从低到高排列，需要的发展逐层递进。当较低层次的需要基本得到满足后，就会产生更高一级的需要。把需要作为专门的研究课题，研究其产生、发展的规律，马斯洛是第一人。这一学说成为行为科学重要的理论依据。

（三）双因素理论

20世纪50年代，美国心理学家赫茨伯格在匹兹堡地区对11个工商机构的200多名会计师、工程师进行问卷调查，要求答复"什么时候你对工作特别满意""什么时候你对工作特别不满意""满意和不满意的原因是什么"等问题。赫茨伯格根据调查的结果提出了"激励-保健理论"，亦称"双因素理论"。"双因素"即指保健因素和激励因素。保健因素是指那些与人们的不满情绪有关的因素，如企业政策、工资水平、工作环境、劳动保护、人际关系、地位、安全等。这类因素处理得不好会引发员工对工作产生不满的情绪，处理得好可预防或消除这种不满情绪，但它不能起激励作用，只能起到保持人的积极性、维持工作现状的作用。激励因素是指能够促使人们产生工作满意感的一类因素，主要包括工作上的成就感、得到他人的认可、工作本身带来的愉快、晋升、成长、责任等。

传统的观点认为，"满意"的反面是"不满意"，"不满意"的反面是"满意"。赫茨伯格认为，"满意"的反面是"没有满意"，"不满意"的反面是"没有不满意"（不一定是满意）。保健因素只能消除员工的不满意，也就是让员工感到"没有不满意"，但不能让员工感到满意；只有激励因素才能使员工产生满意感（见图1-4）。

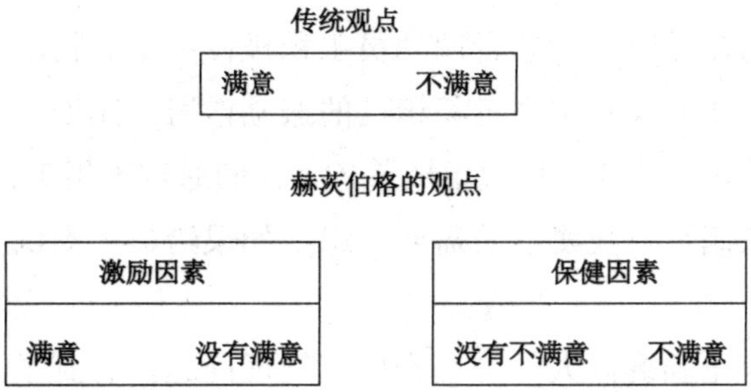

传统观点

| 满意 | 不满意 |

赫茨伯格的观点

| 激励因素 | | 保健因素 | |
| 满意 | 没有满意 | 没有不满意 | 不满意 |

图1-4 关于"满意-不满意"的观点

根据赫茨伯格的双因素理论,管理中首先要注意保健因素,防止员工的不满情绪带来的负激励,更要注意使激励因素真正发挥应有的作用,切忌把激励因素降低为保健因素。

(四) X理论和Y理论

美国麻省理工学院心理学教授麦格雷戈在《企业的人性面》一书中提出 X-Y 理论。麦格雷戈认为,管理人员的管理行为受其对人本性假设的影响。当管理人员持某一种关于人本性假设的观点时,就会形成与之相应的管理方式。麦格雷戈提出两种人性假设及相应的管理方式——X 理论和 Y 理论。

X 理论对人性的假设为:多数人生来懒惰,不愿意负责任,只有少数人勤奋,有责任心;多数人工作是为了追求物质利益满足,企业主为获得最大利润,工人为追求最高报酬;个人目标与组织目标是相矛盾的。大多数人具有上述特点,只能是被管理者,只有少数人能克制自己,成为管理者。

按照 X 理论进行管理的方式:组织管理的一切工作都是为了让工人提高工效,完成组织任务,为了克服人性的自私与懒惰的弱点,管理必须有严格的制度,实行标准化作业、程序化操作和标准化管理,以确保生产任务的完成;管理的原则是实行权威督导与控制,管理权力高度集中在少数管理者手中,强迫多数员工绝对服从管理者的意愿;鼓励制度是实施个人奖惩,用金钱来刺激员工劳动的积极性,同时对消极怠工者采取严厉的惩罚措施。泰勒制就是 X 理论管理风格的典型代表。

Y 理论对人性的假设是"自动人"(或称为"自我实现人"),Y 理论认为:人天生勤奋,每个成熟的人除有物质和一般社会需求外,还有一种要充分运用自身才华、发挥潜能做出成就的愿望,人只有在实现了自己这种愿望时才会感到最大的满足;人在追求自我实现的过程中,会表现得主动、有自制力和有创造性。

基于 Y 理论的管理方式:管理的重点是要创造一种适宜的工作环境和条件,让员工能充分发挥自己的潜能达到自我实现的满足;提倡目标管理与自主管理,在管理制度上应该更具有灵活性,给员工更多完成工作的自主权,以便在实现目标过程中能充分地发挥人的独立创造才能；提倡内在鼓励，管理者调动员工积极性不是靠物质刺激，也不是靠和谐的人际关系，而是强调工作本身对工作者积极性的鼓励作用。比如，工作对员工来说是具有挑战性的，是他感兴趣并发挥其特长做出成就的，人们通过承担工作责任、行使工作权利、实现工作成就的过程来满足自我实现的需要。组织如果给员工提供了这种时机，员工将会自我鼓励。

综上，行为科学理论强调以人为中心来研究管理问题，看到了人的社会性和复杂性，这标志着管理由传统的以任务为中心的管理向以人为中心的现代管理转变。

三、现代管理思想与管理理论

第二次世界大战前后，特别是 20 世纪 50 年代以来，世界的政治、经济情况发生了极大的变化。和平、民主和独立的浪潮席卷全球，企业的规模在激烈竞争中迅速扩大，科学技术的急速发展和新兴工业不断出现。所有这些，都对企业管理提出了新的要求，从而使现代管理理论得以形成并迅速开展。在这一阶段，管理思想非常活跃，研究的侧重点也互不相同，所以呈现管理学派林立的局面。

（一）社会系统学派

社会系统学派的代表人物是切斯特·巴纳德（Chester Barnard），其主要观点表达在《经理人员的职能》一书中。其主要观点可归纳如下。

① 组织是一个社会协作系统。组织是两个或两个以上的人有意识协调的活动，组织的产生是人们协作愿望的结果。

② 组织存在要有三个根本条件，即明确的目标、协作意愿和意见交流。

③ 提出了组织效力与组织效率原则。组织效力是指组织实现其目标的能力或实现目标的程度，是组织存在的必要前提；组织效率是指在实现目标贯彻中满足成员个人目标的能力和程度，是组织生存的能力。

④ 管理人员的权威来自下级的认可。

⑤ 分析了经理人员的作用。经理人员是信息联系系统中相互联系的中心，并对成员的协作活动进行协调，使组织正常运转，以实现其目标。

（二）系统管理学派

系统管理学派的代表人物是弗里蒙特·卡斯特（Fremont E.Kast）和詹姆斯·罗森茨韦克（James E.Rosenzweig），罗森茨韦克的代表作是《系统理论与管理》。他们继承了系统论的思想方法，从系统的概念出发，建立起了企业管理的系统模式。他们认为系统观点、系统分析、系统管理都是以系统理论为指导的，三者之间既有区别，又有联系。其主要观点如下。

① 企业管理系统由人、资金、物、技术、时间、信息六个根本要素构成，它们在一定目标下组成一体化系统。其中人是管理系统中的主体，其他各项要素在一定程度上均受人的控制与协调。

② 企业管理系统是一个由许多子系统组成的、开放的社会技术系统。

③ 企业管理系统内部主要有四个根本子系统：一是运行系统，即输入过程与输出过程；二是控制系统，是指企业对各种有机要素的转化过程；三是支持系统，是指企业内各后勤保证的过程；四是信息系统，即信息的收集、分析、研究、处理、传递的过程。企业的系统管理强调以整体系统为中心，决策时强调整个系统的最优化。

④ 企业管理分三个层次，即作业层（基层管理）、协调层（中层管理）、战略层（高层管理）。

⑤ 运用系统观点来考察管理的根本职能，可以提高组织的整体效率。

（三）决策理论学派

决策理论学派的代表人物是西蒙和詹姆斯·马奇（James March），西蒙的代表作有《管理决策的新科学》《行政行为》等。

决策管理学派是在社会系统学派的基础上开展起来的。其观点主要有以下 4 点。

① 管理就是决策。方案、组织、领导、控制等管理职能都需要决策。

② 以"满意标准"代替传统的"最优标准"。

③ 决策是一个复杂的过程，而不是"拍板"的一瞬间。决策的过程至少应该分为四个阶段：提出制定决策的理由；尽可能找出所有可能的行动方案；在诸多行动方案中进行抉择，选出最满意的方案；对该方案进行评价。这四个阶段都含有丰富的内容，并且各个阶段有可能相互交错，因此决策是一个反复的过程。

④ 决策可分为程序化和非程序化决策。程序化决策是指反复出现和例行的决策。非程序化决策是指那种从未出现过的，或者其确切的性质和结构还不是很清楚或相当复杂的决策。解决这两类决策的方法不同。但程序化决策和非程序化决策的划分并不严格，随着人们认识的深化，许多非程序化决策将转变为程序化决策。

（四）经验主义学派

经验主义学派，又称案例学派，其代表人物有德鲁克和欧内斯特·戴尔（Ernest Dale）。德鲁克的代表作是《有效的管理者》，戴尔的代表作是《伟大的组织者》。他们认为，有关企业管理的科学应该从企业管理的实际出发，以大企业的管理经验为主要研究对象，以便在一定的情况下把这些经验加以概括和理论化，但在更多的情况下，只是把这些经验传授给企业的实际管理工作者，提出一些实际的建议。也就是说，该学派主张通过分析经验（案例）来研究管理问题。其主要观点有以下 3 点。

① 管理有三项根本任务：一是取得经济效果（利润）；二是使工作具有生产性，并使工作人员获得成就感；三是承担企业对社会的责任。因此，管理者必须了解和掌握一些根本技能，如做出有效决策、在组织内部和外部进行信息联系、学会目标管理等。

② 提倡实行目标管理。目标管理是管理人员和员工在工作中实行自我控制并达到工作目标的管理机能和管理制度。

③ 对高层管理问题给予了高度重视。对高层管理的任务、结构、战略等进行了深入的研究。

（五）管理科学学派

管理科学学派，又叫计量学派或数量学派，代表人物是美国的埃尔伍德·伯法（Elwood Buffa），代表作是《生产管理基础》。该学派的特点如下。

① 为管理决策效劳，运用数学模型增加决策的科学性。决策的过程就是建立和运用数学模型的过程。

② 各种可行的方案均是以经济效果作为评价的依据，如本钱、总收入和投资利润率等。

③ 广泛地使用电子计算机。电子计算机的使用大大提高了运算的速度，使数学模型运用于企业和组织成为可能。

（六）权变理论学派

权变理论学派诞生于 20 世纪 60 年代末 70 年代初，代表人物有弗雷德·卢桑斯（Fred Luthans），代表作是《管理导论：一种权变学》。该学派认为，在企业管理中要根据企业所处的内外条件随机应变，没有什么一成不变、普遍适用的"最好的"管理理论与方法。该学派的根底是"超 Y 理论"。"超 Y 理论"认为人们怀着不同的需要参加工作，有不同的需要类型。有的人需要更正规的组织结构和规章制度，而不需要参与决策和承担责任；有的人却需要更多的自治责任和发挥个人创造性的时机。前者欢迎"X 理论"的管理方式，后者欢迎"Y 理论"的管理方式。因此，不同的人对管理方式的要求是不同的，组织的目标、工作的性质、员工的素质等对组织结构和管理方式都有很大的影响。

在《管理导论：一种权变学》一书中，卢桑斯将过去的管理理论划分为四种学说，即过程学说、计量学说、行为学说和系统学说。他认为这四种学说都没有把管理与环境妥善地联系起来；同时，这些学说的代表人物都强调他们的学说具有普遍的适用性。在管理中必须重视环境对管理的作用。实际上，在环境与管理之间存在着一种函数关系，可以解释为"如果……就要"的关系，即"如果"发生或存在某种环境情况，"就要"采用某种管理思想、管理方式来更好地达到组织目标。权变主要表现在方案、组织和领导方式等方面，包括方案要有弹性、组织结构要有弹性、领导方式应权宜应变。

但是，权变理论过于强调管理的特殊性，无视管理的普遍原则与规律，这是该理论的最大缺陷。

任务思考

1. 泰勒所创立的管理理论有哪些主要观点？
2. 科学管理理论的进步性和局限性分别是什么？
3. 霍桑实验说明了什么实际问题？
4. 正式组织和非正式组织有什么区别？
5. 需要层次理论和双因素理论是否有相通之处？
6. 如何利用人性假设理论更好地管理组织？

项目总结

　　管理就是在特定的环境下，对组织所拥有的资源进行有效的计划、组织、领导、控制，以便完成组织既定目标的过程。管理具有二重属性，即自然属性和社会属性。管理的特征具有动态性、科学性、艺术性、创造性、经济性。康养旅游管理从学科范围来看属于管理学的二级学科，或可称为部门管理学，即对康养旅游活动这一经济行为而进行的计划、组织、指挥、协调及控制的活动过程。康养旅游管理的职能一般可包含计划职能、组织职能、领导职能和控制职能等。康养旅游管理的环境可以分为内部环境和外部环境。一名管理者应该具备技术技能、人际技能、概念技能。康养旅游是在旅游过程中能够提高和改善旅行者身体健康状况的旅游活动，康养旅游企业包含八种类型。管理思想的代表是古典管理理论，了解古典管理理论的产生及各个主要派别的理论观点、代表人物；能理解科学管理理论、法约尔一般管理理论、韦伯行政组织理论的主要内容；行为科学学派代表性的理论有梅奥的人际关系学说、马斯洛的需要层次理论、赫茨伯格的双因素理论、麦格雷戈的 X-Y 理论等；现代管理理论也呈现管理学派林立的局面。

项目实践

假日集团成功之道

　　当你想到一个主意时，应当去寻觅干的理由，而不是去琢磨不干的借口。只有什么都不干的人才没有任何麻烦。

——凯蒙斯·威尔逊

　　假日集团始创于 1952 年 8 月，位于美国田纳西州孟菲斯城。它的创始人是凯蒙斯·威尔逊（Kemmons Wilson）。从第一家假日旅馆的建立到现在，假日集团已经从当初的单纯面向家庭旅游者的汽车旅馆连锁店发展壮大为一家包括食品、住宿、交通、旅游等多行业的综合性大公司，其拥有、经营和签有特许经营权合同的饭店遍及全世界，成为世界著名的饭店品牌。

凯蒙斯·威尔逊按照埃尔斯沃斯·斯塔特勒（Ellsworth M.Statler）的信条经营饭店，强调地理位置的重要性，创业时饭店多沿高速公路分布，面向中产阶级，依据中档大众市场的消费水平与需求设计饭店，突出洁净、舒适、卫生与安全，同时注重饭店的维修，保持饭店的洁净与清新，针对中产阶级的需求突出饭店廉价、方便、舒适与安全的特点。

在经营管理上，假日集团形成自己独有的特色。

1．出售特许经营权

1952年，凯蒙斯·威尔逊建立了第一家假日饭店。1953年，他与合作者、房地产开发商华莱士·约翰逊（Wallace Johnson）首次邀请了全国各地的65个建筑商到孟菲斯集会，开始销售假日饭店的特许经营权。当时有4人买下了假日饭店的特许经营权。每份特许经营权的转让费是500美元，在开业后再付专利费与广告费，分别按每出租一间客房每夜5美分与2美分计算。通过特许经营假日集团取得了初步成功，并在后来的发展中一直作为集团成长的主要方式。

2．不断完善计算机预订系统

现代饭店集团都拥有自己的中心预订系统，在这方面，假日集团一直是各饭店集团的先驱。从集团成立起，假日饭店就特别注意联合预订的办法。最初，每一家假日饭店都会为客人代打电话预订下一站的假日饭店，长途电话费由客人支付。1965年，假日饭店建立了独立的计算机预订系统HolidexⅠ，到20世纪70年代又发展了第二代预订系统HolidexⅡ。在每一家假日饭店里，都可以随时预订任何一个地方的假日饭店，并且在几秒钟之内得到确认，这一切也都是免费服务。

现在假日集团拥有的HolidexⅢ（Holidex 2000）是世界最大规模的民用电子计算机网，从其规模上来讲，仅次于美国政府的通信网络，它曾被指定为美国国家处于紧急状态时的通信后备系统。

3．一切为顾客着想，服务不断创新

假日饭店是第一个免费为家庭旅游者提供小孩床的；是第一个在每间客房内都提供免费电视和电话的；是第一个在其汽车旅馆的走廊上放置自动售货的冷饮机和制冰机的，这不仅方便了顾客，还为他们节约了叫人把饮料或冰块送进房间的小费；还在汽车旅馆里建起"狗舍"，以方便外出旅游离不开爱犬的主人。对客人的需求体贴入微。每个假日饭店里都至少有一名医生和一名牙医，24小时随叫随到。每间客房必须放一本《圣经》，服务员每天还要为房客把《圣经》翻一新页。在欧洲的一些假日饭店里，每家饭店都有一位牧师，倾听客人的诉说，为客人排除心理上的困惑。

4．标准化管理，严格检查控制，一丝不苟

威尔逊提出饭店的服务质量标准，即硬件上要舒适、方便与安全。威尔逊要求饭店一定要重视维修，要保持饭店的崭新和洁净，让客人有一种舒适感、安全感。假日集团编印了《假日饭店标准手册》(以下简称《手册》)，每个假日饭店都有一本，各自带有自己的编号，严格保密，不得遗失或外传。《手册》对饭店的建造、室内设备、服务规程详细地做出了规定，任何饭店非经总部批准不得更改。《手册》对于饭店经营的方方面面都有严格规定。威尔逊就依靠《手册》使整个饭店在主要方面保持一致。

5．严格控制各类成本

控制成本也是威尔逊所强调的经营哲学。首先在建筑成本上注意采用当地的建筑材料，没有地下室，水暖设备安装在建筑顶部，饭店设施不要求豪华，但要求舒适。1975年以前，假日集团饭店的造价是每个标准间1万～3万美元，城郊饭店标准间造价控制在1万美元左右，市中心饭店标准间造价控制在3万美元左右。饭店客房平均房价为20美元。严格控制成本使其具备较强的价格优势。

假日饭店利用集团购买优势，采取总公司供应部集中采购的方式，大大降低了采购成本费用。对假日集团所属饭店的改造，总公司可以为它提供从家具、地毯、窗帘、床单、床罩，到墙纸、装饰物、带镜框的风景画等所需要的一切，成本比单体饭店的改造要低得多。

假日饭店使用较廉价的地毯，但及时更换、淘汰，保持地毯干净完好；收集小香皂头制成清洁剂来清洗地板；使用钥匙卡电源开关，拔掉钥匙卡后，所有电源立即切断，空调自动调节至最低档；使用节能电梯（人站上去即启动加快，无人时便自动慢下来）以节约用电。

6．适时调整发展战略，注重产品的层次开发和品牌延伸

假日集团的成功得益于它在发展历程中对其经营策略进行不断调整，其经营策略集中反映在不同历史时期制定的饭店经营使命书中。

在1954—1969年，假日饭店在经营使命书中将自己定位为食品和住宿公司。这属于单一饭店产品经营型策略。

在兼并的热潮时期，假日饭店也走上了多样化经营的道路。在1970—1979年的假日饭店经营使命书中，假日集团把自己定位为"从食品、住宿公司发展成为与旅游、交通相关联的公司"，即实施多角化经营策略。

在1980—1992年，假日饭店开始从多角化领域撤退。从强调拥有饭店所有权到强调对饭店管理输出的特许经营权的转变，意味着这一时期的假日饭店主要实施经营管理模式、商标、品牌等无形资产的策略。

1993年以后，假日集团重新回到饭店这一发家领域，实施垂直一体化的经营策略：从战略上放弃经营旅行、博彩等行业的多元化策略，专门致力于提高假日饭店的设施水平和服务质量，并强化它定位于中档饭店产品市场上"物有所值"的形象，通过拥有、管理和特许经营转让及经营等方式来发展现有的和新建的饭店。

7. 高度重视人力资源的开发与管理，培育"假日旅馆精神"

企业文化是假日集团保持长期繁荣的保证，这种文化即"假日旅馆精神"：朴实无华、诚实可靠、坚持不懈、乐观大度，加之以一种复兴者的激情的综合体。

威尔逊一向认为，员工的素质是保证饭店效率的根本。假日集团特别重视员工，尤其是经理人员的培养与教育。早在1968年，假日集团就在总部所在地孟菲斯建立了假日旅馆大学，这个培训中心为特许经营权的购买者、公司系统的饭店经理、部门经理和有发展前途的雇员提供了一个短期进修、学习的机会。现在，这所大学开设了现代化饭店管理所需要的各种课程，每年就读者均达3 000人以上。假日集团规定，任何受聘于假日饭店的总经理和餐饮部经理，都必须在这所大学里接受为期两周的专门训练，总经理还必须再从事两周的研究班训练，并参加复习性质的研究班。

讨论题

1. 威尔逊是个成功的管理者吗？为什么？
2. 从管理理论的角度分析假日集团的管理活动。
3. 威尔逊是怎样进行管理创新的？

项目二

康养旅游决策管理

项目导读

通过本项目的学习,在知识上,要求学生理解康养旅游决策含义和类型、了解康养旅游决策的原则,熟悉康养旅游决策的程序和方法。在能力上,能按照正确的程序进行康养旅游决策管理,能合理运用康养旅游决策管理的方法。在素质上,培养科学决策的观念和防范风险的意识。

思维导图

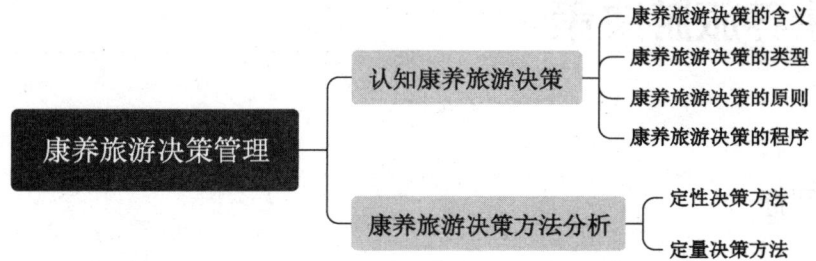

案例导入

京恩医疗联合港中旅推出"宋韵文化节,普陀康养之旅"

2022年,浙江京恩医疗科技有限公司联合港中旅国际(杭州)旅行社有限公司推出的"宋韵文化节,普陀康养之旅"正是各种文化交错相融的产物。普陀的康养之旅以舟山为中心,耕耘康养乐土,从"游、养、医、药"四个维度出发,构建涵盖"旅游、度假、养老、养生、康复、医疗"等全生命周期的新型旅居度假生活方式,打造"医康养居一体化"发展模式,致力成为康旅服务标准的标杆和行业领跑者。

浙江京恩医疗科技有限公司是中国浙江自贸区普陀国际医疗先行区招商引资的企业,地处国家与全球医疗旅游接轨的康养胜地,公司自有多项专利技术,引进国际前沿健康科技与抗衰老技术，在政府严格监管自贸区内将健康产业迅猛展开。京恩医疗拥有山海天然环境，独家打造身康、心清、灵净的特色康养服务模式，远离都市喧嚣，使身、心、灵得到全方位的净化与升华，以东方智慧和全球视野倾心打造国际前沿的生命健康管理中心，让国人不出国门，享受媲美世界级疗养胜地的山海风情栖心康养。

数智时代，数字技术为文旅产业提供新的发展机遇与技术变革，为加快新一轮转型升级和业务高速发展的需求，浙江京恩医疗科技有限公司在做好本业的基础上，秉承多元化发展、立体化展现的目标，充分利用自身多年资源积累，集聚各行各业优质客户，努力搭建起政企、文旅和景区全域链接的桥梁。公司有着广泛的经营范围和齐全的各类证照，更具有超强的执行能力和整合能力，有多支优秀的团队和相关公司支撑协同，为客户独特韵味的活动开展和别样精彩的项目执行保驾护航。

启 示

旅游业发展迅猛，面对康养旅游的市场新需求，康养旅游企业管理人员必须适应市场，积极转型，不断调整康养旅游产品；高层管理人员必须做好企业转型的战略决策，中层管理人员必须积极进行产品创新的业务决策。

学习任务一
认知康养旅游决策

任务目标

通过本任务的学习，理解康养旅游决策的含义、类型、原则和程序。

资料链接

康养旅游投资决策

> 任务操作

一、康养旅游决策的含义

康养旅游管理活动，从确定目标到组织实施，都面临着大量的决策问题。科学的决策对管理活动的顺利开展起着重要的作用。哈佛商学院认为，企业成败主要取决于决策和管理两大因素是否合理，其中决策因素占80%、管理因素占20%。如果制定的决策合理，那么企业便会越来越繁荣，反之，企业就会在困境中挣扎，甚至有倒闭的危险。

康养旅游决策管理，是指康养旅游决策者针对要解决的问题，系统分析环境中面临的机遇和挑战，组织的优势、劣势，确定组织未来的行动目标，并从两个以上可能实现目标的行动方案中选择一个最优方案的过程。这可以从以下3个方面来理解。

① 决策是为了解决未来的问题，实现一定的目标。首先要树立决策的目标，没有目标就无从决策。

② 决策要在两个以上的可行方案中完成优选决定，没有两个以上的可行方案也不能进行决策。

③ 最终选择的方案是一个合理的满意方案。

二、康养旅游决策的类型

（一）按决策的重要程度，可分为战略决策、战术决策和业务决策

战略决策，是指事关企业大方向，带有全局性、长远性，针对宏观的大政方针所做的决策。例如，企业方针、目标与计划，技术的引进和改造，组织结构改革，等等。这类决策主要由企业最高领导层制定。

战术决策，又称策略决策，是指为了实现战略目标而做出的带有局部性的具体决策，如企业财务决策、销售计划的制订、产品开发方案的制订等。它主要由企业中间领导层制定。

业务决策，又称日常管理决策，是指属于日常活动中有关提高效率和效益、合理组织业务活动等方面的决策。这类决策主要由企业基层管理者负责进行。

（二）按决策的重复程度，可分为程序化决策和非程序化决策

程序化决策，又称常规决策或重复决策，是指经常重复发生，能按原有规定的程序、处理方法和标准进行的决策。其决策步骤和方法可程序化、标准化，可重复使用。业务决策，如任务的日常安排、常用物资的订货与采购等，均属此类。

非程序化决策，又称非常规决策、例外决策，是指具有极大偶然性、随机性，又

无先例可循且有大量不确定性因素的决策活动，其方法和步骤难以程序化、标准化，也不能重复使用。这类决策在很大程度上依赖于决策者的知识、洞察力、逻辑思维判断及丰富的实践经验，具有明显的个性化特征，如突发事件的处理、重要科研项目的开发决策等。

（三）按决策的信息可靠程度，可分为确定型、风险型和不确定型决策

确定型决策是指各种可行方案的条件都是已知的，并能较准确地预测它们各自的后果，易于分析、比较和抉择的决策。其确定型信息较丰富。

风险型决策是指各种可行方案的条件大部分是已知的，但每个方案的执行都有可能出现几种结果，各种结果的出现有一定的概率，决策的结果只能按概率来确定，存在着有风险的决策。

不确定型决策与风险型决策类似，每个方案的执行都可能出现不同的后果，但各种结果出现的概率是未知的，完全是凭决策者的个人经验、感觉和估计做出的决策。它受决策者个人气质的影响。

三、康养旅游决策的原则

要使决策正确，就要求决策科学，因此必须遵循一定的原则。

（一）客观原则

客观原则是指按照规律和现有条件进行决策。在决策过程中一定要从各部门各单位的实际出发，尊重事物的客观发展规律。客观原则是领导决策的先决性条件。

（二）信息原则

决策的过程就是对信息的及时收集、科学分析、去伪存真、综合利用的过程，决策的科学性是同信息的准确性、及时性、适用性成正比的。没有调查就没有发言权。例如，一个企业的领导对本行业的市场需求、产品优劣、顾客心理、新技术方向等各种情况了如指掌，才能做出正确的决策。信息原则是实现客观原则的基础。

（三）预测原则

科学预测是对事物未来发展趋势的正确判断，科学的决策必须有科学的预测。通过对各种信息的科学分析和对市场进行科学预测，对领导决策起着至关重要的作用。

（四）程序原则

严格遵循科学的决策步骤，按照科学程序进行分析决策。这是区别于传统的经验决策

方式的一个重要方面。这样可以避免企业领导独断专行，因为每个人的知识面是有限的，在决策之前若能集思广益的话，便可以取得事半功倍的效果。

（五）可行原则

科学决策要合理，有能够实现目标的条件，要求对决策方案进行充分的可行性研究，只有在决策方案经过可行性分析论证的基础上，才能进行最终选择，这是科学决策的又一重要原则。一个决策方案涉及方方面面的利益，只有对决策方案进行科学论证、可行性分析，才能提供给企业领导最好的抉择。

（六）选优原则

决策就是选择最佳的行动目标和设计方案，没有选择，就没有决策，而只有一种方案无法对比进行选择。多方案选择是现代决策的一个重要特点，在实际工作中，许多企业领导往往只有一个方案就轻率拍板实施，而一个方案是无法对比判断优劣的。

四、康养旅游决策的程序

决策程序是决策规范化的关键，它可以帮助领导者把决策变得有序，而不至于产生混乱。通常可以把决策程序分为六个阶段。

（一）调查研究、界定问题

进行科学决策要以对问题的正确界定为前提。提出需要解决的问题，并认真分析其产生的原因。其具体方法有二，即横向分析与纵向分析。横向分析是指从许多错综复杂的原因中找到主要原因。纵向分析是指从表面的直接原因入手，层层剥皮，刨根问底，直到找出根本原因。

（二）识别目标

所谓决策目标，就是指在一定外部环境和内部环境条件下，在市场调查和研究的基础上所预测达到的结果。一方面，目标必须明确，模糊的目标只会使人无所适从，因而，决策目标必须准确、清晰、具体；另一方面，目标必须具有可行性，应与主客观条件所允许的程度相适应。要尽量使目标量化，能分层次、分阶段地实施。

（三）拟订备选方案

备选方案的来源：寻找已有方案或形成新的定做方案。

已有方案：以前见过或试过的主意，或听从其他曾遇见类似问题的人的建议。定做方案：根据具体问题设计，将主意融入新的、有创意的方案中。制订过程：第一步，分析和研究目标实现的外部因素和内部条件、积极因素和消极因素，以及分析事物未来的运动趋势和发展状况；第二步，将外部环境各限制因素和有利因素、内部业务活动的有利条件和不利条件等，同决策事物未来趋势和发展状况的各种估计进行排列组合，拟订出合理的实现目标的方案；第三步，将这些方案同目标要求进行粗略的分析对比，权衡利弊，从中选择出若干个利多弊少的可行方案，供进一步评估和抉择。

（四）综合评价，选择最优方案

决策方案的评估和选择，一般由行政领导者来进行。这个阶段就是进行决策。评估方案必须看哪个方案能够更好地实现决策目标，能够达到决策标准，根据经济、技术和人力资源情况满足问题解决的条件，更具可行性；同时，要审查方案的法律依据，是否合法，是否可行。决策是行政领导者的责任，他们可以选择其中一个方案，也可以将几个方案综合起来。在抉择时要注意：不要一味地追求完美方案，任何方案均有风险决策；在理性分析基础上根据直觉做出最终选择。

（五）组织实施方案，调整完善

谁来实施决策？他们参与了决策制定吗？他们了解决策的意义、内容吗？时间安排和时间表如何？每个步骤需要的资源和行动如何？每个步骤由谁负责？实施中可能会发生什么样的潜在问题？决策的效果和进度如何？

（六）实施和评估

决策的效果和进度如何？在决策执行过程中必须进行有效的控制和监督，对决策执行过程中的结果必须进行及时的反馈，这样才能发现问题，及时地纠正偏差。

任务思考

1. 康养旅行社的带团流程属于哪种决策类型？
2. 某康养管家在带团过程中，团中某老年游客突发心脏病，康养管家如何处理？该决策属于什么类型？
3. 康养旅游决策的原则有什么？
4. 康养旅游决策程序是什么？

学习任务二
康养旅游决策方法分析

任务目标

通过本任务的学习，理解定性决策方法和定量决策方法。

资料链接

康养旅游模式的决策

任务操作

一、定性决策方法

定性决策方法是决策者根据所掌握的信息，利用人们的知识、经验和能力，提出决策的目标、方案、判断，并做出相应的评价和选择。定性决策方法属于群体决策行为，具体定性决策方法如下。

（一）头脑风暴法

头脑风暴法是为了鼓励人们自由发言，鼓励人们提出创新性想法，而且想法不受批评和限制。

在典型的头脑风暴会议中，一些人围桌而坐。群体领导者以一种明确的方式向所有参与者阐明问题。成员在一定的时间内"自由"提出尽可能多的方案，不允许任何批评，并且所有的方案都当场记录下来，留待稍后再讨论和分析。头脑风暴法仅是一个产生新思想的过程，不能提供取得期望决策的途径。

头脑风暴法，是指通过有关与会者的自由发言，产生创造性思维，最终通过整合意见形成合理方案的决策方法。用该法进行决策或预测时必须遵循以下原则。

① 严格限制预测对象范围，明确具体要求。

② 不能对别人的意见提出怀疑和批评，要认真研究任何一种设想，不论其表面看起来多么不可行。

③ 鼓励专家对已提出的方案进行补充、修正或综合。

④ 打消与会者顾虑，创造自由发表意见而不受约束的气氛。

⑤ 提倡简短精炼的发言，尽量减少详述。

⑥ 与会专家不能宣读事先准备好的发言稿。

⑦ 与会专家人数一般为 10~25 人，会议时间一般为 20~60 分钟。

（二）德尔菲法

德尔菲法是由美国著名的兰德公司首创并用于预测和决策的方法，该法以匿名方式通过几轮邮件征求专家的意见，组织预测小组对每一轮的意见进行汇总整理后作为参考再发给各专家，供他们分析判断，以提出新的论证。几轮反复后，专家意见渐趋一致，最后供决策者进行决策参考。德尔菲法是一种更复杂、更耗时的方法，这种方法不需要群体成员列席，不允许群体成员面对面地一起开会。下面描述使用此决策方法的过程。

1. 确定问题

问题要具体明确，切合实际需要。通过一系列仔细设计的问卷，要求成员提供可能的解决方案。

2. 选择专家

选择专家是德尔菲法的重要环节。因为预测结果的可靠性取决于所选专家对预测主题了解的深度和广度。选择专家须解决四个问题：第一，什么是专家。德尔菲法所选专家是指在预测主题领域从事预测或决策工作 10 年以上的技术人员或管理者。第二，怎样选专家。要视预测或决策任务而定。如果预测或决策主题较多地涉及组织内部情况或组织机密，则最好从内部选取专家。如果预测或决策主题仅关系某一具体技术的发展，则最好从组织外部挑选甚至从国外挑选。第三，选择什么样的专家。所选专家不仅要精通技术，有一定的名望和代表性，还要具备一定的边缘科学知识。第四，专家人数。专家人数要视所预测或决策问题的复杂性而定。人数太少会限制学科的代表性和权威性，人数太多则难以组织。一般以 10~15 人为宜，对于重大问题的预测或决策，专家人数可相应增加。

3. 指定调查表

即把预测或决策问题项目有次序地排列成表格形式，调查表项目应少而精。为使专家对德尔菲法有所了解，调查表的前言部分应对德尔菲法进行介绍。每一个成员匿名地、独立地完成第一组问卷。

4. 预测过程

德尔菲法预测一般要分四轮进行。第一轮把调查表发给各专家，调查表只提出主题，让各专家提出应预测的事件。第二轮由决策者对第一轮调查表进行综合整理，归并同类事件，排除次要事件，做出第二轮调查表再返给各专家，由各专家对第二轮调查表所列事件做出评价，阐明自己的意见。第三轮，对第二轮的结果进行统计整理后再次反馈给每个专家，以便其重新考虑自己的意见并充分陈述理由，尤其是要求持异端意见的专家充分阐述理由，他们的依据经常是其他专家所忽略的或未曾研究的一些问题，而这些依据又会对其他成员的重新判断产生影响。第四轮是在第三轮的基础上，让专家们再进行预测，最后由决策者在统计分析基础上做出结论。问卷的结果集中在一起进行编辑处理。

5. 做出预测结论

每个成员收到一本问卷结果的复制件。看过结果后，再次请成员提出他们的方案。第一轮的结果常常能激发出新的方案或改变某些人的原有观点。经过多次反馈后，一般是意见渐趋一致，或对立的意见已十分明显，此时便可把资料整理出来，做出预测结论。

德尔菲法隔绝了群体成员间过度的相互影响。德尔菲法无须参与者到场，从而避免了召集主管人的花费，又获得了主要的市场信息。当然，德尔菲法也有缺点，它太耗费时间。当需要进行快速决策时，这种方法通常行不通。使用这种方法不能提出丰富的设想和方案。

德尔菲法有下述特点。

① 匿名性。为克服专家之间因名望、权利、尊重等带来的心理影响，德尔菲法采用匿名函征求意见，以保证各成员能独立地做出自己的判断。

② 多轮反馈。通过多轮反馈可使各成员充分借鉴其他成员的意见并对自己的意见不断修正。

③ 统计性。德尔菲法属于定性决策，但对专家成员的意见采用统计方法予以定量处理。

（三）哥顿法

哥顿法是美国人哥顿于 1964 年提出的决策方法。该法与头脑风暴法相类似，先由会议主持人把决策问题向会议成员进行笼统的介绍，然后由会议成员（专家成员）天马行空地讨论解决方案；当会议进行到适当时机时，决策者将决策的具体问题展示给小组成员，使小组成员的讨论进一步深化，最后由决策者吸收讨论结果，进行决策。

(四)名义群体法

名义群体法在决策制定过程中限制讨论。如同参加传统委员会会议一样,群体成员必须出席,但他们是独立思考的。具体来说,它遵循以下步骤。

① 成员集合成一个群体。在进行讨论之前,每个成员独立地确定他对问题的看法。

② 经过一段沉默后,每个成员将自己的想法提交给群体。然后一个接一个地向大家说明自己的想法,直到每个人都表达完自己的想法并被记录下来为止。在所有想法记录下来之前不进行讨论。

③ 开始讨论,以便把每个想法弄清楚,并做出评价。

④ 每一个群体成员独立地把各种想法排出次序,最后的决策是综合排序最高的想法。这种方法的主要优点在于,群体成员正式开会但不限制每个人的独立思考,而传统的会议方式往往做不到这一点。

(五)电子会议

最新的群体决策方法是将名义群体法与计算机技术相结合的电子会议。会议所需的技术一旦成熟,概念就简单了。多达 50 人围坐在一张马蹄形的桌子旁。这张桌子上除了一台计算机终端别无他物。将问题显示给决策参与者,把自己的回答输入计算机屏幕上。个人评论和票数统计都投影在会议室内的屏幕上。

电子会议的主要优点是匿名、诚实和快速。决策参与者能不透露姓名地打出自己所要表达的任何信息,一敲键盘即显示在屏幕上,使所有人都能看到。它还使人们能充分表达他们的想法而不会受到惩罚,它消除了闲聊和讨论偏题,且不必担心打断别人的"讲话"。

二、定量决策方法

定量决策方法是把决策因素用数学模型表达出来,并计算结果进行优选决策方案的决策方法。根据数学模型涉及的决策问题的性质(或者说根据所选方案结果的可靠性)的不同,定量决策方法一般分为确定型决策方法、风险型决策方法和不确定型决策方法三类。下面分别予以介绍。

(一)确定型决策方法

确定型决策方法的特点是只要满足数学模型的前提条件,模型就给出特定的结果。属于确定型决策方法的模型有很多,本书主要介绍一种常用的方法,即盈亏平衡点法。

盈亏平衡点法是进行产量决策常用的方法。该方法的基本特点,是把成本分为固定成本和可变成本两部分,然后与总收益进行对比,以确定盈亏平衡时的产量或某一盈利水平

的产量。其中，可变成本与总收益为产量的函数，当可变成本、总收益与产量为线性关系时，总收益、总成本和产量的关系如图 2-1 所示。

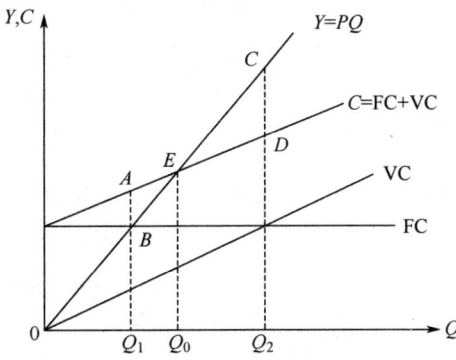

图 2-1　盈亏平衡点分析示意图

图中纵坐标表示总收益（Y）、总成本（C）、固定成本（FC）及可变总成本（VC）。横坐标表示产量（或销量，用 Q 表示，该模型假定产销量一致）。总收益 Y 是单位销售价格 P 与产量 Q 的乘积；总成本 C 等于固定成本 FC 加上可变成本 VC。总收益曲线 Y 与总成本曲线 C 的交点 E 对应的产量 Q_0。当总收益等于总成本（盈亏平衡）时的产量，E 点就是盈亏平衡点。在 E 的左边，即 $Q<Q_0$，总成本曲线位于总收益曲线之上，即亏损区域，其中 C 与 Y 之间的纵坐标距离就是相应产量下的亏损额，如 Q_1 处的亏损额为 AB。在 E 点的右边，即 $Q>Q_0$，总收益线位于总成本之上，即盈利区域，Y 与 C 之间垂直距离就是相应产量下的盈利额，如 Q_2 对应的盈利额为 CD。

用盈亏平衡点法进行产量决策时应以 Q_0 为最低点，因为低于该产量就会产生亏损。对新方案的选择也如此，是否现有的生产能力在小于 Q_0 时就一定要停产呢？由上图可知，停产时的亏损额为 FC，即固定成本支出。所以企业生产能力形成后，即使受市场销量的约束使产量进入亏损区也不应做出停产决策，即"两害相权取其轻"。

图 2-1 所示盈亏平衡点基本原理也可由公式来表示。

由于在 Q_0 点有

$$PQ_0 = FC + Q_0 VC$$

故盈亏平衡点产量

$$Q_0 = FC/(P-VC) \tag{2-1}$$

式（2-1）中有 4 个变量，给定任何 3 个变量便可求出另外 1 个变量的值。例如，某公司生产某产品的固定成本为 50 万元，单位可变成本为 10 元，产品单位售价为 15 元，其盈亏平衡点的产量为

$$Q_0 = FC/(P-VC)$$
$$= 50/(15-10) = 10 \text{（万件）}$$

再如，某公司生产某产品固定成本为 50 万元，产品单位售价为 80 元，本年度产品订单为 1 万件，问单位可变成本降至什么水平才不至于亏损？

据题意有　　　　　　　　　10 000=500 000/(80-VC)

解之得　　　　　　　　　　VC=30（元/件）

（二）风险型决策方法

当一个决策方案对应两个或两个以上相互排斥的可能状态，每一种状态都以一定的可能性出现，并对应特定的结果时，这种已知方案的各种可能状态及其发生的可能性大小的决策称为风险型决策。数学上用概率来量化某一随机事件发生的可能性，即决策方案对应的某种状态的可能性大小可用概率来描述。

风险型决策的标准是期望值，即期望值最大的方案。当决策指标为成本时，应选取期望值最小的方案。一个方案的期望值是该方案在各种可能状态下的损益值与其对应的概率的乘积之和。期望值决策既可用表格表示，也可用树状图表示，后者称决策树法。下面以决策树为例说明风险型决策方法的应用。

决策树是由决策节点、方案枝、状态节点和概率四个要素组成的树状图（见图 2-2），它以决策节点为出发点，引出若干方案枝；每个方案枝的末端是一个状态节点，状态节点后引出若干概率枝，每一概率枝代表一种状态。这样自左而右层层展开便得到形如树状的决策树。

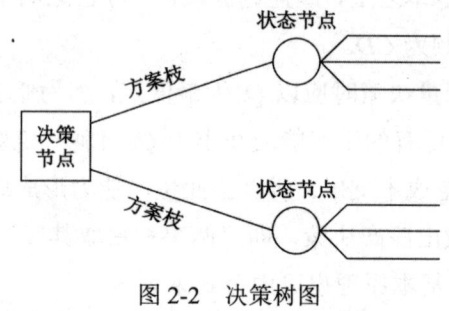

图 2-2　决策树图

决策树法的决策程序如下。

① 绘制树形图。图形自左而右层层展开，根据已知条件排队列出各方案的各种自然状态。

② 将各状态概率及损益值标于概率枝上。

③ 计算各方案的期望值并将其标于该方案对应的状态节点上。

④ 进行剪枝。比较各方案期望值，将期望值小的（劣等方案）剪掉，用"="记号隔断。

⑤ 剪枝后所剩的最后方案即为最佳方案。

例如，某企业在下年度有甲、乙两种产品方案可供选择，每种方案都面临滞销、一般和畅销三种市场状态，各种状态的概率和损益值见表 2-1（损益值数据只为说明问题，不考虑单位）。

表 2-1　概率和损益值表

市场状态	概率	损益值	
		方案甲	方案乙
滞销	0.2	10	0
一般	0.3	50	60
畅销	0.5	100	150

（三）不确定型决策方法

在风险型决策中，概率是计算数学期望值的必要条件，因而也是按期望值标准进行方案选择的必要条件。但在现实经济活动中往往很难知道某种状态发生的客观概率，因此也无法根据期望值标准进行方案选择。这时如何进行方案选择主要依赖于决策者个性气质及其对风险的态度。

1. 冒险法（大中取大法、乐观法则）

冒险法指愿承担风险的决策者在方案取舍时以各方案在各种状态下的最大损益值为标准（假定各方案最有利的状态发生），在各方案的最大损益值中取最大者对应的方案。

例如，某企业拟开发新产品，有三种设计方案可供选择。因不同的设计方案的制造成本、产品性能各不相同，在不同的市场状态下的损益值也各异。有关资料见表 2-2（损益值数据只为说明问题，不考虑单位）。

表 2-2　各方案损益值表

方　案	畅　销	一　般	滞　销	max
Ⅰ	50	40	20	50
Ⅱ	170	150	0	170
Ⅲ	200	30	−20	200

在不知道各种状态的概率时，用冒险法选择方案的过程如下。

① 在各方案的损益中找出最大者。
② 在所有方案的最大损益值中找最大者。

即 max{50, 170, 200}=200，它所对应的方案Ⅲ就是用该法选出的方案。该方案保证在最好的情况下获得不低于 200 单位的收益。

2. 保守法（小中取大法、悲观法则）

与冒险法相反，保守法的决策者在进行方案取舍时，以每个方案在各种状态下的最小值为标准（假定各个方案最不利的状态发生），再从各方案的最小值中取最大者对应的方案。仍以表 2-2 资料为例，用保守法决策时先找出各方案在各种状态下的最小值，即{20,0,-20}，然后再从中选取最大值：max{20,0,-20}，对应方案 Ⅰ 即为用保守法选取的决策方案。该方案能保证在最坏情况下获得不低于 20 单位的收益，而其他方案则无此保证。

3. 折中法

冒险法和保守法都是以各方案不同状态下的最大或最小两个极端值为标准的。但多数情况下决策者既非极端冒险者，也非完全的保守者，而是在介于两个极端的某一位置寻找决策方案，即折中法。折中法的决策步骤如下。

① 找出各方案在所有状态中的最小值和最大值。

② 决策者根据自己的风险偏好程度给定最大值系数 a（$0<a<1$），最小值的系数随之被确定为（$1, a$）。a 也叫乐观系数，是决策者冒险（或保守）程度的度量。

③ 用给定的乐观系数 a 及对应的各方案最大最小损益值计算各方案的加权平均值。

④ 取加权平均值最大的损益值对应的方案为所选方案。仍以表 2-2 所给数据资料为例，计算各方案的最小值和最大值，见表 2-3。

表 2-3　平均收益值比较表

方　案	min	max	加权平均值（a=0.8）
Ⅰ	20	50	44
Ⅱ	0	170	136
Ⅲ	−20	200	156

设决策者给定最大值系数 a=0.8，最小值系数即为 0.2，各方案的加权平均值如下。

Ⅰ：(20×0.2)+(50×0.8)=44

Ⅱ：(0×0.2)+(170×0.8)=136

Ⅲ：[(−20)×0.2]+(200×0.8)=156

取加权平均值最大者：max{44, 136, 156}=156，对应的方案Ⅲ即为最大值系数 a=0.8 时的折中法方案。

用折中法选择方案的结果，取决于反映决策者风险偏好程度的乐观系数的确定。决策结果因乐观系数的不同而不同。当 a=0 时，结果与保守法相同；当 a=1 时，结果与冒险法相同。保守法与冒险法是折中法的两个特例。

4. 后悔值法

后悔值法是用后悔值标准选择方案的方法。所谓后悔值是指在某种状态下因选择某方案而未选择该状态下的最佳方案而少得的收益值。如在某种状态下某方案的损益值为 100，而该状态下诸方案中最大损益值为 150，则选择该方案要比选择最佳方案少收益 50，即后悔值为 50。用后悔值法进行方案选择的步骤如下。

① 计算损益值的后悔值比较表，方法是用各方案各状态下的最大损益值分别减去该状态下的各损益值，从而得到对应的后悔值。

② 从各方案中选取最大后悔值。

在已选出的最大后悔值中选取最小者，对应的方案即为用最小后悔值法选取的方案。仍以表 2-2 数据为例，计算出的后悔值见表 2-4。

表 2-4　最大后悔值比较表

方案	一般	滞销	max
Ⅰ	110	0	150
Ⅱ	0	20	30
Ⅲ	120	40	120

各方案的最大后悔值为{150, 30, 120}，取其最小值 min{150, 30, 120}=30，对应的方案 Ⅱ 即为用最小后悔法选取的方案。

5. 莱普勒斯法

当无法确定某种自然状态发生的可能性大小及其顺序时，可以假定每一自然状态具有相等的概率，并以此计算各方案的期望值，进行方案选择，这种方法就是莱普勒斯法。由于假定各种状态的产生概率相等，莱普勒斯法实质上是简单算术平均法。仍以表 2-2 数据为例，各方案有 3 种状态，因此每种状态产生的概率为 1/3，各方案的平均值为：

Ⅰ：$(50×1/3)+(40×1/3)+(20×1/3)=110/3$

Ⅱ：$(170×1/3)+(150×1/3)+(0×1/3)=530/3$

Ⅲ：$(200×1/3)+(30×1/3)+[(-20)×1/3]=210/3$

max(110/3, 530/3, 210/3)=320/3，故应选方案 Ⅱ。

任务思考

1. 康养旅游决策方法有哪些？各有什么特点？
2. 计算某康养旅游企业的盈亏平衡产量。

某厂生产一种康养旅游产品需投入固定成本 30 万元，单位产品可变成本为 80 元，产品销售价格为 100 元/件。

（1）试用盈亏平衡点法确定盈亏平衡产量。

（2）如果企业的利润目标是 15 万元，企业至少应维持多大的生产规模。

项目总结

康养旅游决策是指康养旅游决策者针对要解决的问题，系统分析环境中面临的机遇和挑战，组织的优势、劣势，确定组织未来的行动目标，并从两个以上可能实现目标的行动方案中选择一个最优方案的过程。康养旅游决策类型有几种：按决策的重要程度，可分为战略决策、战术决策和业务决策；按决策的重复程度，可分为程序化决策和非程序化决策；按决策的信息可靠程度，可分为确定型、风险型和不确定型决策。要使决策正确，就要求决策科学，因此必须遵循一定的原则。决策程序是决策规范化的关键，它可以帮助领导者将决策变得有序，而不至于产生混乱。还要遵循科学的决策方法，决策的方法分为定性决策方法和定量决策方法，科学的决策方法保证了决策的科学正确。

项目实践

腾冲有99座火山，88处温泉，被誉为云南著名的康养旅游胜地。腾冲市委、市政府立足于自身独有优势和特点，顺势而谋，提出了以"大健康"统领一、二、三产业，深入推进"健康食品、健康医药、健康运动、健康旅游"四大产业发展，全力将腾冲打造成一个世人向往的宜居宜业宜游健康生活目的地的大发展目标。腾冲火山热海作为腾冲旅游休闲、温泉康养的名片，以其丰富的温泉资源、厚重的康养文化、深厚的技术实力、独特的自然山水，把大健康理念融入温泉旅游产业发展中，高标准规划、高起点建设了一批具有中国水准的温泉康体养生项目，在祖国的西南边陲，散发出夺目的光芒。

腾冲火山热海康养发展历程如下：腾冲热海的温泉资源利用历史有近千年，在明朝景泰二年（1451年）已有翔实的记载。1961年，中国人民解放军第七十一医院在热海设立诊疗所，并系统地观察和总结了1 000多例病员的疗效。20世纪60年代以来，北京大学、西南师范学院、中国科学院地质研究所、国家能源局、中南209地质队等单位对腾冲热海进行了多次系统的考察。1984—1991年，云南省财政厅、省交通局、省公路管理局、腾冲市中医院先后在热海建立了疗养部、疗养所。2004年，由云南机场集团与当地国资公司出资共同组建成立了云南腾冲火山热海投资开发有限公司（以下简称"公司"）。经十余年的经营管理和开发建设，公司已形成以旅游观光、温泉休闲度假为主，集吃、住、行、游、购、娱于一体的综合旅游服务康养企业，是云南旅游"二次创业"和云南"桥头堡"战略的新名片和排头兵。温泉康养突出特色如下。

1. 高山森林气候

腾冲热海的温泉在立体森林空间内，各类针叶植物散发的植物芳烃能够达到特殊的芳疗效果，空气质量极为优越，高山气候休养恢复疗法结合优异的森林气候及环境，能够刺激改善人体造血机能及呼吸机能，增加组织摄氧量，改善过敏症状。

2．高温地热及优质医疗矿泉资源

腾冲热海的温泉基于较高矿化、高比重的热海温泉水对人体有较好的浮力作用，水中康复活动相比陆上能够有效舒缓颈椎、腰椎、关节压力，水的阻力对小肌肉群的锻炼事半功倍，修复作用较为明显，结合热海温泉优异的水质，能够达到短时间内良好的疗养修复效果。

3．新生代火山能量磁场

腾冲火山为新生代火山，岩浆从地球内部喷发后遗留下了较多的磁体记忆物质，其中腾冲火山公园三座火山锥最为明显，经勘测地磁强度是普通地磁场的3～4倍，是火山能量石磁场疗法不可多得的理想胜地。

4．温泉食疗

热海温泉水质同时达到了医用及饮用矿泉标准，高温地热蒸汽能够烹制出口味独特的温泉养生美食，同时在制作菜肴时加入热海矿泉能够安全地起到温泉水饮用食疗的目的。结合公司文化及地方特色，充分利用火山热海自然资源，研发出一系列特色养生菜品，如地热山珍蛋、大滚锅饵丝、三色松花杯、温泉石锅肉、银杏扣肉等30余种特色菜品。

5．康养理念

热海矿泉对恢复人体阴阳平衡，防治"未病"，恢复人体的"亚健康状态"也有很好的作用。公司历经多年医学实践、认真分析总结，并与人体健康进行了有效结合。先后研究探索出"温泉八步五疗程""热海温泉SPA五步曲""温泉养生美食""五行五色早餐""卯辰早汤""酉戌晚汤""归于热海疗养腾冲"等一系列康疗产品。

2016年，火山热海康养中心引入了国际上较为先进的健康检测、干预治疗，研究开发了针对不同体质的中医温泉药包，全面提升和放大温泉医疗和疗养功能，构建从温泉健康标准、健康检测、健康指导到中医温泉健康调理、健康跟踪等全过程综合温泉养生和疗养平台。经过多年的不懈坚持和努力，公司管理和服务质量有了较大提升，实现了质量和效益双丰收。

未来，公司将继续以卓越绩效管理为引擎，以创新和质量为抓手，紧紧围绕"确立一个目标、做大二个产业、培育三支队伍、实施四大战略、形成五种能力"发展战略，秉承多元并举、质量效益、技术创新、持续发展、人才强企五大宗旨，逐步提升管理和发展水平，努力实现"把火山热海建成国际知名、国内一流的旅游休闲度假胜地"目标。

讨论题

1. 腾冲市委、市政府做出的发展康养旅游业决策属于哪种决策类型？是依据什么做出的决策？
2. 云南腾冲火山热海投资开发有限公司开发的温泉产品特色有什么？是依据什么做出的决策？属于哪种决策类型？
3. 云南腾冲火山热海投资开发有限公司未来发展目标属于哪种决策类型？
4. 以上决策属于定性决策还是定量决策？

项目三

康养旅游企业计划管理

项目导读

通过本项目的学习,在知识上,要求学生理解康养旅游企业计划的概念,熟悉康养旅游企业计划的特点、作用,掌握康养旅游计划的类型、程序、掌握目标管理的过程,目标管理的评价等。在能力上,能根据需要收集相关的背景资料,能按照计划进行康养旅游企业管理,能分析评价康养旅游企业的目标管理情况。在素质上,培养学生事前做计划的工作习惯,培养学生按照计划行事的工作作风,培养学生制定目标、按照目标管理方式完成目标的习惯。

思维导图

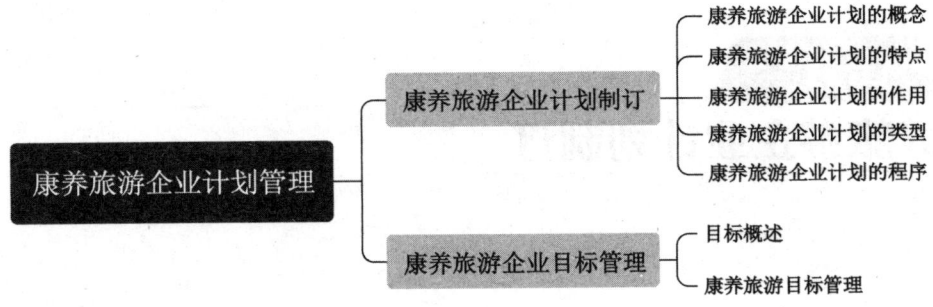

案例导入

旅游包机是旅行社包用航空公司的飞机,在固定和非固定的航线上,按约定的时间、航程、载运游客的旅行活动,此类业务具有航线灵活、成本低廉、运费不受国际航协规定约束、所需地面支持少等多重优势,能有效实现旅行社、航空公司和机场公司的资源优势互补和三方共赢。

1997年开始，春秋国际旅行社为扩大业务，尝试"包机+网络"的企业经营战略模式，成为全国第一家旅游包机批发商，包机策略使它具有了价格竞争优势，而包机需要以规模为支撑，于是春秋国际旅行社在上海及全国铺设了与包机业务相匹配的强大的销售网络，至2005年，春秋国际旅行社在上海已设有50个全资门店，在全国建有全资分社31家，境外分公司7家。在全国共有代理商1 500家，其中上海周边代理商200多家，公司店、分社、代理商之间有1 200余个电脑网络终端，构成了一个"前台收客、后台处理"的庞大业务收揽及处理平台，"包机+网络"的企业经营战略模式使春秋国际旅行社取得了与大多数"小、散、差"旅行社竞争的绝对价格优势。它的低价不是以降低服务水平来实现的，而是以有效降低成本来保证的。春秋国际旅行社因此获得了良好的品牌声誉，成为国内连锁经营最多的全资分社、最具规模的旅游包机批发商，连续10年在国内旅行社业占据遥遥领先的地位。

启示

旅游业是高度敏感性的服务行业，春秋国际旅行社作为一家民营旅游企业在20世纪90年代开始紧跟交通运输业及信息技术（IT）业发展及时做出经营计划的调整，推出"包机+网络"的经营战略，取得了巨大的成功。至21世纪初，我国旅游企业在国际化形势下面临巨大的机遇与挑战，我国的旅游企业若想在激烈的竞争中立于不败之地并实现可持续发展，不仅需要制订科学的企业计划，更需要抓住这个互联网时代的特点，审时度势地调整企业计划。

学习任务一
康养旅游企业计划制订

任务目标

2019年9月，离本年度只剩下3个月了，飞阳康养旅游公司销售副总要求营销部抓紧时间向本年度业绩目标冲刺，并要求在9月完成2020年度营销计划的编制工作。制订年度营销计划是营销经理的基本任务，也是最令其头疼的一项工作，原因是：一方面营销计划是企业整体计划的一个核心，公司的其他职能部门要据此制订各自的计划，只有营销计划制订得合理，才能保证企业营销目标的实现，营销计划一旦出错则"满盘皆输"；另一方面，它实在难以完美和准确，企业内外部因素的变数太多，且很多因素不受控制。但即便如此，营销经理还是要面对它，而且要尽可能做好。

如果你是营销经理，请分析康养旅游企业计划的概念，归纳康养旅游企业计划的特点、作用，并制订康养旅游企业计划。

资料链接

一份红色旅游活动计划

任务操作

一、康养旅游企业计划的概念

康养旅游企业计划是指管理者根据康养旅游企业内外的实际情况，在科学预测的基础上为实现组织目标对未来一定时期内的工作做出安排的活动，包括对组织所拥有的和可能拥有的人力、物力、财力所进行的设计和谋划，并找到一条合适的实现组织目标的途径。康养旅游计划工作是一座桥梁，它是组织各个层次管理人员工作效率的根本保证，能够帮助我们实现预期的目标，我们常用5个"W"和1个"H"来表示计划的内容。

Why——为什么做？原因与目的。

What——做什么？目标与内容。

Who——谁去做？具体的执行者。

Where——在什么地方做？执行地点。

When——在什么时间做？执行时间。

How——怎样做？执行手段和安排。

二、康养旅游企业计划的特点

康养旅游企业的计划为管理的基本职能之一，具有首位性、普及性、目的性、实操性、具体性、效率性等特点。

（一）首位性

在组织的管理中，计划是进行其他管理职能的基础或前提条件。计划在前，行动在后。在组织的管理过程中应当明确管理目标、筹划实现目标的方式和途径，而这些恰恰是计划工作的任务。因此，计划位于其他管理职能的首位。

（二）普及性

在一般组织中，实际的计划工作涉及组织中的每一位管理者及员工，一个组织的总目标确定之后，各级管理人员为了实现组织目标，使本层次的组织工作得以顺利进行，都需要制订相应的分目标及分计划。这些具有不同广度和深度的计划有机地结合在一起，便形成一个多层次的计划系统。同时，所有组织成员的活动都受计划的影响或约束，因此计划具有普及性。

（三）目的性

计划的目的性是非常明显的。任何组织或个人制订的各种计划，都是为了促使组织的总目标和一定时期的目标的实现。确切地说，计划可以使组织有限的资源得到合理的配置。可以减少浪费，提高效率，规范组织人员行为，提高成员工作的目的性，以维持组织的生存和发展。

（四）实操性

计划的实操性主要是指计划的可操作性，并且最终是为了实施。符合实际、易于操作、目标适宜，是衡量一个计划的重要标准。计划是未来行动的蓝图，计划一经以指令的形式下达，就会变成具体的行动。不切实际的计划在实践中是很难操作的，漏洞百出的计划将会给组织造成重大损失。为了使组织计划具有可操作性并获得理想的效果，在制订计划之前必须进行充分的调查研究，准确把握环境和组织自身的状况，努力做到目标合理，时机把握准确，实施方法和措施具体、明确、有效。另外，为了适应环境的变化，克服不确定因素的干扰，应适当增加计划的弹性。

（五）具体性

计划包括实施的指令、规则、程序与方法，直接指引行动，所以它不仅需要具体的定性解释，还应具有定量的标准和时间界限。具体来讲，计划应明确表达出组织的目标与任务，明确表达出实现目标所需要的资源（人力、物力、财力及信息等），以及所采取行动的程序、方法和手段，明确表达出各级管理人员在执行过程中的权利和职责。

（六）效率性

计划的好坏在于效率性的评价如何。一个好的计划必须能实现组织的高效率。计划的效率性主要是指时效性和经济性。任何计划都有计划期的限制，也有实施计划时机的选择。计划的时效性表现在两个方面：一是必须在计划期开始之前完成计划的指定工作，二是任何计划必须慎重选择计划期的开始日期和截止日期。经济性是指组织的计划应该是以最小的资源投入获得尽可能多的产出。

三、康养旅游企业计划的作用

早在泰勒时代许多管理学家和实际的管理工作者就已经认识到计划在管理中的重要作用。特别是近年来，生产技术日新月异，生产规模不断扩大，分工与协作的程度空前提高，每一个社会组织的活动不仅会受到组织内部环境的影响，还会受到许多来自外部因素的影响和制约。组织要不断地适应这种复杂的环境变化，科学地制订计划才可能在最大程度上协调许多方面的活动，求得本组织的生存和发展。美国人豪斯（House）和他的同事曾经对计划的重要性进行过较为深入的研究，他们调查了92家企业，其中17家有正式的长期计划，其他企业或仅有非正式的长期计划，或完全没有长期计划。随后，他们给出评价企业经营好坏的几个主要指标：销售额、股票价格、每张股票的收益、税后的纯报酬等，在这几个方面，有正式长期计划的公司几乎都优于没有长期计划的公司。由此不难看出，计划是企业管理不可缺少的环节。

康养旅游计划的重要性表现在其结果既可以对组织工作起积极作用，也可以起消极作用，甚至使组织陷入严重的困境。只有科学的计划才会有利于组织的发展壮大。具体来讲，计划的重要作用表现在以下四个方面。

（一）计划是管理者指挥的依据

管理者在计划工作完成之后，还要根据计划进行指挥，他们要向下级分配任务。并根据任务确定下级的权力与责任，并促使组织中全体人员的活动方向趋向一致，从而形成一种复合的、巨大的组织化行为，以保证达到计划所设定的目标。例如，一个国家根据自己的长期计划安排投资，企业要根据年度生产经营计划安排各月的生产任务、新产品的开发和技术改造。管理者正是基于计划来进行有效的指挥。

（二）计划是降低风险、掌握主动权的手段

未来的情况是千变万化的，社会在变革，技术在进步，人们的价值观也在不断改变。计划是预期这种变化且设法消除变化对组织造成不良影响的一种有效手段。计划是面向未

来的,而未来在空间和时间上都具有不确定性。如未来可能会出现资源价格的变化,竞争者会不断推出新产品和服务,顾客的消费观念会产生变化,国家的方针政策也可能变化。如果没有预先估计到这些变化,就可能导致组织活动的失败。计划工作的意义就在于它能够尽可能地将未来的不确定性和变化转化为确定性和不变化。组织可以用科学细致的预测,在尽可能充分地把握未来的各种可能性和变动趋势的基础上制订相应的补救措施,并在需要的时候对计划做出必要的修正,最大限度地提高计划的科学性。

(三)计划是减少浪费、提高效益的方法

一项好的计划通过以共同的目标、明确的方向来代替不协调、分散的活动,用均匀的操作流程代替不均匀的工作流程,用深思熟虑的决策代替仓促草率的判断,从而使组织的有限资源被充分利用,产生巨大的协同效应,极大地提高组织的运行效率,减少许多浪费。

(四)计划是管理者进行控制的标准

计划工作就是要建立目标,并以各种指标进行明确的表达。这些目标和指标将用来进行工作过程的控制。管理人员如果没有既定的目标和具体的指标作为衡量的尺度,就无法检查下级任务的完成情况;如果没有计划作为标准,就无法开展控制工作,也不能及时地根据生产过程中出现的各种变化来随时调整计划以适应已变化的实际,也就无法实现组织环境的动态平衡。

四、康养旅游企业计划的类型

目标及实现目标的方案各不相同,因此康养旅游企业计划工作也有不同的种类,常见的分类方法见表3-1。

表3-1 康养旅游企业计划分类表

划分的依据	计划工作的类型
按计划的表现形式	正式计划
	非正式计划
按计划的内容差异	方向性计划
	具体性计划
按计划的时间长短	长期计划
	中期计划
	短期计划
按计划对企业经营影响范围和影响程度的不同	战略计划
	战术计划
	作业计划

续表

划分的依据	计划工作的类型
按计划的对象	综合计划
	局部计划
	项目计划

　　为了方便分析研究，任何一种计划都有可能具有其他分类标准下某种计划类型的特征，如旅行社的年度经营计划是一种综合计划，同时又具有短期计划的性质。

　　对旅游计划工作进行分类，有利于我们更深入地理解旅游计划工作的实质，也有利于具体分析研究和掌握有关计划工作的规律和方法。下面对表 3-1 所列的几种计划形式及工作进行简要说明。

（一）正式计划与非正式计划

　　任何组织不论规模大小、性质如何，都需要计划。只不过计划表现的形式有所不同。有些是正式书面的计划，有些是未形成书面文件的计划。因而，旅游计划就有正式计划与非正式计划之分。但没有正式计划并不简单等同于无计划。许多小企业中就存在大量的非正式计划，只是确定和了解这种计划的人可能不多。非正式计划不容易在组织中进行交流和扩散，计划的内容也往往比较粗略、欠周密且缺乏连续性。所以，在规模比较大、管理工作较规范的组织中，就经常需要编制正式的计划。正式计划的制订是一个包括环境分析、目标确定、方案选择及计划文件编制等一系列工作步骤的完整过程。该过程的结果往往会形成组织的一套计划书。计划书详细、明确地规定组织的目标是什么，实现这些目标需要什么样的全局战略，并开发出一个全面的分阶段和分层次的旅游组织计划体系，以综合和协调不同时期和不同部门的活动。

（二）方向性计划与具体性计划

　　方向性计划与具体性计划是从计划内容的详尽程度来划分的。具体性计划规定有明确的目标和实现目标的方案，不存在模棱两可和容易引起误解之处。例如，一位旅行社经理想使其企业的营业额在未来的 12 个月中增长 30%。为此，他制订出特定的工作程序、预算、业务拓展方案及与实现该营业额目标有关的各项活动的日程进度表，这个计划就是具体性计划。然而，具体性计划也有缺陷，因为它要求的明确性和可预见性条件在现实中并不一定都能满足。组织面临环境的不确定性很高，因此要求保持适当的灵活性以防意外。与具体性计划不同，方向性计划只规定一般性的方向，指出行动的重点但并不限定在具体的目标上，也不规定特定的行动方案。例如，同样是有关增加旅行社利润的计划，具体性计划可能要明确规定在未来的 12 个月中，成本要降低 5%，营业额要增加 10%；而方向性计划也许只提出未来的 12 个月中计划使利润增加 5%～10%。由此可见，方向性计划具有内在灵活性的优点，但需将这一优点与其丧失明确性优点的缺憾进行权衡比较。

在方向性计划的制订中，最主要的是规定组织发展的方向。可以说，方向性计划最具代表性的就是对组织使命的阐述和传达。事实上，组织使命是需要旅游组织高层决策者努力挖掘才能正确识别的。决策者通常需要深入思考，诸如"我们的企业是什么？应该是什么？""我们的顾客是什么人？应该是谁？""我们的顾客购买的是什么？"等问题，才能逐步厘清企业使命所在。特别要注意，"利润"等并不是管理学意义上的企业使命，它只是一种结果。企业履行了自己的使命，作为结果便获得一定的利润。组织的基本使命明确以后，具体性计划的制订才具有客观依据。同时在不同的情境条件下，旅游企业所编制的计划在内容详尽程度上应该是各不相同的，并不是在任何时候编制出了具体计划，都会对企业未来的发展产生帮助。

（三）长期计划、中期计划与短期计划

根据计划的时间长短可将计划分为长期计划、中期计划和短期计划。长期计划是企业5年及5年以上的长远规划，要求较为概略、总括，如《向阳集团未来5～10年企业发展计划》。长期计划的任务是选择、改变或调整企业的经营服务领域和业务单位，确定企业的发展方向和目标，以及确定实现目标的最佳途径和办法。长期计划在经营计划中具有明确方向和指导方针，并有统率全局的重要作用，也称长期战略规划。中期计划是企业2～5年的计划，主要确定组织具体的目标和战略，介于长期计划和短期计划之间，其任务是建立企业的经营结构，即为实现长期计划所确定的战略目标设计合理的设备、人员、资金等的结构，以形成企业的经营能力和综合素质，也称中期结构计划，如《江花旅游集团2006—2009年度的中期经营计划》，其目标项目有销售额、产品结构、新产品比例、利润额、资本结构、资金利润率及设备投资和人员的限额等。中期计划一般以长期计划数字性目标中前3年的目标值作为中期目标。短期计划为两年以下的计划，是企业在计划期内（通常为一年左右的年度计划）进行生产经营活动的奋斗目标和行动纲领，是企业经营计划的重要组成部分。短期计划以长期计划和中期计划为依据，并根据对短期社会需求和企业内外条件的预测进行编制。短期计划一般都规定了较明确、具体和量化的目标及实现这些目标的具体措施，因此通常要求具备可操作性，如《江花旅游集团2006年度营销计划》，计划中明确指出本年度的目标任务、实现目标的措施、方法及激励方案等。

长期计划的制订是企业提高战略管理水平的一种手段，是制订中期计划的出发点和根据。长期计划要依靠中期计划和短期计划加以具体化，最终要靠短期计划具体组织实施。中期计划是长期计划的具体化，它是为实施长期计划中规定的合理化战略而制订的计划，往往按每项产品制订计划。长期计划是只制订重点和重点项目的战略，中期计划则对每项产品和每个项目都制订计划。短期计划具体规定了组织总体和各部分在目前到未来的各个

时间间隔相对较短的时段（如一年半、一年、半年以至更短的时间），特别是最近的时段中所应该从事的各种活动及从事该种活动所应达到的水平，内容比中期计划更详细、精确。企业计划的制订，应使长期计划、中期计划、短期计划有机结合，并由此形成既包括明确的战略方向，又含有若干具体数字化计划的比较合理的计划体系。

（四）战略计划、战术计划与作业计划

根据计划对企业经营影响范围和影响程度的不同，可将计划分为战略计划、战术计划与作业计划。战略计划是关于企业活动总体目标和战略方案的计划。整个企业组织需要有战略计划，对于在多元产业领域开展多种（多元化）经营的企业来说，其内部负责各领域业务经营的事业部门、单位也都需要制订相应的战略计划。旅游企业整体层次的战略，通常称为总战略或发展战略，而事业部门层次的战略则称为经营战略或竞争战略。企业的发展战略和各项事业的经营战略，在现实中时常并不诉诸文字，因为有不少企业的管理者认为，他们决策所敲定的战略一旦诉诸文字而变成明文确定的战略计划后，要进行修改就不那么容易了，而经营环境恰是动态变化的，没有一成不变的战略，只有适应环境条件变化而不断得到修正的战略。因此，这些管理者坚持认为战略一旦被编制成计划，就会扼杀经营的灵活性。其实，计划工作本身并不一定导致灵活性的降低。计划并不是为了消除变化，而是基于对未来可能发生变化的预见来对组织活动做出安排。管理者制订计划的目的和制订计划的正确方式，应该是预测变化并制订最有效的应变措施。实际上，在计划工作中如果选用合适的计划形式，如制订方向性计划而不是具体性计划，或者在制订某一套具体性计划中还制订出备用的计划方案并规定在什么样的情况下启用该方案，则可以使组织活动既具有良好的计划性又保持必要的灵活性。

战略计划的基本特点是：计划所包含的时间跨度长，涉及范围广；计划内容抽象、概括，不要求直接的可操作性；不具有既定的目标框架作为计划的着眼点和依据，因而设立目标本身成为计划工作的一项主要任务；计划、方案往往是一次性的，很少能在将来得到再次或重复的使用；计划的前提条件多是不确定的，计划执行结果也往往带有高程度的不确定性。因此，战略计划的制订者必须有较强的风险意识，能在不确定中选定企业未来的行动目标和经营方向。

战术计划是有关组织活动具体如何运作的计划，对企业来说，就是指各项业务活动开展的具体计划。战术计划主要用来规定企业具体经营目标如何实现具体实施方案和细节。如果说战略计划侧重于确定企业要做什么事（what）及"为什么"（why）要做这件事，则战术计划是规定需由"何人"（who）在"何时"（when）、"何地"（where），通过"何种办法"（how），以及使用"多少资源"（how much）来做这件事。简单地说，战略计划的目的是确保企业"做正确的事"，而战术计划则旨在追求"正确地做事"。

战术计划的主要特点是：计划所涉及的时间跨度比较小，覆盖的范围也较窄；计划内

容具体、明确,并通常要求具有可操作性;计划的任务主要是规定如何在已知条件下实现根据企业总体目标分解而提出的具体行动目标,这样计划制订的依据就比较明确;另外,战术计划的风险程度也远比战略计划低。

作业计划,又称业务计划,一般由基层管理者制订,其内容是基层工作人员的具体任务与作业程序等,是战术计划的具体化,即根据战术计划确定计划期间预算、利润等具体目标,安排工作流程,划分合理的工作单位,分派任务和资源,以及确定权力和责任。

(五)综合计划、局部计划与项目计划

按计划对象可将计划分为综合计划、局部计划和项目计划三种。顾名思义,综合计划所包含的内容是多方面的;局部计划只包括单个部门的业务;项目计划是为某种特定任务而制订的。

综合计划一般指具有多个目标和多方面内容的计划。就其涉及的对象来说,它关联到整个组织或组织的许多方面。例如,酒店年度生产经营计划,包括成本计划、生产计划、销售计划、劳动工资计划、物资供应计划、财务计划等。这些计划都有各自的内容,但它们相互联系、相互影响、相互制约,从而形成一个有机的整体。

局部计划是限于指定范围的计划。它包括各种职能部门制订的职能计划,如散客接待计划、酒店设备维修计划等。局部计划是在综合计划的基础上进行的,它的内容专一性强,是综合计划的一个子计划,应该注意各种局部计划相互制约的关系。例如,酒店设备维修计划直接影响餐饮生产计划、采购和销售计划等其他局部计划。

项目计划是针对组织的特定课题做出决策的计划。例如,新旅游产品开发计划、酒店高尔夫球场建设计划等。项目计划的内容包括项目开发或建设的背景和必要性、市场分析、项目主要开发或建设内容、项目实施的技术方案、项目实施的现有基础、项目组织机构和人员安排、项目实施进度计划、项目资金需求及来源、项目经济和社会效益分析、项目风险分析及应对措施等。

五、康养旅游企业计划的程序

计划是计划工作的结果,计划工作是计划的制订过程,计划的编制一般遵循如下原则及工作步骤。

(一)计划编制的原则

1. 统筹原则,即统一规划,统筹安排

计划的影响因素成千上万,如不全面统筹、适当兼顾,就会在执行过程中出现混乱和

片面的发展。计划的目的在于通过系统整体的优化来实现决策的目标，而整体优化的关键在于通过系统整体的最优化来实现决策的目标，而整体优化的关键在于有序且合理，使系统内部同外部关系协调。

2. 重点原则

在制订计划时，要分清主次，确保重点，着力解决好影响全局的问题。

3. 连锁原则

在编制计划时，一定要把握好因果关系，注意连锁反应，因为在计划编制时，会影响到本组织的发展，而且这种连锁反应一般都是复杂、多向、多变的。如果管理者缺乏科学的预见性，计划内容就难以符合实际情况。

4. 发展原则

在编制计划时，要有远见，要能预见未来的发展，由近及远，以远带近，远近结合。既要把可能的发展反映到计划中，又不能把计划看成一劳永逸的事情。任何计划都要随实际情况及人们认识的新发展进行必要的调整，成为一个滚动调整的计划。

5. 经济原则

经济原则主要体现在两个方面：一是计划的编制过程是最经济的，即在计划执行的过程中应少花钱，多办事；二是计划的执行结果应该能获得最大经济效益和社会效益。

（二）康养旅游企业计划编制的程序

康养旅游企业编制计划的程序如图3-1所示。

1. 收集信息，确定计划的基本前提条件

计划是决策的制订及具体落实过程。因此，了解决策者的选择，理解有关决策付诸执行所面临的外部环境特点及组织内部所需具备的资源和能力条件，就构成了计划工作的前提条件。

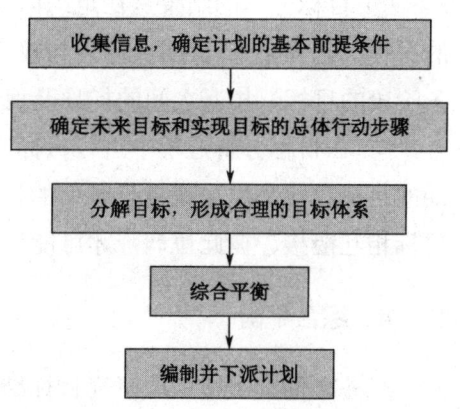

图3-1　编制计划的程序

计划的前提条件从不同角度进行分类有外部的前提条件和内部的前提条件、定量的前提条件和定性的前提条件、可控的前提条件和不可控的前提条件。有效地确定计划工作的前提条件，需要注意：合理选择关键性的前提条件，提供多套备选计划的前提条件，保证计划前提条件的协调一致。

2. 确定未来目标和实现目标的总体行动步骤

这一阶段计划工作的实质就是决策。它大致包括以下的工作步骤：根据前阶段对计划基本前提条件的认识，估量组织发展的机会，确定组织的目标；进一步调查研究，明确计划的具体前提条件；提出多种可供选择的方案，经过比较分析，确定最优或最满意方案。

3. 分解目标，形成合理的目标体系

组织目标的分解可以沿空间和时间两个方向进行，也就是将决策确定的组织总体目标分解落实到各个部门、各个活动环节乃至每个人，同时将长期目标分解为各个阶段的分目标。通过目标的层层分解、落实，就可以确定组织的各部分在未来各个时期的具体任务及完成这些任务应达到的具体要求。

对组织来说，制订分部门及分阶段的目标具有以下作用。

① 促使组织通过对目标的分解把任务分配到各个责任点上，以保证组织内部各方面行动和目标的一致。

② 为动员组织的各种资源和分配资源提供依据。

③ 在组织中营造一种共同的意识或组织气氛，如促成一种井井有条的工作秩序。

④ 为那些能与组织目标保持一致或基本一致的人指明工作方向，同时也促使那些不能与组织目标保持一致的人认识目标差异，采取可能行动及调整个人目标。

⑤ 在组织中形成一种能够对各方面活动的成本、时间和成效等参数加以确定和控制的详细指标体系。

⑥ 目标分解的结果是在组织内形成两种目标结构，描述了组织中较高层次或较长时期的目标（总体目标/长期目标）与较低层次或较短时期的目标（部门、环节、个人的目标/各阶段的目标）相互之间的指导及保证关系。

⑦ 在目标分解过程中进行目标结构的合理性分析，应当着眼于研究较低层次或较短时期的目标对较高层次或较长时期的目标的保证能否落实。只有使上下、左右及前后时期的目标相互衔接、彼此协调，才可能形成一个完整的目标体系。

4. 综合平衡

任务之间的平衡，即研究目标结构在时间上和空间上是否能相互衔接和协调。

研究组织活动的进行与资源供应的关系，分析组织能否在适当的时间筹集到适当品种、数量和质量的资源，从而保证组织活动能连续地、稳定地进行。

分析不同环节在不同时间的任务与能力之间是否平衡，即研究组织的各个部分是否能够保证在任何时间都有足够的能力去完成规定的任务。

5. 编制并下派计划

在综合平衡的基础上，组织可为各个部门编制各个时段的行动计划，并下派下去加以执行。执行的计划可分为单一用途计划和常用计划两种。前者包括工作计划、项目计划和预算，后者包括政策、程序和规则。

（1）单一用途计划的主要表现形式包括工作计划、项目计划和预算

工作计划是针对某一特定行动而制订的综合性计划，它指明组织如何用一定资源通过一定的工作活动来实现特定的目标；项目计划是针对组织的特定课题而制订的专一性更强的计划，它通常是工作计划中的一个组成部分；预算是一种数字化的计划，它是以数字来表示预期结果的一种特殊计划形式。

（2）常用计划就是可以在多次行动中得到重复使用的计划，它由政策、程序、规则等构成

政策是组织对成员做出决策或处理问题所应遵循的行动方针的一般规定；程序也是一种计划，它规定了一个具体问题应该按照怎样的时间顺序来进行处理；规则就是执行程序中的每一个步骤时所应遵循的原则和规章。

任务思考

1．问答题

（1）试分析康养旅游计划的特征及分类。

（2）康养旅游计划有何特点？

（3）康养旅游计划制订的程序如何？

2．实训与实践

（1）辩论

题目：目标管理与计划编制哪个更加重要？

正方：目标管理比计划编制更重要。

反方：计划编制比目标管理更重要。

要求：以团队为单位讨论，首先确定本队所坚持的观点（正方还是反方），然后在课堂中进行分组辩论。

（2）以个人为单位，拟一份个人职业成长规划

要求：规划书内容完整，格式规范。

学习任务二
康养旅游企业目标管理

任务目标

石匠的目标

有个人经过一个建筑工地,问那里的石匠们在干什么?三个石匠有三种不同的答案。

第一个石匠回答:"我在做养家糊口的事,混口饭吃。"

第二个石匠回答:"我在做最棒的石匠工作。"

第三个石匠回答:"我正在盖一座教堂。"

从目标管理的方法来看,我们就可以发现第三个石匠的回答正是组织所需要的。但更严格地说,他的目标仍然不够明确。如果他能说出他是在做教堂的门柱或者穹顶,那么他的目标就更明确了。当然,要石匠更清晰地知道自己的目标,恐怕责任不在石匠,而是在石匠的上司。

(引自粤港信息日报　作者:朱克砺)

思　考

什么是目标?理解目标的特征,理解目标管理的含义及内容,掌握目标管理的过程,熟悉目标管理的评价。

资料链接

某康养景区目标管理考核方案

🖳 任务操作

一、目标概述

对于任何营利性组织和非营利性组织来说，目标都既是组织管理活动的起点，也是组织管理活动的终点。

（一）目标的含义

从简单意义上讲，目标就是组织在未来一段时间内要达到的生存状态。

从整体理解来看，目标是组织在一定时期内通过努力达到的理想状态或期望的成果，这种理想状态和成果可能是个人、小组或整个组织努力的结果，包括目的、任务、具体的目标项目和指标及指标的时限。组织的目的是任何一个组织最基本的目标，组织的任务是组织目的的明确化和具体化，它从战略角度概括地确定实现组织目的的活动领域、内容和对象等。目标项目和指标则是组织任务的进一步具体化、明确化和定量化，目标的时限是指目标要在一定的时间内完成。

组织对于目标的理解也日益丰富，在传统观念中，许多营利性组织是单纯的"理性人"，通常以"利润最大化"作为自己的最终目标，其他一些社会、政策等非经济因素经常被忽略。在强调经济社会和谐发展的今天，营利性组织的目标开始趋于多元化，"利润最大化"等经济目标仅是目标的一种，环境保护、员工福利也成为组织的重要目标。

（二）目标的分类

按照不同的标准，组织可以对目标进行以下分类。

按目标的内容来划分，目标可分为总目标、中间目标和具体目标。总目标是组织在一段时间后所要达到的最终状态，决定组织长期的发展方向、规模和速度。总目标可划分为若干个中间目标，中间目标是实现总目标的措施和手段，为实现总目标服务。中间目标又进一步分为若干个具体目标，具体目标是实现中间目标的手段，是为实现中间目标服务的。总目标、中间目标和具体目标构成了完整的目标体系。

按组织目标的时间来划分，可分为短期目标、中期目标和长期目标。短期目标是指期限不到 1 年的目标，是根据现有条件制订并组织实施的目标。中期目标是指期限从 1~5 年的目标，它根据计划中改进后的资源条件来确定并组织实施。长期目标是指时限为 5 年以上的目标，它是引导组织全体成员奋进并努力争取的理想目标。

（三）目标的特点

目标作为组织在一定时期内通过努力达到的理想状态或期望的成果，具有以下 6 个特点。

1. 目标的纵向性

不论是营利性组织，还是非营利性组织，从纵向结构来看，组织目标可以分为环境层目标、组织层目标和个人层目标。

环境层目标，即社会赋予组织的目标，如组织赋予组织要为社会提供所需的产品和服务，这种环境层目标是客观存在的，也是组织存在的根本。

组织层目标，即组织作为一个利益共同体和一个系统整体的目标。例如，企业要提高经济效益，学校要努力提高教学质量、培养优秀人才。

个人层目标，即作为组织成员的个人目标，如个人经济收入的提高、掌握某项特殊的技能、工作上的成就感等。

2. 目标的多样性

从横向看，组织目标是多种多样的，有大目标和小目标，有主要目标和次要目标，有定性目标和定量目标，有班组目标和个人目标等。从一定意义上来看，凡是与组织生存发展有关的活动，都要通过目标来组织实施和监控。因此，目标的多样性，有助于管理者正确地确定目标和充分发挥目标的作用，同时也给管理者如何在各种各样的目标中选择最能发挥员工积极性的目标提出了挑战。

3. 目标的网络性

组织是由各部门、各层级的人组成的有机整体，从上到下、从左到右，组织的各种活动之间是相互联系、相互促进和相互制约的，因此，组织必然会形成一个相互联系、相互促进和相互制约的上下沟通、左右衔接的目标系统网络。组织的管理人员要充分地研究目标之间的关系，使各种目标相互衔接，彼此协调，从而使组织活动保持高效率和高收益。

4. 目标的时间性

目标是组织在一定时期内所要达到的预期效果，任何目标都具有时间性。如果在时间上没有任何约束，目标就失去了存在的价值。从时间角度来讲，组织目标包括长期目标和短期目标，通常长期目标是组织行动的纲领。

5. 目标的适应性

组织的目标不是固定的，而是随着组织所面临的内部条件、外部环境的变化而变化的。例如，在第二次世界大战以前，组织以赢得最大利润为最终目标；在第二次世界大战以后，组织更多地考虑顾客的需求和利益；而在今天，组织的目标是综合性的。

6. 目标的可考核性

目标是组织在一定时期内所期望达到的目标，同时也是评价组织活动效果的标尺。从理论上讲，量化指标是确定目标可考核性的最简便方法，许多目标是以量化目标的形式出现的。然而，组织的活动是多种多样的，许多活动无法以量化指标形式来体现。从目标层次来看，层次越高的目标，越适合以定性指标形式表现。

（四）目标的作用

目标的作用主要体现在以下3个方面。

1. 为组织管理工作指明方向

目标是组织在一定时期内通过努力达到的理想状态或期望的成果，组织的管理工作就是为了达到一定的目标而协同作战，就是通过目标对组织成员的活动进行有效的管理，目标为组织的管理工作指明方向。

2. 激励作用

目标对组织成员具有激励作用。一方面，目标不仅能够激发组织成员的潜力，还能够使组织成员产生成就感；另一方面，目标通常需要组织通过一定的努力才能达到，对于组织成员来说，具有挑战性的目标可以激发组织成员努力向上的热情。

3. 凝聚作用

由于组织目标是一个相互交织的系统网络，组织的最终目标是与组织的各部门、各成员之间的目标紧密相连的，因而，组织目标有利于发挥组织成员的协同作战，为实现最终目标而共同努力。

二、康养旅游目标管理

（一）康养旅游目标管理的概念

目标管理的概念是美国著名管理学家彼得·德鲁克（Peter Drucker）首先提出的。1954年，他在《管理的实践》一书中，提出了"目标管理与自我控制"的主张。我国实行目标管理始于1978年，是伴随着推行全面质量管理而开展起来的。

康养旅游目标管理是指由康养旅游组织确定提出在一定时期内期望达到的理想总目标，然后由康养旅游组织的各部门确定自己的部门目标，全体员工根据组织的总目标确定个人的目标，组织给予实现目标的资源，然后根据目标实现情况进行考核的一种管理方法。

（二）康养旅游目标管理的内容

在预订初期，组织的最高决策者根据综合情况进行决策，确定总目标和基本方针，然后经过协商，让员工根据这个总目标和基本方针依次制定方向一致的基层单位目标和个人目标。

在完成目标任务的过程中，实行授权管理。上级给执行者实施目标应有的权限，不断检查，让执行者实行"自我控制"，独立自主地实现目标。

在预订末期，进行目标成果评价，根据目标实现情况，给予相应的奖励、表彰和惩罚，以鼓励员工为实现下期更高的目标而努力。在尽量满足员工物质需求的基础上，更要重视员工的精神需求，提高员工素质，培养良好的组织风气，形成团队精神。

（三）康养旅游目标管理的过程

一个完整的康养旅游目标管理过程包括目标体系的制定、目标的实施和目标成果的评价3部分内容。

1. 目标体系的制定

目标体系的制定是目标管理的第一阶段，具体可分为总目标的制定和总目标的展开两个步骤。在目标管理过程中，要求建立一个以组织目标为中心的目标体系，因此目标制定是一项繁重的工作。总目标的制定是指组织根据特定的外部环境和内部条件，通过领导意图和职工意图的上下沟通，对目标项和目标值反复商讨、评议、修改，取得统一的看法，最终形成组织目标。制定的目标既要保证提高组织的业绩，又要能激励和提高广大成员的积极性和创造性。

组织的总目标制定以后，就要把它分解落实到下级各部门、各单位直至员工个人，即目标展开。目标展开的方法是自上而下层层展开，自下而上层层保证，从而构成企业目标连锁体系。

2. 目标的实施

目标的实施是目标管理的第二阶段。在实施目标的过程中，上级关心的应是下级是否根据方针达到目标，取得最终成果。至于下级采取什么手段和方法，通过什么途径来达到目标，则完全由下级自主决定。因此，需要上级允许下级按照自己的意志自由地做出判断和采取行动。下级在达成目标的过程中，一方面要对照自己的目标检查行动，另一方面要依靠自己的判断充分行使下放给自己的权限，努力达到目标。

目标实施过程的检查和控制。目标实施过程的检查一般实行下级自查检查报告和上级巡视指导相结合，下级必须定期向上级报告目标实现的进展情况、自己所做的主要工作、

遇到的问题和希望得到的帮助等。上级在巡查过程中提出问题并鼓励下级主动地钻研问题，以积极进取的态度解决问题。

3. 目标成果的评价

进行目标成果评价是目标管理的第三阶段，以确认成果和考核业绩，并与个人的利益和待遇结合起来。目标成果的评价采取自我评价和上级评价相结合，协商、确认成果。例如，组织可以采取综合评价法，即对每一项目标按目标的实现程度、目标的复杂困难程度和完成目标的努力程度三个要素来评价。

（四）对康养旅游目标管理的评价

在组织的运行中，正确的目标管理的方法能够发挥比较大的作用，但是这种方法并不是一劳永逸的，它也有自身的不足。

1. 目标管理的优点

目标管理容易使组织形成方向一致、系统化的目标体系，使组织各部门及成员的行动协调一致，有利于动态地把组织中的各种力量集中到总目标的实现上，避免组织僵化和工作混乱带来的效率损害。

目标管理有利于提高组织的灵活性。在目标管理下各级管理人员有实现其目标所必需的自主权限，能够对组织环境变化采取灵活的应对措施，从而提高组织对环境的适应性。

目标管理还有利于发挥组织成员的主动性和创造性。它的最大优点就是鼓励成员参与制定目标，激发组织成员克服各种困难及实现目标的热情，增强他们的成就感、价值感和责任感。

2. 目标管理的不足之处

（1）目标管理容易导致短期行为

大部分组织的目标管理所确定的目标是短期的，一般是一年或更短的时间，如果片面追求短期目标，可能会损害组织的长期目标。因此，在目标管理实施过程中，管理人员必须不断地协调各部门的关系，平衡短期目标和长期目标之间的关系。

（2）设置目标的困难

在目标设置过程中，一方面，过高的目标会给组织成员造成过大的压力，可能会使组织成员使用不合乎道德规范的手段去实现目标；另一方面，过低的目标会使下级失去奋发向上的动力。因此，管理人员需要花费大量时间进行调查研究，制订合适的目标。

（3）不够灵活的风险

目标是上下级经过仔细研究和协商确定的，所以，在计划期内一般是不易改变的。如

果组织的环境在目标实现期间发生了变化,员工为一个与环境不适应的目标而努力,这种做法与新的目标相违背,对于组织和员工的损耗都比较大。

任务思考

1．思考题
（1）目标的作用是什么？
（2）康养旅游目标管理的内容是什么？
2．应用与创新
（1）结合你已经实现的目标来谈谈目标的作用。
（2）有人认为：随着管理技术的不断发展和相关软件的广泛运用，在以后的管理工作中，目标管理的作用将有所下降。请根据所学内容分析这种看法。
3．案例分析

某康养旅游企业的目标管理

某康养旅游企业从 21 世纪初开始推行目标管理。为充分发挥各职能部门的作用，充分调动 1 000 多名职能部门人员的积极性，该企业首先对企业各部门和科室实施了目标管理，经过一段时间的试点后，逐步推广到全企业各部门。实践表明，目标管理改善了企业经营管理，挖掘了企业的内部潜力，增强了企业的应变能力，提高了企业素质，取得了较好的经济效益。

按照目标管理的原则，该企业把康养旅游目标管理分为三个阶段。

第一阶段为目标制定阶段。

（1）总目标的制定

该企业通过对国内外市场机床需求的调查，结合长远规划的要求，并根据企业的具体生产能力，提出了20××年"三提高""三突破"的总方针。所谓"三提高"，就是提高经济效益、提高管理水平和提高竞争能力；"三突破"是指在新产品数目、创汇和增收节支方面要有较大的突破。在此基础上，该企业把总方针具体化、数量化，初步制订出总目标方案，并发动企业员工反复讨论、不断补充，并送至职工代表大会研究通过，正式制订出企业20××年的总目标。

（2）部门目标的制定

企业总目标由企业的最高管理者宣布后，企业就对总目标进行层层分解，层层落实。各部门的分目标由各部门和企业管理委员会共同商定，先确定项目，再制订各项目的指标标准。制订依据是企业总目标和有关部门负责拟订、经总部批准下达的各项计划任务，原则是各部门的工作目标值只能高于总目标中的定量目标值，同时，为了集中精力抓好目标的实现，目标的数量不可太多。为此，各部门的目标分为必考目标和参考目标两种。必考目标包括总部明确下达的目标和部门主要的经济技术指标，参考目标包括部门的日常工作目标或主要协作项目。其中必考目标一般控制在 2～4 项，参考目标项目可以多一些。目标完成标准由各部门以目标卡片的形式填报总部，通过协调和讨论最后由总部批准。

（3）目标的进一步分解和落实

部门目标确定以后，接下来的工作就是目标的进一步分解和层层落实。

部门内部小组（个人）目标管理，其形式和要求与部门目标制订相类似，拟定目标也采用目标卡片形式，由部门自行负责实施和考核。要求各小组（个人）努力完成各自目标值，保证部门目标的如期完成。

部门目标的分解是采用流程图方式进行的。具体方法是：先把部门目标分解落实到职能组，任务再分解落实到工段，工段再下达给个人。通过层层分解，企业的总目标落实到了每个人身上。

第二阶段为目标实施阶段。

该企业在目标实施过程中，主要抓了以下 3 项工作。

（1）自我检查、自我控制和自我管理

目标卡片经主管副总批准后，一份存在企业管理委员会，一份由制订单位自存。由于每个部门、每个人都有了具体的、定量的明确目标，所以在目标实施过程中，人们会自觉地、努力地实现这些目标，并对照这些目标进行自我检查、自我控制和自我管理。这种"自我管理"，能充分调动各部门及每个人的主观能动性和工作热情，充分挖掘自身潜力，因此，完全改变了过去那种上级只管下达任务、下级只管汇报完成情况，并由上级不断检查、监督的传统管理方法。

（2）加强经济考核

虽然企业目标管理的循环周期为一年，但为了进一步落实经济责任制，及时纠正目标实施过程中产生的与原目标的偏差，该企业打破了目标管理的一个循环周期只能考核一次、评定一次的束缚，坚持每一季度考核一次，然后还有年终总评定。这种加强经济考核的做法进一步调动了广大员工的积极性，有力地促进了企业目标的落实。

（3）重视信息反馈工作

为了随时了解目标实施过程中的动态情况，以便采取措施、及时协调，使目标能顺利实现，该企业十分重视目标实施过程中的信息反馈工作，并采用了两种信息反馈方法。

① 建立"工作质量联系单"来及时反映工作质量和服务协作方面的情况。尤其当两个部门发生工作纠纷时，企业管理部门就能从"工作质量联系单"中及时了解情况，经过深入调查，尽快加以解决，这样大大提高了工作效率、减少了部门之间的不协调现象。

② 通过"修正目标方案"来调整目标，内容包括目标项目、原定目标、修正目标及修正原因等，并规定在工作条件发生重大变化需修改目标时，责任部门必须填写"修正目标

方案"并提交企业管理委员会，由该委员会提出意见并交主管副总批准后方能修正目标。

企业领导在管理过程中狠抓了以上3项工作，因此，不仅大大加强了对目标实施动态的了解，更重要的是加强了各部门的责任心和主动性，从而使该企业各部门从过去等待问题找上门的被动局面，转变为积极寻找和解决问题的主动局面。

第三阶段为目标成果评定阶段。

目标管理实际上就是根据成果来进行管理，故成果评定显得十分重要，企业采用了"自我评价"和上级主管部门评价相结合的做法，即在下一个季度第一个月的10日之前，每一部门必须把一份季度工作目标完成情况表报送企业管理委员会（在这份报表中，要求每一部门自己对上一阶段的工作做一个恰如其分的评价）；企业管理委员会核实后，也要给予恰当的评分，如必考目标为30分，一般目标为15分，每一项目标超过指标3%加1分，以后每增加3%再加1分。一般目标有一项未完成而不影响其他部门目标完成的，扣3分；影响其他部门目标完成的，扣5分。加1分相当于增加该部门基本奖金的1%，减1分则扣该部门奖金的1%。如果有一项必考目标未完成则至少扣10%的奖金。

请分析该康养旅游企业的目标管理过程的特点。

项目总结

康养旅游企业计划是指管理者根据康养旅游企业内外的实际情况，在科学预测的基础上为实现组织目标对未来一定时期内的工作做出安排的活动，包括对组织所拥有的和可能拥有的人力、物力、财力进行的设计和谋划，并找到一条合适的实现组织目标的途径。康养旅游企业的计划为管理的基本职能之一，具有首位性、普及性、目的性、实操性、具体性、效率性等特点。康养旅游企业计划是康养旅游企业管理的首要职能，具有非常重要的作用。根据不同标准，康养旅游企业具有不同的分类。康养旅游企业计划编制的程序是收集信息，确定计划的基本前提条件；确定未来目标和实现目标的总体行动步骤；分解目标，形成合理的目标体系；综合平衡；编制并下派计划。目标就是组织在某一段时间内期望达到的成果。康养旅游目标管理是指由康养旅游组织确定提出在一定时期内期望达到的理想总目标，然后由康养旅游组织的各部门和全体员工根据组织的总目标确定各自的分目标，并积极主动想办法使之实现的一种管理方法。康养旅游目标管理的过程是目标体系的制定、目标的实施、目标成果的评价。

项目实践

以小组为单位，制订一份小组旅游活动计划，并调研分析某康养旅游公司的目标管理情况。

项目四
康养旅游企业组织管理

项目导读

通过本项目的学习，在知识上，要求学生熟悉组织、组织工作、康养旅游企业组织职能、结构、职权及人员配备的概念，熟悉康养旅游企业组织职能设计的概念、流程。理解并掌握康养旅游组织结构的类型、优缺点及适用情况，会设计康养旅游企业组织结构。理解组织文化的含义、特征和功能，熟悉组织文化设计的内容。在能力上，会设计康养旅游企业的组织结构和组织文化，能评价分析不同康养旅游企业的组织管理工作。在素质上，养成以管理者的角度思考康养旅游企业管理问题的习惯。

思维导图

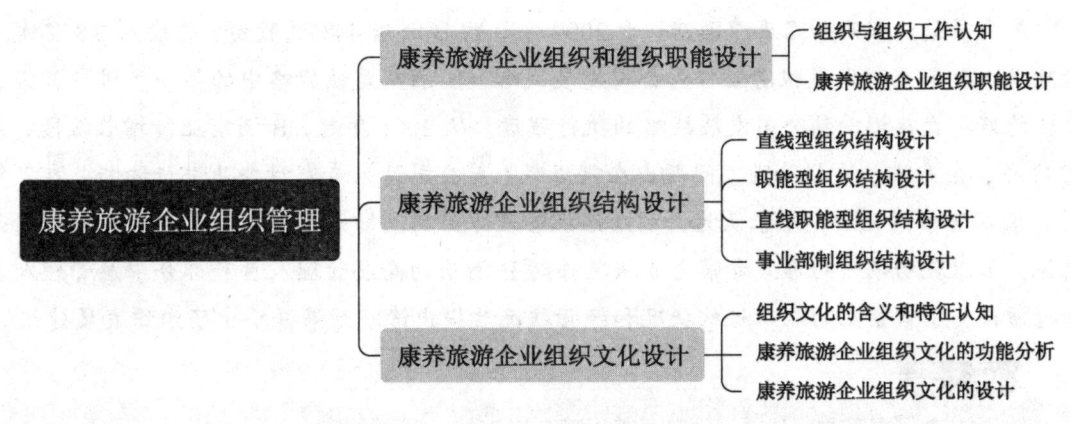

案例导入

某康养酒店放权机制

某康养酒店设置了一些下放权力，管理人员参照财务机构的做法，将授予的职权限定为一定的金额，比如，一个员工最多可以支配 8 000 元，如今公司正寻找办法，将这个机制应用到非管理层，当一个员工与顾客打交道时，如果他不是管理人员，就有一个规定的金额。不论是哪种花费方式，只要员工觉得那样可使顾客满意，他就可以随意支配。

该酒店用的另一个重要工具是调整评估调查。每一年半，集团公司会进行一次系统性评估，从行政总裁到底层员工，都接受这项调查。该调查关注的其中一件要事是权力下放问题。权力下放使公司的组织结构扁平化。这样可以更迅速地做出决定，比起管理阶层更多的组织，它的授权要容易得多。

问题

请分析该酒店的职权设计有何特点？

学习任务一
康养旅游企业组织和组织职能设计

任务目标

A 公司是北京某知名康养酒店，于 2000 年收购 B 酒店 44% 的股份，并投入 0.8 亿元进行改造。A 公司以发展旅游业作为公司发展战略，B 酒店是该战略中的第一步棋，其经营管理的好坏直接影响到公司发展战略的执行程度。从 2001 年起，B 酒店业绩增长缓慢，到 2003 年，企业进入亏损阶段。问题出在哪里呢？A 公司请来专家对企业进行诊断。在了解到 B 酒店背景情况后，专家认为，酒店组织管理方面的问题是其症结所在，后采取一系列措施，如以现场调研的形式考察企业状况并对 B 酒店的高层管理人员和部分中层管理人员进行访谈，了解企业的组织机构状况和经营状况后提出诊断结果并给出了组织发展建议。

任务

通过本任务的学习，分析该康养酒店的组织职能问题。

资料链接

康养酒店
相关知识

任务操作

一、组织与组织工作认知

（一）组织含义

管理学家提出过众多关于管理的理论，这些理论对于组织的概念各有解释，从静态角度来看，"组织"是指有着共同目标与功能的、由人组成的群体。"组织"是指一种实体。一般来说，组织有两种含义：一是把组织理解为一个单位或团体，如党团组织、工会组织、企业组织、军事组织等；二是狭义的组织，专指人群，适用于社会管理。在现代社会，人们已经普遍认识到，组织是按照一定的目的、任务、形式编制起来的社会集团，组织不仅是社会的细胞、社会的基本单元，而且可以说是社会的基础。本书所研究的组织是指狭义的组织。

从动态角度来看，"组织"是指对一个社会组织的要素与活动进行运作的工作行为与过程。"组织"是指一种活动。

为了更深刻地理解组织含义，应注意以下 4 点。

① 组织是一个人为系统。

② 共同目标的存在是组织存在的前提。如果一项工作或某个目标的实现利用个人力量就可以完成，就没有必要通过建立一个组织来实现，只有当个人的力量难以完成此项工作或实现此目标时，建立相应的组织才是可取的。任何组织都是为了共同目标而存在的，一旦组织失去或实现了它的目标，也就失去了它自身存在的基础。因此，要维持组织自下而上的发展，管理人员就必须根据环境的变化和组织的发展不断制订出新目标。

③ 为了实现组织目标，组织内部必然要进行分阶段分工与合作。没有分工与合作的群体也不是组织。如企业为了达到经营目标要有采购、生产、人事等部门，这是一种分工。每个部门专门从事特定工作，又相互配合。如采购部门要根据生产部门的需要进行采购，而生产部门又要根据销售部门的信息确定生产等，这就是一种合作。只有分工与合作结合

起来才能产生较高的集团效率。

④ 组织要有不同层次的权力与责任制度。分工以后，为了使人们能履行其职责，就要赋予其完成该项工作所必需的权力；同时，为了保证各部门之间、各项工作之间的协调，就要对各项工作的责任和权力进行协调。只有这样，才能保证各项工作的顺利进行，最终保证组织目标的实现。

值得注意的是，通过分工协作，可克服个人力量的局限性，达成靠个人力量无法实现的目标。人们可根据自己的意愿加入或退出一个组织，但一旦加入一个组织，组织成员就应受组织条规的约束，以维护组织之整体和共同目标的实现。

（二）组织的要素分析

虽然组织的类型、形式和规模千差万别，但一般都包括以下5个基本的内部要素。

① 人（管理的主体和客体）。
② 物（管理的客体、手段和条件）。
③ 信息（管理的客体、媒介和依据）。
④ 机构（反映了管理的分工关系和管理方式）。
⑤ 目的或宗旨（表明了为什么要有这个组织）。

（三）组织的类型分析

1. 按人数多少，可以分为小型、中型和大型组织

比如，同是企业组织，就有小型企业、中型企业和大型企业；同是医院组织，就有个人诊所、小型医院和大型医院；同是行政组织，就有小单位、中等单位和大单位。按照这个标准进行分类是具有普遍性的，不论何类组织都可以进行这种划分。以组织规模划分组织类型，是对组织现象的表面认识。

2. 按组织的社会职能，可分为文化性、经济性和政治性组织

文化性组织是一种人们之间相互沟通思想、联络感情，传递知识和文化的社会组织，各类学校、研究机关、艺术团体、图书馆、艺术馆、博物馆、展览馆、纪念馆、报刊出版单位等都属于文化性组织。文化性组织一般不追求经济效益，属于非营利性组织。而经济性组织是一种专门追求社会物质财富的社会组织，它存在于生产、交换、分配、消费等不同领域，工厂、工商企业、银行、财团、保险公司等社会组织都属于经济性组织。政治性组织是一种为了某个阶级的政治利益而服务的社会组织，国家的立法机关、司法机关、行政机关、政党、监狱、军队等都属于政治性组织。

3. 按组织内部是否有正式分工关系，可分为正式组织和非正式组织

如果一个社会组织内部存在着正式的组织任务分工、组织人员分工和正式的组织制度，那么它就属于正式组织。政府机关、军队、学校、工商企业等都属于正式组织。正式组织是社会中主要的组织形式，是人们研究和关注的重点；而如果一个社会组织内部既没有确定的机构分工和任务分工、没有固定的成员，也没有正式的组织制度等，这种组织就属于非正式组织。非正式组织可以是一个独立的团体，如学术沙龙、文化沙龙、业余俱乐部等，也可以是一种存在于正式组织之中的无名而有实的团体。这是一种事实上存在的社会组织，这种组织现在正日益受到重视。在一个正式组织的管理活动中，应特别注意非正式组织的影响作用。对这种组织现象的处理，将会影响到组织任务的完成和组织运行的效率。

互动课堂

一位哲学家和一个船夫之间正在进行一场对话。

"你懂哲学吗？"

"不懂。"

"那你失去了80%的生命。"

突然，一个巨浪把船打翻了，哲学家和船夫都掉到了水里。

看着哲学家在水中胡乱挣扎，船夫问哲学家："你会游泳吗？""不……会……""那你就失去了100%的生命。"

你认为哲学家和船夫在组织中可以担任什么职务？

（四）康养旅游企业组织管理的概念分析

康养旅游企业组织管理通过建立康养旅游组织结构，规定职务或职位，明确权责关系，以使其中的成员相互配合，共同劳动，有效实现组织目标的过程。组织管理是管理活动的一部分，也称组织工作，组织管理的工作内容包括以下四个方面。

第一，确定实现组织目标所需要的活动，并按专业化分工的原则进行分类，按类别设立相应的工作岗位。

第二，根据组织的特点、外部环境和目标需要划分工作部门，设计组织结构。

第三，规定组织结构中的各种职务和单位，明确各自的责任，并授予相应的权力。

第四，制定规章制度，建立和健全组织结构中纵横方面的相互关系。

因此，组织管理应该使人们明确组织中有些什么工作，谁去做什么工作，工作者承担什么责任，具有什么权利，与组织结构中上下、左右的关系如何。只有这样，才能避免由于职责不清造成的执行中的障碍，才能使组织协调地运行，保证组织目标的实现。

（五）康养旅游企业组织工作的特点分析

从组织工作的含义及具体内容来看，组织工作具有以下特点。

1. 健康与旅游产业融合，组织工作兼具跨行业特点

康养旅游企业具有旅游与健康产业融合的特点，组织架构与组织职能既有旅游企业业务特点，又有健康企业业务特点。

2. 康养旅游企业组织工作是一个过程

设计、建立并维持一种科学的、合理的组织结构，是成功实现组织目标的一个连续活动过程，这个过程由一系列的逻辑步骤组成，具体包括以下6点。

① 确定组织目标。
② 对目标进行分解，拟定派生目标。
③ 明确为了实现目标所必需的各项业务工作或活动。
④ 根据可利用的人力、物力、财力及利用它们的最佳途径来划分各类业务工作或活动。
⑤ 授予执行有关各项业务工作或活动的各类人员职权和职责。
⑥ 通过职权关系和信息系统，把各层次、各部门联结成为一个有机的整体。

3. 康养旅游企业组织工作是动态的

通过组织工作建立起来的组织结构不是一成不变的，而是随组织内外部要素的变化而变化。任何组织都是社会系统中的一个子系统，因此它在不断与外部环境进行能量、信息、材料等输入和输出时会影响到组织目标。随着时间的推移，原来的目标由于环境的变化，可能不太适宜了。此外，组织内外部因素的变化对组织目标影响不大，但是随着社会进步和科学发展，当原有的组织结构已不能高效地适应实现目标的要求时，也需要进行组织结构的调整和变革。

4. 康养旅游企业组织工作应重视非正式组织

在组织工作职能的实现过程中，随着组织结构的建立，一个正式组织就形成了，但任何正式组织中都必然伴随着非正式组织。了解一些非正式组织的特点，对管理人员来说则非常重要。在组织工作时，要着重考虑非正式组织的以下两个特点。

① 非正式组织在满足个人的心理和情感需要上，比正式组织更有优越性，能发挥比正

式组织更强的凝聚力。

② 非正式组织形式灵活，稳定性弱，覆盖面广，几乎所有的正式组织成员都会介入某种类型的非正式组织。

根据这两个特点，主管人员在组织工作中应有意识、有帮助、有计划地促进某些具有较多积极意义的非正式组织的形成和发展，如技术钻研、学习互助、业余娱乐等，使其成为正式组织的辅助。

知识链接

现代系统组织理论的创始人：巴纳德

切斯特·巴纳德（Chester Barnard）是西方现代管理理论中社会系统学派的创始人。管理学界一致认为巴纳德关于系统组织理论的探讨，至今无人超越，西方管理学界称他是现代管理理论之父。

巴纳德对系统组织管理工作的极大热情使他在工作之余参与了许多社会组织的活动。在漫长的工作实践中，巴纳德不仅积累了丰富的组织管理经验，还广泛学习了社会科学的各个分支。1938年，巴纳德出版了著名的《经理人员的职能》一书，此书自出版以来一直是"专业经理人员写出的有关组织和管理的最能启发人的思想的著作"，被誉为美国现代管理科学的经典作品。

（六）康养旅游企业组织工作的原则解析

1. 目标统一性原则

组织结构的设计和组织形式的选择必须有利于组织目标的实现。任何一个组织都与既定的组织目标有密切的关系，否则它就没有存在的意义。例如，康养酒店以健康养生和旅游休闲度假为宗旨，因此，其组织机构应该包括住宿、餐饮、健身、中医养生、健康体检等部门，其就是围绕实现医院的目标而设置的。同样的道理，每个机构又有自己的分目标来支持总目标的实现，这些分目标又成为机构细分的依据。为此，目标层层分解，机构层层建立，直到每个人都了解自己在总目标实现中应完成的任务，这样建立的组织机构才是一个有机整体，才能为保证组织目标的实现奠定基础。

2. 分工协作的原则

分工协作是社会化大生产的客观要求。组织工作要坚持分工协作的原则，是指分工要合理，协作要明确，对于每个部门和每个员工的工作内容、工作范围、相互关系、协作方式都应有明确的规定。具体来说，分工就是按照提高管理专业化程度和工作效率的要求，把组织的目标分成各级、各部门以及个人的目标和任务，使组织的各个层次、各个部门有协作，协作包括部门之间的协作和部门内的协作。

3. 集权与分权相结合的原则

一般来说，随着社会生产力的发展和分工协作的深化，分权和集权都在发展。技术的进步使协作劳动更加紧密，分工更加细致，协调更加重要，对集中统一管理的需要也更加迫切，只有这样才能保证组织中各部门的协调配合，最合理地利用组织中的各种资源。

4. 权责对等原则

权责对等原则是指在组织设计中，每一职位的职权应当与职责相匹配，职权越大，其职责越大。组织中的每个部门和职位都是为完成一定的工作任务而设计的。完成一定的任务，必须有权支配一定的资源，这就表现为职权。在组织中支配的资源越多，职权也就越大。

5. 管理幅度原则

管理幅度原则是指在组织设计时，要考虑每一位主管人员有效地监督、指挥其直接下级的人数。主管人员的管理幅度不同会导致管理层次的变化，从而影响组织结构的形状。因此，每个主管人员都应该根据影响自身管理幅度的因素来慎重地确定理想幅度，设置合理的组织结构。

6. 命令统一原则

命令统一原则也叫统一指挥，是指在管理工作中实行统一领导，建立起严格的责任制，组织的各级机构及个人必须服从上级的命令和指挥，只有这样，才能保证命令和指挥的统一，避免多头领导和多头指挥，使组织最高管理部门的决策得以贯彻执行。

7. 稳定性与适应性相结合的原则

组织结构是实现组织目标的载体，为实现组织目标服务。组织目标会调整，组织本身也会发展，组织所处的环境也会发生变化，都需要组织结构做出适当的调整，以便组织结构能与组织目标相适应。实践表明，相对稳定的环境有利于人们形成稳定预期，从而安心地工作。变动的环境则容易产生不确定的预期，人们没有安全感，工作的积极性也会受到影响。所以，组织结构的设计要注意稳定性与适应性相结合，既让组织保持一定的灵活性，又能适应组织本身。

二、康养旅游企业组织职能设计

（一）康养旅游企业组织职能设计概念分析

康养旅游企业组织职能设计是指对康养旅游企业的管理业务进行总体设计，确定企业的各项管理职能及其结构，并分解为各个管理层次、管理部门、管理职务和岗位的业务要求。

（二）康养旅游企业组织职能设计的内容

1. 确定基本职能

康养旅游企业生存和发展的过程，就是利用各种资源及与外界进行信息、能量和物质交换的过程。

（1）根据行业特点分析设计

不同行业存在不同的特点，如康养旅游企业中住宿业与旅行社业的特点是不同的，其差别主要表现在所需主要资源的性质和来源不同，产品种类不同，服务接待过程所需技术不同，市场需求的性质、需求及其发展变化不同，销售和服务方式不同，所以行业特点是进行基本职能设计较佳的切入点。基本职能的设计主要包括简化、合并某些基本职能，强化某些基本职能，细化某些基本职能或增加新的基本职能。

（2）根据康养旅游企业技术特点分析设计

康养旅游企业在技术方面的差异对基本职能的影响很大。企业技术特点的差异性一般反映在技术类型、技术水平、技术创新速度、技术实力和技术系统在生产经营中的地位等方面。技术实力将对某些基本职能提出不同的要求，技术水平的提高将引起基本职能的增加和细化。

（3）根据康养旅游企业外部环境分析设计

除了内部因素，外部环境也影响着企业基本职能的设计。为了加强与外界的交流，康养旅游企业往往需要专门设置承担对外联系职能的部门，对于康养旅游企业而言，随着互联网的发展，网络营销成为新的趋势，扩大基本职能就成为必然。

（4）根据康养旅游企业规模分析设计

规模大的康养旅游企业，业务活动量大。只有细化专业分工，才能承受繁重的工作负荷，提高管理工作效率。这就必然要求将基本职能细化。因此，大型企业同小型企业相比，基本职能的设计会更复杂。

（5）根据康养旅游企业组织形式分析设计

随着生产日益现代化、社会化，康养旅游企业的组织形式也在发生着巨大的变化。因此，进行基本职能分析时，对于专业公司和联合公司、连锁与独立经营的康养旅游企业、独资经营与合资经营或实行股份制的企业等，应注意研究它们之间的区别，以便合理地设计出企业的基本职能。

经过以上分析，可以确定康养旅游企业的基本职能，从而进一步指导有关管理层和部门设计工作及评价设计方案。

2. 明确中心职能

（1）以质量管理为中心职能

在激烈的市场竞争中，如果一家康养旅游企业选择以优质取胜的经营战略，质量管理便成为企业的中心职能。因此，康养旅游企业往往考虑在组织设计时如何更好地实施全面的质量管理，将质量管理作为企业组织运作的中心职能。

（2）以技术开发为中心职能

康养旅游企业不属于技术密集型企业，因此一般不会将技术开发作为中心职能。

（3）以市场营销为中心职能

随着康养旅游业的发展，企业之间的竞争日益激烈，各康养旅游企业在竞争中不容易建立价格优势，在这种情况下，许多企业把市场营销作为企业的中心职能。市场营销的地位，被提升到决策性的管理层次，并通常把经营决策与计划职能同销售职能紧密联系在一起，这样有利于更好地从市场需求出发制订企业的经营战略和经营计划，使企业在激烈的市场竞争中能够生存和发展。

3. 职能分解

在确定了基本职能、明确了中心职能之后，下一步的任务就是进行职能分解。明确各组织单位和个人的业务内容，避免各部门和个人之间工作不清、责任不清、相互推诿。使当事人明确自己在其所属组织单位中的位置，有利于个人和组织之间的相互配合及组织结构的合理化，使组织的运行更加顺畅。

职能分解的要求如下。

（1）业务活动的独立性

经过职能分解后，各项业务活动应当具有一定的独立性，也就是不可把性质不同的业务活动混合成为一项活动。例如，在康养酒店中，其外方经理与中方经理的业务活动应该明确区分，否则就会出现权责利不对等的现象。

（2）业务活动的可操作性

在职能分解时，应当考虑到，分解出来的业务活动是否具有可操作性。否则职能无法落实，达不到职能分解的目的。例如，将人事职能分解，列出"选拔优秀人才"这样一项

业务活动，就难以具体操作。但是，这又是劳动人事职能的一个重要方面，必须落实。这时，可以将业务活动变化为"组织对康养旅游企业各级干部的系统考核""职工民主评议干部的组织工作"等操作性强的业务活动，使"选拔优秀人才"的目标能够实现，避免重复和脱节。

（3）避免重复和脱节

在职能分解中，应该避免业务活动重复，或出现遗漏业务活动的问题。尤其是涉及多个部门配合的工作，必须列出相应的协作业务，不能遗漏。如果在职能分解中出现了重复或脱节，将会给以后的工作带来极大的不便。

任务思考

1. 任务总结

（1）诊断结论

① 员工组织管理观念与经营理念有较大欠缺。

② 组织内权责利关系不明确，高层管理人员的角色意识不清，行为规范尚未建立。

③ 考核制度不合理，机制不完善。

④ 与上级组织的关系不明确，监控机制不健全。

（2）对于组织发展的建议

① 规范组织运作关系，健全和完善管理办法，通过约束机制、监控机制和激励机制引导和保证组织成员开展工作。

② 重新构建绩效考核制度，从考核评价入手，促进管理人员行为规范的建立。

③ 调整组建新的领导班子，提高管理人员的经营管理水平。

④ 加强对中高层管理人员的培训，将培训重点从学习知识转换到促进接受现代管理观念和经营思想。

A 公司领导在接到专家提出的诊断报告后，认真进行了分析和讨论。他们认为，专家的报告切中问题要点，所提的建议是建设性的。最终，A 公司决定重新组建 B 酒店的领导班子，并提出在 A 公司的帮助下构建新的绩效考核系统。

启 示

康养旅游企业进行组织设计时需要考虑部门应该承担的职能，并按照经营管理要求有效进行。

2. 任务训练题

（1）判断题

① 组织层次过多，不利于组织内部的沟通。　　　　　　　　　　　　（　　）

② 环境变化剧烈时，组织结构弹性应该大一些。　　　　　　　　　　（　　）

③ 组织就是由两个或两个以上的人组成的人群集合体。　　　　　　　（　　）

（2）选择题

① 某公司总经理认为公司中存在宗派不利于组织目标的实现，宗派是非正式组织，所以非正式组织对公司是不利的。他的推断是（　　）。

　　A. 完全正确　　　　　　　　　　B. 不正确

　　C. 不能判断　　　　　　　　　　D. 没有什么正确与不正确

② 以下关于组织的说法中不准确的是（　　）。

　　A. 组织必须由两个或两个以上的人组成

　　B. 组织必须有一定的行为准则

　　C. 组织必须有既定的目标

　　D. 任意一个群体都可称为一个组织

（3）简答题

① 只有两个人的组织是否也会存在非正式组织？

② 有一天，某康养旅游公司总经理发现会议室的窗户很脏，好像很久没有打扫过，便打电话将这件事告诉了行政后勤部负责人，该负责人立刻打电话告诉事务科长，事务科长又打电话给公务班长，公务班长便派出了两名员工，很快就将会议室的窗户擦干净了。过了一段时间，同样的情况再次出现。这表明该公司在管理方面存在什么问题？

学习任务二
康养旅游企业组织结构设计

任务目标

全班分为4组，每组选用不同的组织管理结构，然后通过走访调查，再结合自身经验，以当地的康养酒店、康养度假村等这一具有代表性的康养旅游企业为载体，调研其组织结构问题，并重新设计其组织结构。

资料链接

材料一：海星酒店是某沿海旅游城市的一家康养酒店，拥有各类客房 400 余套，装潢清雅大方，各类商务设施一应俱全，酒店的餐饮以生猛海鲜为主，并结合部分粤菜做法。另有棋牌室、健身房、露天泳池等娱乐场所，是一家集康养、商务、休闲、娱乐等多项功能于一体的综合性酒店。图 4-1 是海星酒店组织结构图，试问，海星酒店的组织结构对于其运营有何优缺点？

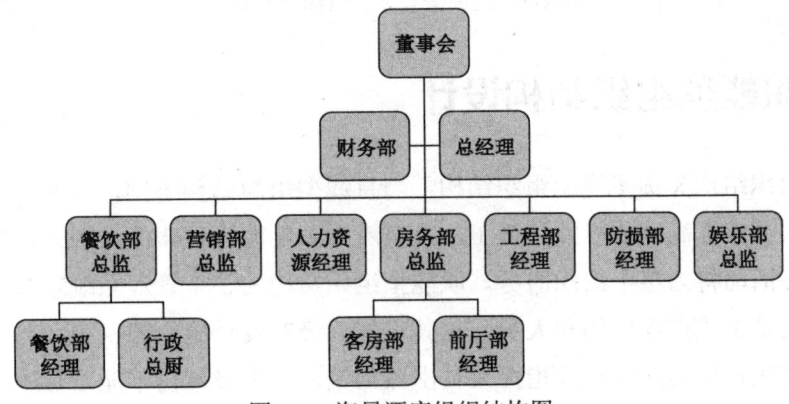

图 4-1　海星酒店组织结构图

材料二：某健康会所的组织结构介绍

健康会所组织架构

任务操作

一、直线型组织结构设计

直线型组织结构是一种简单的组织结构形式。所谓"直线"，是指在这种组织结构下，职权直接从高层开始向下流动、传递、分解，经过若干个管理层次达到组织最低层。它的特点是企业各级单位从上到下实行垂直领导，呈金字塔结构。组织中每一位主管人员对其直接下级拥有直接职权，而下级部门则只接受一个上级的指令，组织中的每个人只对他的直接上级负责或报告工作。主管人员在其管辖范围内，拥有绝对的职权或完全职权，即主管人员对所管辖部门的所有业务活动行使决策权、指挥权和监督权（见图4-2）。

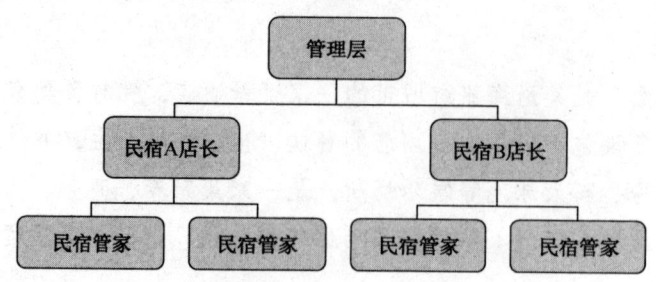

图4-2　某民宿直线型组织结构设计

二、职能型组织结构设计

职能型组织结构又称多线型组织结构，与直线型组织结构不同，它的主要特点是各级管理机构和人员实行高度的专业化分工，各自履行一定的管理职能。因此，每个职能部门所开展的业务活动将为整个组织服务。职能型组织结构的整个管理系统划分为两大类机构和人员：一类是直线指挥机构和人员，对其直属下级有发号施令的权力；另一类是参谋机构和人员，其职责是为同级直线指挥人员出谋划策，对下级单位不能发号施令，而是起业务上的指导、监督和服务的作用。职能型组织的另一个特点是企业管理权力高度集中。各个职能部门和人员都只负责某一个方面的职能工作，唯有最高领导层才能纵观企业全局，所以，企业生产经营的决策权必然集中于最高领导层，主要是经理身上。这种结构比较适用于中小型组织（见图4-3）。

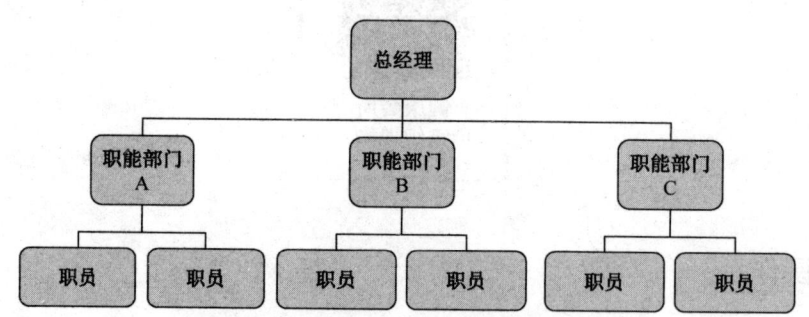

图4-3　某康养旅游企业职能型组织结构设计

三、直线职能型组织结构设计

直线职能型组织结构是综合了上述直线型组织结构和职能型组织结构的优点的一种组织结构。这种结构是当前国内各类组织中最常见的一种组织结构，是各级国家机关、学校、部队、企业、医院等组织最常用的结构形态。这种组织结构的特点是：以直线为基础，在各级行政主管之下设置相应的职能部门，如销售、供应、财务等部门，从事专业管理，作为该级行政主管的参谋，实行主管统一指挥与职能部门参谋指导相结合的结构模式。在直线职能型组织结构下，下级机构既受上级部门的管理，又受同级职能管理部门的业务指导和监督。各级行政管理者逐级负责，高度集权。因而，这是一种按经营管理职能划分的部门，并由最高管理者直接指挥各职能部门的结构体制（见图4-4）。

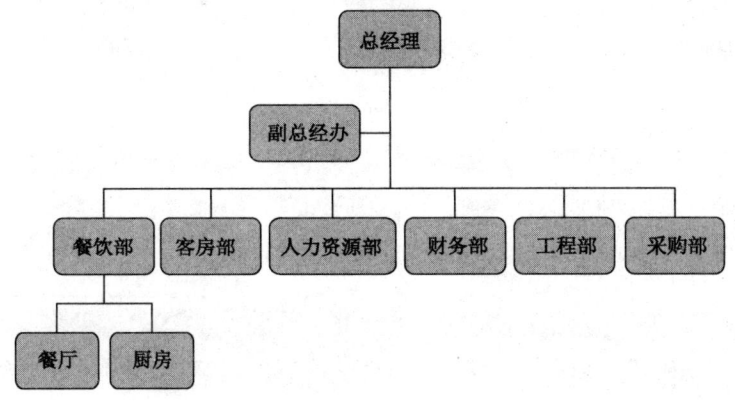

图4-4　某康养酒店直线职能型组织结构设计

直线职能型组织结构的优点：既保证了集中统一指挥，又能发挥专家的业务管理作用，其职能高度集中、职责清楚、秩序井然、工作效率较高，整个组织有较高的稳定性。直线职能型组织结构的缺点：横向部门之间缺乏信息交流；各部门缺乏全局观点；职能机构之间、职能人员与直线指挥人员之间的目标不易统一；最高领导的协调工作量较大；由于分工较细，手续烦琐，当环境变化频繁时，这种结构的反应较为迟钝。这种组织结构形式比较适用于中小型组织，对于规模较大、决策时需要考虑较多因素的组织则不太适用。

四、事业部制组织结构设计

事业部制组织结构大多见于企业，但其他领域也有。例如，一个大学中有几个分校和许多个独立性较大的学院，一个医院开设多个相对独立的专科门诊或专科分院。事业部制组织结构是美国通用汽车公司在20世纪20年代首创的。它是指大型公司按产品的类型、地区、经营部门或顾客类别设计建立若干自主经营的单位或事业部。这种事业部具有三个特性：第一，具有独立的产品和市场，是产品责任单位或市场责任单位；第二，具有独立的利益，实行独立核算，是一个利润中心；第三，是一个分权单位，拥有足够的权力，能自主经营。所以，事业部制组织结构既是一个企业内具有独立的产品和市场、独立的责任和利益的部门，也是实行分权管理的一种组织形态（见图4-5）。

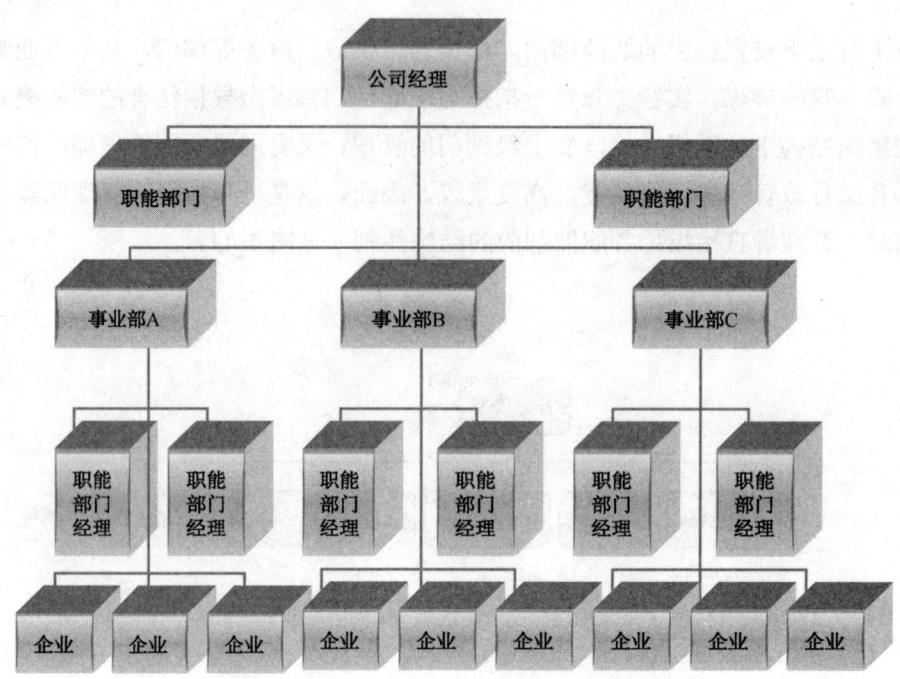

图 4-5 某康养旅游企业事业部制组织结构设计

任务思考

1. 组织结构设计，是通过对组织资源（如人力资源）的整合和优化，确立企业某一阶段的最合理的管控模式，实现组织资源价值最大化和组织绩效最大化。那为什么不同的企业需要建立不同的组织结构呢？而康养旅游企业需要什么样的组织结构才能最大限度地提高企业的管理运作能力？

2. 某民宿组织结构案例分析

某民宿只有 15 间客房，主打高端市场，主体为两栋二层小楼，一字形排布，之间由阶梯回廊连接，民宿加建泳池、餐厅、酒吧，每年 6—10 月都是民宿生意的旺季。图 4-6 是某民宿组织结构图，试问，该组织结构对于其运营有何优缺点？

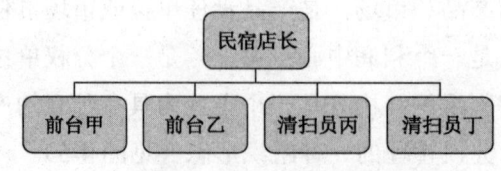

图 4-6 某民宿组织结构图

康养旅游企业组织管理 项目四

学习任务三
康养旅游企业组织文化设计

任务目标

通过本任务的学习，掌握康养旅游企业组织文化的含义和特征，理解康养旅游企业组织文化的功能、康养旅游企业组织文化的设计。

资料链接

山屿海康养旅游企业的组织文化

山屿海创建于2009年，深耕长三角15年，2020年入选"浙商全国500强"。集团以中高端人群健康享老需求为核心，通过旅游度假、健康管理、享老交友、幸福课堂等多维服务及"全产业链+全服务链"双链组合互动模式，全力打造"健康+"生态产业链，从身体、精神层面助力共同富裕和全民健康。多年来，山屿海积极践行"幸福久久"战略，深耕"全民健康生活方式"发展之路，打造了一系列融合旅居度假、康养中心、文化娱乐、健康管理等功能的康养综合体。山屿海康养糅合日本、美国的先进理念，通过旅游、度假、健康、医疗、养老、社交、终身学习等多维服务，搭建并创建"医养旅一站式"大健康平台，打造"大康养产业生态圈"。山屿海康养在国内外拥有70余个康养基地，分布在我国的浙江、海南、广西、广东、安徽、江西、山东、江苏、湖南、湖北、四川、云南和国外日本等地，通过"自建自营、业主托管、合作加盟"等方式拓展连锁康养基地。

公司的企业文化是：平等、关爱、自律、创新。山屿海是一家归属型企业，识才、开放，值得员工追随；山屿海是一家成长型企业，创新、诚信，值得朋友深交；山屿海是一家服务型企业，热诚、温暖，值得会员信赖。

启 示

企业文化是一个企业的灵魂。它的存在能引领一个企业走向更加广阔的未来，能使一个企业有一个良好的工作氛围，能激发员工的激情和动力，保持企业的活力。

组织具有自己的各种构成要素，把这些要素有机地整合起来除要有一定的正式组织和非正式组织及"硬性"的规章制度之外，还要有一种"软性"的协调力和凝合剂，它以无形的"软约束"力量构成组织有效运行的内在驱动力。这种力量就是被称为"管理之魂"的组织文化。组织文化理论是在 20 世纪 70 年代末 80 年代初提出来的。第二次世界大战后，日本经济迅速崛起，连美国也自叹不如，于是一些美国人对日本、美国的管理进行了比较研究，发现日本的管理重视做人的工作，重视价值观问题，这样组织文化便被提出来了，并引起管理界的重视。

任务操作

一、组织文化的含义和特征认知

（一）组织文化的含义

对组织文化的界定向来众说纷纭，西方学者希恩（Sheehan）于 1984 年下的定义是："组织文化是特定组织在适当处理外部环境和内部整合过程中出现的各种问题时，所发明、发现或发展起来的基本假说的规范。这些规范运行良好，相当有效，因此被用作教导新成员观察、思考和感受有关问题的正确方式。"克拉克·霍恩（Clark Horn）则认为，组织文化是"主要依靠符号来获得知识与传递思想、感受和反应的方式"，其基本核心是传统意识和价值观。

就组织特定的内涵而言，组织是按照一定的目的和形式建构起来的社会集团，为了满足自身动作的要求，必须有共同的目标、共同的理想、共同的追求、共同的行为准则及相适应的机构和制度，否则组织就会是一盘散沙。而组织文化的任务就是努力创造这些共同的价值观念体系和行为准则。从这个意义上来说，组织文化是指组织在长期的实践活动中所形成的并且为组织成员普遍认可和遵循的具有本组织特色的价值观念、团体意识、行为规范和思维模式的总和。在组织文化中，核心内容是组织的价值观，它为组织员工提供了一种共同意识，是其日常行为的指导方针，组织文化通过以价值观为核心的文化意识观念，说服、感染、诱导、约束组织成员，把全体成员凝聚在一起，最大限度地调动成员的积极性和创造性，为组织的发展和效率提供源源不断的动力，这就是组织文化的精髓。

（二）各公司的组织文化

任何组织都有自身特定的文化。例如，美国通用汽车公司被普遍描绘成冷静的、正规的、不愿冒风险的公司；相反，休利特—帕卡德公司却是一个非正规的、结构松散的、极富人情味的公司。国际商用机器公司确立了"IBM 意味着服务"的企业宗旨，企业上下自始至终贯彻三个信条：一是追求完善，二是尊重个人，三是为顾客提供最好的服务。日本松下电器公司以"入乡随俗"的灵活经营作风,让松下产品"以人人买得起的合理价格普及地球上多数人的家庭生活中去,就像自来水一样……"。又如,华为企业文化的核心是:以客户为中心,以奋斗者为本。在全球化竞争中奠定了基础,提高科学管理能力,提高运行效率,合理降低内部成本,适度改善报酬与考核机制,促进新生的优秀干部快速成长。作为最重要的团队精神之一,华为的"狼性文化"可以用这样的几个词语来概括:学习,创新,获益,团结。[①]

华为的企业文化

(三)组织文化的特征

文化一经形成,便有自身的鲜明特征,组织文化也不例外。组织文化的特征是共性与个性的统一、一致性和差异性的统一。就此而言,组织文化有以下基本特征。

1. 导向性

组织文化的导向性,体现为成熟的组织文化是组织成员的思想指南,它能把组织成员的行为引导到与实现组织目标相一致的航道上来,促使组织成员不断追求自己的价值,促使组织去赢得自身优势。组织文化是组织中一种群体的意识现象,作为一种群体心理定式存在于组织成员之中。在这种文化的熏陶和影响下,成员会自觉按组织的共同价值观和行为准则在工作、学习和生活中约束自己。信念的力量、道德的力量和心理的力量共同汇集成组织文化这种无形的力量,来指导成员的行为方向,改变和提高成员的整体素质,控制和把握成员的心理状态,从而推动组织达到既定目标。

2. 独特性

每个组织都有其独特的组织文化,这是由不同的国家和民族、不同的地域、不同的时代背景,以及每个组织都有自己的历史、类型、性质、规模、心理背景、人员素质等因素所形成的。这些因素各不相同,因此在组织经营管理的发展过程中必然会形成具有本组织特色的价值观、经营准则、经营作风、道德规范、发展目标等。例如,美国的组织文化强

---

① 潘一宽,胡月殷,龚哲. 冲破混沌:生生不息的企业文化之光[M]. 北京:机械工业出版社,2022:12.

调能力主义、个人奋斗和不断进取，日本文化深受儒家文化的影响，强调团队合作、家族精神。在一定条件下，这种独特性越明显，其内聚力就越强。因此，在建设组织文化的过程中，一定要形成组织的个性特征。

3. 融合继承性

每个组织都是在特定的文化背景下形成的，必然会接受和继承这个国家和民族的文化传统和价值体系。但是，组织文化在发展过程中，也必须注意吸收其他组织的优秀文化，融合世界上最新的文明成果，不断地充实和发展自我。也正是这种融合继承性使得组织文化能够更加适应时代的要求，并且形成历史性与时代性相统一的组织文化。例如，日本的组织文化就融合了中国儒家文化的精华，美国的组织文化也融合了日本组织文化的许多积极成分，中国的组织文化也当然可以融合日本、美国等组织文化的长处。

4. 实践性

每个组织的文化，都不是凭空产生或依靠空洞的说教就能够建立起来的，它只能在生产经营管理和生产经营实践过程中有目的地培养而形成。同时，组织文化又反过来指导、影响生产实践。离开了组织实践，就不可能有组织文化。不结合组织实际的文化，只是一种文化形式；不能指导组织实践的文化，只是一种文化理念；不能与组织实际有机结合起来的文化，肯定是没有生命力的文化。

二、康养旅游企业组织文化的功能分析

组织文化具有许多独特的功能，其中突出的功能有以下四点。

（一）凝聚功能

组织文化的凝聚功能，是指当一种价值观被该组织员工共同认可之后，它就会成为一种黏合剂，从各个方面把其成员团结起来，从而产生一种巨大的向心力和凝聚力。组织文化通过培育组织成员的认同感和归属感，建立起成员与组织之间的相互信任和依存关系，使个人的行为、思想、感情、信念、习惯及沟通方式与整个组织有机结合在一起，形成相对稳固的文化氛围，凝聚成一种无形的合力，可以使企业团结一致，齐心协力，减少内在摩擦和内耗，增强企业的凝聚力。组织文化的凝聚功能还反映在组织文化的排外性上。对外排斥可以使个体凝聚在群体之中形成命运共同体。

（二）激励功能

组织文化能激励员工形成一种群体意识，自觉为争取企业集体荣誉而努力工作。激励

理论认为,最出色的激励手段就是让被激励者觉得自己确实做得不错,能发挥出自身的特长和潜能。心理学也证明,人越认识到自己行为的意义,行为的社会意义就越明显,也就更能产生行为的强大推动力。在一种"人人受重视、个个被尊敬"的组织文化氛围下,员工的贡献就会及时受到肯定、赞赏和奖励,员工时时受到鼓励、处处感到满意,就会有极大的荣誉感和责任心,自觉地向更高的目标努力。组织文化所倡导的观念和宗旨,正是为员工提供了良好激励的标尺。组织文化着眼于整体的文化建设和人的不断完善,在建立一种人创造文化、文化塑造人的良性循环机制中发挥其巨大的激励功能。

(三)约束功能

组织文化的约束功能是指组织文化对每个组织成员的思想、心理和行为具有约束和规范的作用。组织文化的约束不是制度式的硬约束,而是一种软约束,这种软约束就是组织中弥漫的组织文化氛围、群体行为准则和道德规范。群体意识、社会舆论、共同的习俗和风尚等精神文化内容,造成强大的使个体行为从众化的群体心理压力和动力,使组织成员产生心理共鸣,继而产生行为的自我控制。对于处于该文化圈内的人来说,一点也不会感到文化的强制力量,他们总是极其自然地与文化所要求的行为和思维模式保持一致;而对于从外面进入文化圈的人来说,却会感到文化强制的巨大力量。

(四)辐射功能

组织文化的辐射功能是指组织文化一旦形成较为固定的模式,它不仅会在组织内发挥作用,对本组织员工产生影响,而且也会通过各种渠道对社会产生影响。组织文化的辐射作用主要通过企业形象的塑造和传播来实现。通过电视、报纸等传媒和各种活动来传播组织文化的影响是巨大的。一方面,组织文化的辐射功能可以树立组织在公众中的形象;另一方面,组织文化对促进社会文化的发展有很大的影响。例如,美国的以"S"为标志的喜来登管理集团在全世界有500多家饭店,该集团"一切从小处着眼,对顾客服务无微不至"的组织精神辐射到全世界,成为许多组织学习的榜样。组织在不断的发展过程中形成的文化积淀,通过无数次的辐射、反馈和强化,不断地随着实践的发展更新和优化,推动组织文化从一个高度向另一个高度迈进。

三、康养旅游企业组织文化的设计

组织文化通常是在一定的生产经营环境中,为适应组织生存发展的需要,先由少数人倡导和实践,经过较长时间的传播和规范管理而逐步完善、定型和深化才形成的。由于新思想观念需要不断实践,要在长期实践中吸收集体智慧,通过不断补充、修正才逐步明确和完善,所以文化的自然演进相当缓慢,而组织文化还必须通过规范管理才能培育和完善。

建设有特色的组织文化不是一日之功，它是一项长期的、艰巨的系统工程，必须有计划、有步骤地进行。组织文化的培育和完善过程，可以描述为：确认培育新文化的合理性和必要性，宣传教育新文化，制定相应的行为规范和管理制度，在实践中不断强化新文化，转变员工的思想观念及行为模式，建立起新的组织文化。

（一）科学确定组织文化的内容

根据社会发展趋势和文化的渐进性，结合国家、组织的未来目标和任务，结合生产方式、生活方式的变化和进步，再结合组织的新目标、新任务的要求等，确定组织文化的内容和模式。

根据组织的外部客观环境和内部现实条件确定组织文化的共性和个性。组织的外部客观环境和内部现实条件，例如，社会化大生产要求协同精神、严格的纪律和雷厉风行的作风；商品经济要求与用户搞好关系，保证产品和服务质量；组织在自然资源、经济基础、人员构成等方面存在差异；等等。

对源远流长的民族文化和现有的组织文化采取批判与继承的态度，取其精华，弃其糟粕，发扬本组织的优良传统。博采众长，借鉴吸收其他民族和组织的优秀文化。

重视组织文化的个性发展。一个组织的文化个性，是这个组织在文化上不同于其他组织的特性。组织的文化个性是这个组织生存、发展条件及历史延续的反映。组织要认清自己的特点，发挥本组织及其文化素质的某种优势，在自己的经验基础上发展本组织的文化个性。

着眼组织发展战略，注重培育组织精神。组织文化要配合组织发展战略的需要，为促进组织发展服务。组织精神是组织文化的核心，是组织的精神支柱。组织精神的内容要与组织发展战略相适应。

（二）宣传倡导，贯彻落实

1. 广泛宣传，以期达成共识

充分利用一切宣传工具和手段，大张旗鼓地宣传组织文化的内容和要求，使之家喻户晓，人人皆知，以创造浓厚的环境氛围。在组织管理过程中，要通过各种手段强化价值观，使之约定俗成，得到广大成员的接受和认可。

2. 领导带头，必须身体力行

组织领导者在塑造组织文化的过程中起着决定性的作用，他本人的模范行为就是一种无声的号召和导向，对广大员工会产生强大的示范效应。所以，任何一个组织如果没有组织领导者的以身作则，要想培育和巩固优秀的组织文化都是非常困难的。因此，要塑造和维护组织的共同价值观，领导者本身应成为这种价值观的化身，要注重对组织文化的总结塑造、宣传倡导，在每项具体工作中都体现组织的价值观，并通过自己的行动向全体成员灌输组织的价值观。

3. 完善制度，提供体制保证

在组织文化演变为全体员工的习惯行为之前，要使每位成员都能自觉主动地按照组织文化和组织精神的标准去行事，是几乎不可能的。即使在组织文化成熟的组织中，个别成员背离组织宗旨的行为也是经常发生的。因此必须建立、健全、完善必要的规章制度，使员工既有价值观的导向，又有制度化的规范。

4. 树立榜样，实行典型引导

典型榜样和英雄人物是组织精神和组织文化的人格化身与形象缩影，通过其特有的感染力、影响力和号召力为组织成员提供可以仿效的具体榜样。把那些最能体现价值观的个人和集体树为典型，大张旗鼓地进行宣传、表彰，并根据客观形势的发展不断调整激励方法，有利于优秀组织文化的形成和发展。发挥榜样的作用是建设组织文化的一种重要而有效的方法。英雄楷模是组织文化的构成要素之一。

5. 加强培训，提高素质

有目的的培训与教育能够使组织成员系统地接收和强化认同企业所倡导的组织文化。一个企业若其员工的基本素质不高或缺乏良好的职业道德，就不可能有生产力的健康持续发展，组织文化建设也只能是纸上谈兵。加强培训，不断提高组织员工的基本素质，是建设组织文化的基础保证。组织对每个走上工作岗位的人，都必须进行职业道德、经营思想、集体意识、自我修养的集训，进行语言、待人接物的礼仪教育，必须经考评合格后才可以正式上岗。培训教育的形式可以多种多样，当前，在健康有益的娱乐活动中恰如其分地融入组织文化的基本内容和价值准则，往往不失为一种有效的方法。

（三）积极强化，持之以恒

组织成员的价值观、口号、作风、习俗、礼仪等文化要素，是不断积极强化的产物。强化是指人们的某种行为因受到一定刺激而继续或中断的过程。使行为继续下去的强化，叫作正强化或积极强化；使行为中断或中止的强化，叫作负强化或消极强化。积极强化的刺激使人们获得奖赏性情绪体验，而消极强化的刺激带给人们惩罚性情绪体验。趋乐避苦，趋利避害，是人类行为的基本法则，在建设组织文化时应遵循这些法则，对员工行为给予积极强化。组织文化建设是企业的长期行为，靠短期突击不能奏效，而且是有害的。改变组织文化的模式，不仅要长期积累新的文化要素，而且要同旧文化的"惰性"做反复较量、长期斗争。学习、采用别的文化要素，也要经过鉴别，以决定取舍，要经过长时间的加工制作、消化领会，才能把它吸收进自己的文化里。因此，进行组织文化建设时必须长期努力，持之以恒。任何一种组织文化都是特定历史的产物，当组织的内外条件发生变化时，组织必须不失时机地调整、更新、丰富和发展组织文化的内容和形式。这既是一个不断淘汰旧文化和不断生成新文化的过程，也是一个认识与实践不断深化的过程，组织文化由此经过循环往复达到更高的层次。

总之，组织文化是现代企业生存发展的基石。虽然没有文化的组织也可以成长，但是没有文化的组织难以实现持续成长。中华民族有着悠久的历史和博大精深的文化，这为我国组织文化的营造提供了丰富的养料。因此，我国民族企业要想在激烈的世界市场竞争中健康、持续地发展，就应该积极促进中华优秀传统文化与市场经济的有机融合，努力塑造优秀的组织文化。

任务思考

1. 改变企业文化应由个人做起，而非由上至下命令。
2. 安排团队与机构的其他部门做社交联谊。
3. 鼓励成员分工合作，形成紧密的合作关系。
4. 以良好的决策挑战公司的文化。
5. 培育恭贺成功、不指责失败的公司文化。
6. 建立一个团队时，须考虑技术组合的需求。
7. 考虑团队中每个人的技能与特质，给予合适的任务。
8. 记住有些人很害怕变革。
9. 你若发觉自己抗拒变革，最好自问原因。
10. 当招聘新的职位空缺时，全面总结工作团队中的工作情况。

古海养生旅游度假企业如何打造自己的企业文化

请扫描二维码，阅读古海养生旅游度假企业如何打造自己的企业文化，并结合这10点，说说自己对康养旅游企业组织文化的感受。

项目总结

组织是社会的基本单位，康养旅游企业组织管理通过建立康养旅游组织结构，规定职务或职位，明确权责关系，以使其中的成员相互配合，共同劳动，有效实现组织目标的过程。康养旅游企业组织有其特征和工作原则、职能设计流程。康养组织结构设计，是通过对组织资源（如人力资源）的整合和优化，确立企业某一阶段的最合理的管控模式，实现组织资源价值最大化和组织绩效最大化。狭义地、通俗地说，也就是在人员有限的状况下，通过组织结构设计提高组织的执行力和战斗力。创建柔性灵活的组织，动态地反映外在环境变化的要求，并在组织成长过程中，有效地积聚新的组织资源，同时协调好组织中部门与部门之间的关系、人员与任务之间的关系，使员工明确自己在组织中应有的权力和应承担的责任，有效地保证组织活动的开展。任何组织都有自身特定的文化。文化一经形成，便有自身的鲜明特征，组织文化也不例外。组织文化的特征是共性与个性的统一、一致性和差异性的统一。组织文化具有许多独特的功能，其中突出的功能是凝聚功能、激励功能、约束功能、辐射功能，因此，康养旅游企业组织文化的设计具有重要作用。

项目实践

以小组为单位，每小组组建一个模拟康养旅游公司：
- 设定本公司的名称和办公地点；
- 确定本公司的组织结构形式（画图表示）和领导体制，进行组织结构与岗位设置的详细说明；
- 协商安排公司的总经理和各部门的管理人员。

项目五

康养旅游企业领导管理

项目导读

通过本项目的学习，在知识上，要求学生熟悉领导的定义、作用。在能力上，能根据领导理论、领导者影响力分析等清楚领导者和管理者的区别。在素质上，培养学生掌握一些典型的领导理论并能运用于实际问题分析的能力。

思维导图

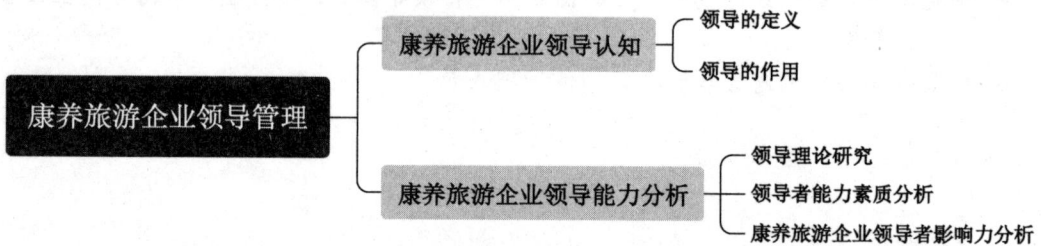

案例导入

10月的一天早上，山水酒店营销部门的小凯因为完成了营销任务，于是兴高采烈地来到了营销经理的办公室，对经理说："我告诉你一个好消息，我跟进了两个多月的那个客户昨天被我拿下了，终于同意签约了，而且订单金额比我们预期的多了20%，这将是我们这个季度最大的订单。"

说完之后，他本以为经理一定会和他同喜同贺，没想到，经理听了他的话后冷冷地说：

"知道了。我问你今天上班怎么迟到了？"小凯说："今天开车过来的时候堵车了。"小凯还想说，可是经理已经不耐烦地打断了他的话："迟到了还找什么理由，都像你这样，企业的业务还怎么做！"

小凯满心欢喜，以为一定会得到夸奖，可是听到这几句话后，他垂头丧气地回答："那我今后注意吧。"然后带着沮丧的心情回到办公室，随后几天心情都十分低落。

问 题

酒店领导的处理方式对员工会产生怎样的影响？

学习任务一
康养旅游企业领导认知

任务目标

A 市某著名风景区旁边有两家知名的酒店，其总经理分别是王经理和江经理。两家酒店的总经理在业界享有极高的声誉，虽然两个人的领导风格不同，但是都为各自酒店的收益、发展做出了巨大的贡献。

王经理是个酷爱研究问题的人，来到酒店后就一直以极为强势和雷厉风行的领导风格而著称，主张对下级严格管理，要求下级任何时候都要迅速、安静、准时。他的技术专长和领导风格使得下级对他又"敬"又"畏"。然而，每当酒店出现大的困难的时候，酒店的各部门领导和员工都无条件地支持他的选择，相信他能在最重要或最困难的时候帮助酒店走向成功。

而江经理却非常信赖自己的团队，上任后他的第一个行动就是放松管制，让下级自己决定具体的工作程序和方法。尽管江经理并不回避批评他人，但他更多的则是依靠称赞来激励士气。员工对他的评价是——完美的管理者：善于应付艰难的局面，保护自己的团队，争取更多的项目和资金，充分显示团队的价值。

任 务

通过本任务的学习，分析领导的作用是什么？

资料链接

领导的定义

任务操作

一、领导的定义

管理中的领导职能是关于组织中人的问题的基本职能。在实际的康养旅游组织管理工作中，即使组织计划完善，组织结构合理，如果没有卓有成效的领导去协调、影响组织成员的行动和具体指导实施组织的组织计划，很容易使组织丧失个别功能的发挥，从而偏离组织目标。所以就需要有领导者进行领导，指导人们的行为，沟通人们之间的信息，增强相互的理解，统一人们的思想和行为，激励每个成员自觉地为组织目标努力。所以通常情况下，我们把领导定义为一种影响力，是指挥或带领、引导或鼓励追随者为实现目标而努力的过程。这个定义包括以下 3 个元素。

① 领导者要有自己的追随者，没有追随者的领导者谈不上是一个真正的领导者。

② 领导者拥有影响追随者的能力，这些能力既包括由组织赋予领导者的职位和权力，也包括领导者个人所具有的影响力。

③ 领导的目的，是通过影响力来影响人们心甘情愿地努力达到企业的目标。

二、领导的作用

在康养旅游企业管理中，需要在领导者带领、引导和鼓舞下为实现组织目标而努力，而在这个过程中，领导者要发挥以下四个作用。

（一）指挥作用

在集体活动中，需要有头脑清晰、胸怀全局，能高瞻远瞩、运筹帷幄的领导者帮助人们认清所处的环境和形势，指明活动的目标和达到目标的途径。领导者应该帮助组织成员最大限度地完成组织目标。领导者只有站在组织成员的前面，用自己的行动带领组织成员为实现企业的目标而努力，才能真正起到指挥作用。

（二）协调作用

在许多人协同工作的集体活动中，即使有了明确的目标，但因各人的才能、理解能力、工作态度、进取精神、性格、作风、地位等的不同及外部各种因素的干扰，人们在思想上产生各种分歧、行动上偏离目标的情况是不可避免的。因此，就需要领导者来协调人们之间的关系和活动，把大家团结起来，朝着共同的目标前进。

（三）激励作用

个人是组织运作过程中的主体。当人们学习、工作和生活中遇到困难、挫折或不幸时，或某种物质的、精神的需要得不到满足时，就必然会影响工作的热情。领导的目的就是把组织目标与个人目标结合起来，引导组织成员为实现组织目标做出贡献。这就需要有通情达理、关心群众的领导来为他们排忧解难，激发和鼓舞他们的斗志，发掘、充实和加强他们积极进取的动力。

（四）沟通作用

领导是组织的各级管理者和联络者，在信息传递方面发挥重要作用；是信息的传播者、监听者和发言人，在管理的各层次中起着上情下达、下情上达的作用，以保证管理决策和管理活动的顺利进行。

总之，引导员工努力朝向同一个目标，协调他们的矛盾，激发员工的工作热情，使他们在工作过程中保持高昂的斗志，这便是领导在组织和率领员工为实现企业目标而努力工作的过程中必须发挥的具体作用。

任务思考

1. 什么是领导？
2. 领导的作用有哪些？

学习任务二
康养旅游企业领导能力分析

任务目标

小明是 A 酒店的总经理，长期以来他一直保持几个良好的习惯，其中之一就是经常会

去员工餐厅用餐，一边吃饭，一边和员工闲聊，以此联络感情。其实作为总经理，小明完全有私人订制的菜品可以在办公室用餐，但是他依然每天会在饭点时间前往员工餐厅和其他员工一起排队打卡用餐。员工都认为小明是个平易近人的好经理。不仅如此，小明坚持每天在下班前去一线部门巡视一遍，一方面是了解当日的工作收档及第二天工作的准备，另一方面也是了解员工在工作中的状况。正是小明良好的个人魅力和领导风格，使得酒店上下都非常尊重他，并表示愿意为了酒店去贡献自己的力量。A酒店的收益也一直名列前茅。

任 务

通过本任务的学习，了解各类领导理论对领导行为的影响。

资料链接

领导者和管理者的区别

任务操作

一、领导理论研究

在管理思想发展史上，有很多关于领导的思考。所谓领导理论，就是关于领导有效性的理论。从历史上来看，人们对领导有效性的研究主要从三个方面进行。相应地，领导理论也分为三大部分，即领导品质理论、领导行为理论和领导权变理论。

领导品质理论注重研究领导者的品行、素质、修养，目的是要说明好的领导者应具备怎样的素质；领导行为理论则着重分析领导者的领导行为和领导风格对其组织成员的影响，目的是找出所谓最佳的领导行为和风格；领导权变理论则着重研究影响领导行为和领导有效性的环境因素，目的是要说明在什么情况下，哪一种领导方式才是最好的。

（一）领导品质理论

品质理论主要是通过研究领导者的各种品质，来预测具有怎样性格特征的人才能成为有效的领导者。

传统领导品质理论认为领导者所具有的特性是天生的，只要是领导者就一定具备过人的素质。显然，这种认识是不全面的。心理学家拉尔夫·斯托格迪尔（Ralph Stogdill），认为领导者应有十个方面的素质：才智、强烈的责任心和完成任务的内驱力、坚持追求目标的性格、大胆主动的独创精神、自信心、合作性、乐意承担决策和行动的后果、能忍受挫折、社交能力和影响别人行为的能力、处理事务的能力。

传统的现代品质理论虽然可以启发人们看到领导者确实有某些独特素质，但其缺陷也是明显的：一是强调素质的先天性，直接否定了后天环境等因素的作用。二是有些因素互相矛盾或与实际相抵触，如许多具有这样素质的人实际上并不是成功的领导者。相反，出色的领导者并非个个英俊潇洒，能言善辩。三是没有区分各种素质的相对重要程度和哪些素质是谋取领导地位所需要的，哪些素质是维护领导地位所必需的。

而现代的领导品质认为先天的素质只是人的心理发展的生理条件，素质是可以在社会实践中得以培养与发展的。因此，现代素质理论家的研究一般从两个方面着手：一是采用心理测量法对领导者的气质、性格、行为习惯进行测验，并通过心理咨询以矫正或治疗；二是根据企业的要求提出评价领导者素质的标准，并通过专门的方法训练、培养有关素质。一般认为，前一种研究主要注意领导者素质与遗传因素的关系，因而比较注重领导者素质的测量和改善。后一种研究主要注意后天的环境因素等对领导者素质的作用，因而比较重视领导者素质的培养。

实际上，领导者的特性和品质是在实践中逐渐形成的，可以通过教育和培训来造就。

（二）领导行为理论

行为理论主要研究领导者的行为及其对下级的影响，以期寻求最佳的领导行为，也就是要回答一个领导者是怎样领导他的群体的。行为理论中最有影响力的是连续统一体理论、管理系统理论、领导行为四分图理论、管理方格理论等。

1. 连续统一体理论

基于"民主"与"独裁"两个极端的领导方式，罗伯特·坦南鲍姆（Robert Tannenbaum）与沃伦·施密特（Warren Schmidt）提出了领导方式连续统一体理论。他们假设了两个极端：一个极端是"独裁"的领导方式，认为权力来自职位；另一个极端是"民主"的领导方式，认为权力来自群体的授予和承认。从一个极端到另一个极端或从"独裁"到"民主"，领导方式的民主程度逐渐提高，领导者运用的权力逐渐减少，下级的自由度逐渐提高。

在康养旅游企业中，往往会呈现以下七种常见的领导方式，见表5-1。

表5-1　康养旅游企业领导方式

类型	内容
经理做出并宣布决策	在这种方式中，上级确认一个问题，考虑各种可供选择的解决方法，从中选择一个，然后向下级宣布，以便执行。他可能考虑，也可能不考虑下级对他的决策的想法，但不管怎样，他不给下级参与决策的机会，下级只能服从他的决定

续表

类 型	内 容
经理"销售"决策	在这种方式中,如同前一种方式一样,经理承担确认问题和做出决定的责任,但他不是简单地宣布这个决策,而是说服下级接受他的决策。这样做是表明他意识到下级中可能有某些反对意见,通过阐明这种决策给下级带来的利益以争取他们的支持
经理提出计划并允许提出问题	在这种方式中,经理做出了决策,并期望下级接受这个决策,他会向下级提供一个有关他的想法和意图的详细说明,并允许提出问题。这样,他的下级可以更好地了解他的意图和计划。这个过程使经理和他的下级能深入探讨这个决策的意义和影响
经理提出可修改的暂定计划	在这种方式中,允许下级对决策发挥某些影响作用,但确认问题和决策的主动权仍掌控在经理手中。他先对问题进行考虑,并提出一个计划,但只是暂定的计划,然后把这个计划交给有关人员征求意见
经理提出问题,征求建议,做出决策	在这种方式中,虽然确认问题和做出决策仍由经理来完成,但下级有建议权。下级可以在经理提出问题后,制订各种解决问题的方案,然后经理从他自己和下级制订的方案中选择出较为满意的方案。这样做的目的是充分利用下级的知识和经验
经理规定界限,让团体做出决策	在这种方式中,经理把决策权交给团体。这样做之前,他提出需要解决的问题,并给要做的决策规定界限
经理允许下级在规定的范围内行使职权	在这种方式中,团体有极度的自由,唯一的界限是上级所做的规定。如果上级参加了决策过程,也往往以普通成员的身份出现并执行团体所做的任何决定

2. 管理系统理论

美国组织心理学家伦西斯·利克特(Rensis Likert)以数百个组织机构为对象,通过借鉴领导方式连续统一体理论,发现了四类基本的领导形态,见表 5-2。

表 5-2 管理系统理论的领导形态

类 型	意 义
剥削式的集权领导	在这种领导形态中,管理层对下级缺乏信心,下级不能过问决策的程序。决策由管理层做出,然后以命令形式宣布,强制下级执行。上下级之间互不信任,组织中的非正式组织对正式组织的目标通常持反对态度
仁慈式的集权领导	在这种领导形态中,管理层对下级有一种谦和的态度,但决策权力仍控制在最高层,下级能在一定的限度内参与决策,但仍受高层的制约,对员工有奖励也有惩处。上下级相处态度谦和,但下级小心翼翼。机构中的非正式组织对正式组织的目标一般不会反对
协商式的民主领导	在这种领导形态中,上下级之间有相当的信任,但不完全信任。主要的决策权仍掌握在高层手里,但下级对具体问题可以决策。双向沟通在相当信任的情况下经常进行。机构中的非正式组织一般对正式组织的目标持支持态度
参与式的民主管理	在这种领导形态中,管理层对下级完全信任,决策采取高度的分权化,随时进行上下沟通和平行沟通。上下级之间在充分信任和友好的状态下交往,分不出正式组织和非正式组织

在康养旅游企业,一般来说,只有一线部门的负责人或中层主管,大部分采用参与式的民主管理,而其他部门的负责人和中层主管一般采用剥削式的集权领导。

3. 领导行为四分图理论

领导行为四分图理论是美国俄亥俄州立大学的学者们在 1945 年提出的。他们将领导行为的内容归纳为两个方面，即以工作为重与以人为重。

所谓以工作为重，是指领导者规定他与领导群体的关系，建立明确的组织模式、意见交流渠道和工作程序的行为。它包括设计组织机构，明确职责和权力、相互关系和沟通方法，确定工作目标与要求，制定工作程序、工作方法与制度。

所谓以人为重，是建立领导者与被领导者之间的友谊、尊重、信任关系方面的行为。它包括尊重下级的意见，给下级以较多的工作主动权，体贴他们的思想感情，注重满足下级的需要，平易近人，平等待人，关心群众，作风民主。

他们依照这两方面的内容设计了领导行为调查问卷，各列举了 15 个问题，发给企业，由下级来描述领导者的行为如何。调查结果表明，以工作为重和以人为重并不是一个连续带的两个端点，这两方面是同时存在的，领导者的行为可以是这两个方面的任意组合，即可以用两个坐标的平面组合来表示（见图 5-1），由这两方面可形成四种类型的领导行为，这就是所谓的领导行为四分图。

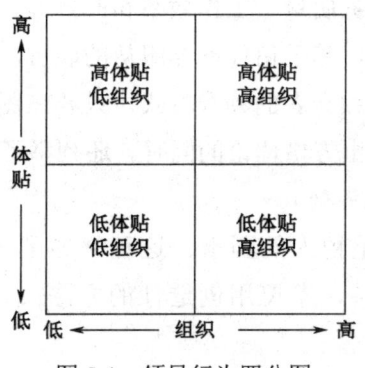

图 5-1　领导行为四分图

研究者认为，以工作为重和以人为重的领导方式是相互联系的。一个领导者只有把两者相互结合起来，才能进行有效的领导，即最佳的领导行为既要以工作为重，又要以人为重。

4. 管理方格理论

管理方格理论是罗伯特·布莱克（Robert Blake）和简·幕顿（Jane Mouton）提出的。他们以企业为例，研究组织的五种领导风格。他们用纵坐标表示"对人关心的程度"，横坐标表示"对工作关心的程度"，并将两个坐标轴划分为 9 等分，于是便形成 81 种领导方式的方格图（见图 5-2）。管理方格图适应性很强，准确性较高。

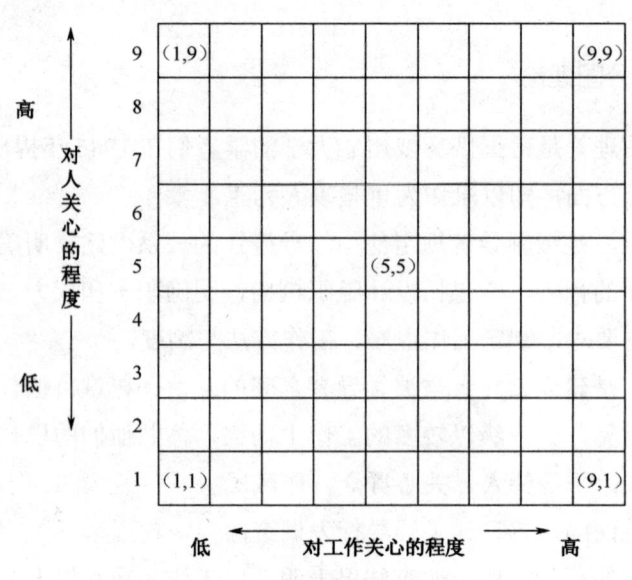

图 5-2 管理方格理论方格图

我们可以把企业当作一种组织来看，关心生产就是关心组织的主要业务工作。关心生产是指领导者对下面许多不同的事项所持的态度，如政策决定的质量、程序和过程、研究工作的创造性、职能人员的服务质量、工作效率和产量等。关心人是指个人对首要目标所承担的责任，维护工人的自尊，基于信任而非服从的职责，保持良好的工作环境及满意的人际关系。如果要评价某一位领导者的领导方式，只要在图中按照他的两种行为绘制交叉点就行了。布莱克和幕顿在提出方格理论的同时，还列举了五种典型的领导风格。

（1）"（9，1）"型方式（任务型）

只注重生产的完成，不重视人的因素。这种领导是一种专权式的领导，下级只能奉命行事，员工失去进取精神，不愿用创造性的方法去解决各种问题，不能施展所有的本领。

（2）"（1，9）"型方式（乡村俱乐部型）

与"（9，1）"型相反，即特别关心人。持此方式的领导者认为，只要员工精神愉快，生产自然会好。这种管理的结果可能很脆弱，一旦和谐的人际关系受到影响，生产成绩会随之下降。

（3）"（5，5）"型方式（中庸之道）

既不过于重视人的因素，也不过于重视生产因素，努力保持和谐妥协，以免顾此失彼，遇到问题总想敷衍了事，此种方式比"（1，9）"型和"（9，1）"型强些，但是，从长远看，会使企业落伍。

（4）"（1，1）"型方式（贫乏型）

对人的关心和对生产的关心都很差。这种方式无疑会使企业失败，在实践中很少见到。

（5）"（9,9）"型方式（团队型）

对生产和人的关心都达到了最高点。在"（9,9）"型方式下，员工在工作上希望相互协作，共同努力去实现企业目标；领导者诚心诚意地关心员工，努力使员工在完成组织目标的同时，满足个人需要。应用这种方式的结果是，员工都能运用智慧和创造力进行工作，关系和谐，出色地完成任务。

从上述不同方式的分析中，显然可以得出下述结论：作为一个领导者，既要发扬民主，又要善于集中；既要关心企业生产的完成，又要关心员工的正当利益。只有这样，才能使领导工作卓有成效。

（三）领导权变理论

权变理论认为，没有一种领导方式对所有的情况都有效，没有一成不变的，领导者的领导行为不仅取决于他的品质、才能，也取决于他所处的具体环境，如被领导者的素质、工作性质等。事实上，领导品质和领导行为能否促进领导的有效性，受环境因素的影响很大。有效的领导行为应当随着被领导者的特点和环境的变化而变化。

权变理论的要点如下。

第一，人们参加组织的动机和需求是不同的，所以采取什么理论应该因人而异。

第二，组织形式与管理方法要与工作性质和人们的需要相适应。

第三，管理机构和管理层次，即工作分配、工资分配、控制分配、控制程序，要依据工作性质、管理目标和被管理者的素质而定，不能强求一致。

第四，当一个管理目标达到后，可继续激励管理人员勇于实现新的更高目标。

这就要求人员要深入研究、分析客观情况，使特定的工作有合适的结构和合适的领导权变模型，认为任何领导形态均可能有效，其有效性完全取决于是否适应所处的环境。环境影响因素主要有以下3个。

1. 领导者和下级的关系

领导者和下级的关系包括领导者是否得到下级的尊敬和信任，是否对下级具有吸引力。领导者与下级之间相互信任、相互喜欢的程度越高，领导者的权力和影响力就越大；反之，其权力和影响力就越小。用好或差评价。

2. 职位权力

职位权力指领导者所处的职位具有的权威性和权力的大小。职权是否明确、充分，在上级和整个组织中得到的支持是否有力，直接影响领导的有效性。一个领导者对其下级的雇用、工作分配、报酬、提升等的直接决定权越大，其对下级的影响力也就越大。用强或弱评价。

3. 任务结构

任务结构指任务的明确程度和下级对这些任务的负责程度。如果所领导的群体完成的任务是清楚的，组织纪律明确，成员有章可循，则工作质量比较容易控制，领导者也可有的放矢；反之，工作规定不明确，成员不知道如何去做，领导者就会处于被动地位。用高或低评价。

二、领导者能力素质分析

领导者的素质就是一个人担任领导者后其生存和发展所必须借助的、来自先天和后天而凝结于该主体内部的质和量，应该包括作为一个普通人的一般素质和充当领导者的特殊素质，总体上包括思想素质、科学文化素质、身体和心理素质、组织管理素质四大方面。

（一）思想素质

领导者应有强烈的事业心、责任感和创业精神，有良好的思想作风和工作作风，能一心为公，不谋私利，谦虚谨慎，戒骄戒躁，不文过饰非，严于剖析自己，深入基层，善于调查研究，工作扎实细致，有布置、有检查，实事求是，不图虚名；艰苦朴素，与群众同甘共苦，不搞特殊化，品行端正，遵守规章制度和道德规范；有较高的情商，具有影响他人的魅力，平等待人，和蔼可亲，不计较个人恩怨，密切联系群众，关心群众疾苦，多为群众办好事，不拉帮结派。

（二）科学文化素质

科学文化素质是领导者的力量源泉，既是增添领导才能和领导魅力的基础性个体特质，也是开展领导工作的基础性条件。具备良好的科学文化素质是从事现代领导工作最起码的要求，是领导者适应复杂多变的环境所应具备的主要条件。

领导工作本身就是一项脑力多于体力的工作，随着全球化、信息化和知识经济时代的到来，对领导者的科学文化素质提出了更高的要求，包括以下 7 个方面。

① 要学习和掌握多方面的知识和技能，培养多方面的能力。学习的知识主要包括三个方面：一是文化科学的基础知识和市场经济的基础知识，二是与管理工作密切相关的专业技术知识，三是管理工作和领导工作的软科学知识。

② 要不断自学、参加学历教育或专业培训，提高自己的知识水平，并掌握学习新知识、获取新信息、开发自己潜能的方法。勤于学习，不断充实自己，是领导者自身可持续发展的主要前提。

③ 要注意在实践中运用各种科学知识并善于创新，及时总结经验。这样既能推动实践

发展、出成绩，又能推动理论发展、出成果。

④ 要尊重科学，相信科学，运用科学，提高决策的科学性和管理的有效性。

⑤ 要懂得使用"外脑"，建立专家智囊团，以弥补自己知识结构的不足。另外，在组织领导班子时，也可考虑领导者之间知识结构的互补。

⑥ 要懂得运用多种渠道获得信息资讯，如报纸、杂志、图书、互联网和人际交往。

⑦ 要重视自己组织内的管理人员和员工的再教育和再培训，提高他们的科学文化素质，创建学习型组织。

（三）身体和心理素质

身体和心理素质是领导者的健康保证，拥有健康就拥有了希望。领导工作压力大、难度大、强度大、头绪多、节奏快、时间长、忙不完，领导者必须具备比一般人更好的身体和心理素质。

身体素质是指良好的体质状况和健康程度，更重要的是要懂得如何获得和保持良好的体质和健康状况。

心理素质是一个人认知、情感、意志和个性的品质及其对自己心理状况的调节能力。它主要包括认知正常、思维超群、情感深沉、情绪可控、意志坚定、积极能动、成就动机高、追求卓越、自信、律己、勤奋、忠诚、能应对挫折、调节心理等方面。

（四）组织管理素质

组织管理素质是领导者业务能力的关键，主要表现在以下10个方面。

1. 高瞻远瞩、描绘远景

一个领导者要实现其领导的使命，就必须站得高、看得远，有全球视野、有历史眼光，洞察国内外政治、经济、科技等发展趋势，看到别人看不到的东西。能规划未来、描绘远景，确立自己和组织的发展方向和使命，为组织及员工树起一面前进的鲜明旗帜，感召和凝聚他们为共同的远景而同舟共济、努力奋斗。

2. 科学决策、制定战略

有了远景，还要对实现远景的路径、步骤、目标、重点、资源等做出选择，这就需要根据组织的实际和环境的变化，拟订多种方案，做出科学决策，制定战略。

3. 统筹组织、用人授权

领导者必须调动一切力量和资源，设计组织结构、设置工作岗位、选用合适人员、明确职责职权、分配各种资源、建立运行规章，其中的关键是使用授权的能力，因为人是一切事业的关键。

4. 有效沟通、善于协调

组织成员（包括上级、同级和下级）是由不同专业、不同个性的人组成的，他们不可避免地有自己的想法和个人目标，这些个人想法或目标，未必都与组织的目标相一致，可能存在不同程度的冲突，这就需要进行有效的沟通，力求使组织成员的个人目标与组织目标统一起来，协调好各方面的利益。在组织外部，领导者也需要与有关部门进行沟通和协调，争取各方面的支持。将沟通贯穿于管理的各种活动中，是十分重要的能力。

5. 自我激励、激励下级

在实现目标的过程中，肯定会遇到各种各样的困难，面对困难，领导者要能自我激励、积极乐观，有不怕困难的勇气和胆识，并激励下级克服困难、风雨同舟。另外，随着专业分工的细化，越发强调每个员工各负其责，并进行一定程度上的自我管理，因此领导者要能激励下级发挥自己的潜能，创造性地完成工作。

6. 有效交往、建立团队

领导者绝大多数时间都在与组织内外的各种人打交道，特别是和组织内部的上级、同级和下级打交道，能否有效地同他们交往，建立一支精诚团结、同心同德的团队是十分重要的。特别是领导班子的团队建设，完全靠命令来维持正式工作关系是不够的，还要靠人际关系的艺术，结成有多种感情的团队才可行。否则，有可能导致内讧或各自为政，力量耗散而事倍功半。

7. 统驭有术、指挥有方

正确对待和合理使用自己的权力，懂得根据不同的任务和个体，选择不同的有效的领导方式，发挥自己的影响力，指挥有方。

8. 刚柔相济、控制得当

领导者要及时掌握在执行过程中的反馈信息，发现问题及时纠偏。既要对照规章进行监督检查，赏罚分明，又要讲究管理艺术，理解、爱护和帮助下级，将心比心，力求刚柔并济、控制得当。

9. 双赢导向、谈判有术

在组织的发展过程中，作为组织负责人的领导者经常代表组织与供货商、销售商、合作伙伴、竞争对手等进行业务谈判。在谈判中，不可避免地从维护自身的利益出发，理想化地要价过高。如果用一方的获益来自另一方的代价即我赢你输的观念谈判,往往会丧失双方均可能获益的谈判机会,所以,应该以双赢为导向,寻求能被双方共同接受的方案。

10. 勇于变革、创新发展

当今时代,科技飞速发展、市场变化多端、消费需求提升等促使一个组织要不断地根据环境的变化做出变革。另外,一般组织也有一个从创业发展、成熟到衰退的周期,为获得可持续发展,领导者必须勇于变革,勇于创新,使企业焕发生机,不断发展。

三、康养旅游企业领导者影响力分析

(一) 领导者施加影响力的方法

作为一名领导者,应如何对下级的行为施加影响呢?美国著名领导学专家加里·尤克尔(Gary Yukl)在他的《组织中的领导》一书中对这个问题进行了专门论述,提出了领导者对下级施加影响的许多方法。

1. 通过合法的请求方式

由于领导者拥有组织赋予他的一定的支配权,所以他在自己的职权范围内,对属于下级工作范围内的事情,可以通过合法的请求方式要求下级去做某一工作。尽管领导者也可以用强制或命令的方式进行,但合法的请求方式比命令或强制的效果要好得多,因为它给了下级以尊重。一般而言,对于日常性的工作分配,领导者通过合法的请求方式来行使自己的支配权最为有效。

2. 通过奖励等辅助方式

如果要求下级做一些不属于其岗位职责范围内的工作,领导者可以根据自己拥有的决定报酬的权力,采用通过奖励等积极的强化激励的方式引导下级的行为。领导者可以提供一定的奖励或通过给予表扬等方式请求下级去完成某一工作,使下级在能够满足自身需求的同时,乐意做领导者分配给他的额外工作,并努力把工作做好。

3. 通过惩罚性方式

领导者也可以采用批评、扣发工资或开除等惩罚性措施来强迫下级把自己工作范围内的事情做好。但一般来说,惩罚性方式的效果不是很好,并且其效果会随着惩罚次数的增多而减弱,领导者应尽量少用这种方式。

4. 通过恰当的说明方式

当下级不愿意或不太愿意接受领导者要他做的某一工作时，领导者可通过恰当而耐心的说服，使下级了解工作的全部内容、重要性和有关个人报酬、利益等方面的问题，从而使其在明确职权、责、利的前提下乐于接受领导者所分配的工作。

5. 通过本人的个性方式

作为领导者，如果发现自己的个性或爱好等能对下级产生影响，就应积极运用这些特点来影响下级。一个人的品质或专长方面的影响力是巨大的，领导者如果已在下级中树立起了威信，就要充分运用自己的威信来影响下级。

6. 通过鼓励号召的方式

在某些情况下，领导者可用理想和道德价值观来鼓励下级从事某一工作。如果一个领导者能结合自身的模范行为来进行鼓励和号召的话，效果会更好。

（二）领导者和管理者的区别

人们往往把领导和管理看作一回事，从定义上来看，似乎的确如此，管理是通过综合运用各项资源并采用相关职能以有效地实现目标的过程，领导是带领和指导周边群体以实现共同目标的过程；管理所使用的资源不仅包括人力资源，而且包括信息、技术等其他资源，而领导的对象就是人。

所以，最有效的管理者肯定是一位有效的领导者，同时领导工作也是管理者的根本任务，但实质上两者是有区别的。从本质上说，管理是建立在合法的、有薪酬的、有制度的和强制性权力基础上对下级命令的行为，下级必须遵循管理者的命令。在这个过程中，下级与管理者之间更多的是一种理性的工作关系。

领导则不同，领导有一种影响别人的能力，这种能力既来自职位赋予领导者的合法权力，但更多的是来自个人影响权和专长权，这两种权力与个人的品质和专长有关，所以此时，下级与领导之间也存在一定感性的工作关系。因此，一个人可能既是管理者，也是领导者，但有的管理者并不能成为领导者。也有一些领导者，并不是管理者。例如在个别康养旅游组织中，一些在部门工作有一定时间的老员工，组织并没有赋予他们职权和权力，但他们却能引导和激励甚至命令自己组织中的成员。领导的本质就是被领导者的追随和服从，它不是单一由组织赋予的职位和权力决定的，而是取决于追随者的意愿。因此，那些没有部下追随的管理者，也就不是真正意义上的管理者。从这一点出发，在康养旅游组织管理中，我们应该仔细甄别领导者和管理者，对不具备领导才能的管理人员进行淘汰，而选择一些好的领导者从事相关的管理工作。

任务思考

1. 管理和领导有何不同？领导者的职责是什么？领导者实施领导的基础是什么？
2. 领导理论包括哪几方面内容？它们之间有什么区别？
3. 怎样根据下级的成熟度，选择合适的领导方式？
4. 领导的基本能力素质包括哪些？

项目总结

领导是管理学课程当中较为重要的一部分内容，康养旅游企业中的领导者更是在整个康养旅游企业管理中承担着非常重要的角色。通过确立了解领导的权力及影响力的来源，能够更好地激发团队的工作效率及推动整个企业的发展。领导理论包括领导品质理论、领导行为理论、领导权变理论，三者相互关联，相互影响，其衍生出来的对领导能力的要求，对企业领导者的培养和建设具有非常重大的意义。

项目实践

以小组为单位，组建某一康养旅游企业旗下的一个部门，并设立相应的领导和部门员工：

- 确立部门领导采用的领导理论；
- 以五一假期为背景，制订相应的经营策略；
- 在制订策略过程中，根据相关的领导理论，记录领导及员工的表现，并做对比。

项目六

康养旅游企业控制管理

项目导读

通过本项目的学习,在知识上,要求学生熟悉控制的含义、原则、作用,熟悉康养旅游企业控制过程管理和控制方法分析。在能力上,会根据康养旅游的具体情况进行控制管理。在素质上,培养学生具体问题具体分析的能力。

思维导图

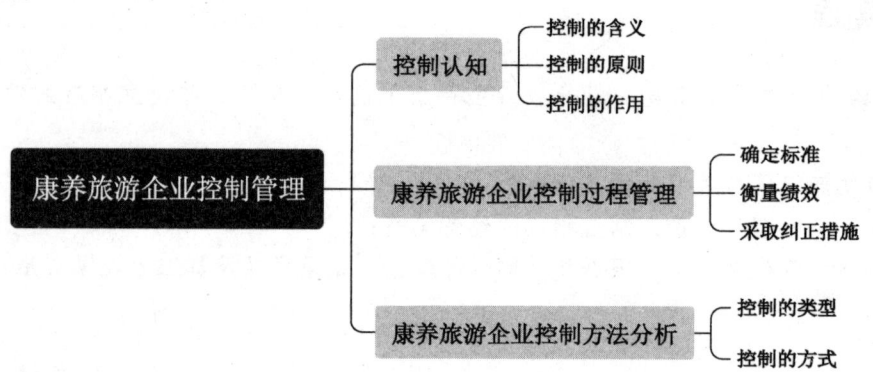

案例导入

李某是新调任到一家旅行社的总经理。工作几天后,他就发现这家旅行社存在很多问题,而且大多问题都与旅行社不适当的控制管理有关。例如,他发现旅行社各部门的预算是由各部门自行制定的,前任总经理对各部门上报的预算一般不加修改就签字批准;旅行社内部也没有专门的财务审核人员,因此对各部门的预算和预算的实施情况根本就没有严格的审核;在人事方面,导游等一线岗位人员流动率较高,常有人不辞而别,其他岗位人员工作积极性也不高,存在严重的职业道德问题。

旅行社内部对这些问题没有进行及时调整或解决。不少中层管理者认为,旅行社业务不景气,员工想走是很正常的,甚至迟到早退也是情有可原的,没有什么可大惊小怪的。

李某认为，要改变旅行社的面貌，就一定要加强资金、人员、业务等方面的控制，为此，就需要制订一个综合控制计划。

问 题

为了改变旅行社的面貌，综合控制计划应该包括哪几方面的内容，在实施过程中又会遇到什么样的问题呢？

学习任务一
控制认知

任务目标

五一假期，某酒店做好了充分的计划和准备来迎接大规模客人的到来。除相关的设施设备检查及物资的储备外，酒店还安排了大量兼职的服务人员和后勤工作人员。酒店人事部门对此解释道，大规模的客流会对酒店的现场运营和管理带来巨大的挑战，如果没有足够人员协助的话，那么相关的计划、组织、领导都无法得到有效的保证。

任务

通过本任务的学习，说明控制的含义、原则及其产生的作用。

资料链接

控制的含义

任务操作

一、控制的含义

在控制论中，控制的定义是：为了改善某个或某些受控对象的功能或发展，需要获得并使用信息,以这种信息为基础而选出的、加于该对象上的作用。

在康养旅游企业工作管理中,作为管理职能之一的控制工作,是指为了确保组织的目标及为此而拟订的计划能够实现,各级管理者根据事先确定的标准或因发展需要而重新拟订的标准,对下级的工作进行衡量、测量和评价,并在出现偏差时进行纠正,以防止偏差继续发展或今后再度发生。或者,根据组织内外环境的变化或组织发展的需要,在计划的执行过程中,对原计划进行修订或制订新的计划,并调整整个管理工作的过程。也就是说,控制的结果可能有两种:一是纠正实际工作与原有计划及标准的偏差,二是纠正组织已经确定的目标及计划与变化了的内外环境的偏差。

二、控制的原则

为了保证对组织活动进行有效的控制,控制工作必须遵循以下基本原则。

1. 重点原则

控制不仅要注意偏差,还要注意出现偏差的元素。我们不可能控制工作中所有的状况,只可以对一些个别的关键要素予以控制纠正。事实证明,要想完全控制工作或活动的全过程几乎是不可能的,因此应抓住活动过程中的关键和重点进行局部的和重点的控制,这就是所谓的重点原则。在康养旅游企业组织中,目标、重要影响因素、薄弱环节和突发状况往往是管理者控制的重点。

良好的控制必须具有明确的目的,不能为控制而控制。在一个组织中,不论什么性质的工作都能列举出许多目标,并总有一两个目标是最关键的,这就需要管理者在这众多的目标中,选择出关键的目标加以重点控制。同时,在内外部环境中存在着众多影响目标实现的因素,在影响目标实现的众多环节中,有些环节由于组织力量的薄弱,在组织运行过程中容易出问题。对目标实现有重大影响的因素及容易出问题的薄弱环节,也是管理者需要在实施过程中加以关注的。

在控制过程中,管理者应重点针对事先未能预料而实际发生了的例外情况。例外情况的出现,由于管理者缺乏事先准备而易措手不及,对组织造成重大影响,因此要集中精力迅速地加以应对。但单纯地注意例外之处是不够的,某些例外可能影响不大,有些例外则可能影响很大,因此管理者所关注的,应当是那些需要特别注意的例外,而把一般性的例外交给下级去处理。

管理者越是把控制力量集中在目标、重大影响因素、薄弱环节和例外情况上,他们的控制就越有效。

2. 及时性原则

高效率的控制系统,要求能迅速发现问题并及时采取纠偏措施。这一方面要求及时准

确地提供控制所需的信息，避免时过境迁，使控制失去应有的效果；另一方面要求事先估计可能发生的变化，使采取的措施与已变化了的情况相适应，即纠偏措施的安排应有一定的预见性。

控制是通过纠偏来保证目标实现的，因此控制信息要力求准确，要客观、准确地进行控制标准的制定、实际业绩的评估、存在差异的分析和控制措施的采取。不准确不仅会影响工作进展，导致组织走弯路，还会挫伤人们的积极性和工作热情。要使控制准确客观，一是要尽量建立客观的衡量方法，用定量的方法记录并评价绩效，把定性的内容具体化、客观化；二是管理人员要从组织的角度来观察问题，尽量避免形而上学，避免个人的偏见和成见，特别是在绩效的衡量阶段，要以事实为依据；三是要确保信息的可靠性。

控制时机的选择也十分重要。实际情况千变万化，控制不仅要准确，还要及时，一旦丧失时机，即使提供再准确的信息也是徒劳。当然及时不等于快速，及时是指当决策者需要时，控制系统能适时地提供必要的信息。要尽可能地采用前馈控制方式或预防性控制措施，一旦发生偏差，就对以后的情况进行预测，较好地避免时滞问题。

3. 灵活性原则

尽管人们努力探索未来、预测未来，但未来的不可预测性始终是客观存在的。尽管人们努力追求预测的准确性及对实际业绩评价和差异分析的准确性，但不准确性总会存在。如果控制不具有弹性，则在执行时难免被动。因此，为了提高控制系统的有效性，就要使控制系统具有一定的灵活性。

控制的灵活性原则要求管理者制订多种应对变化的方案和留有一定的后备力量，并采用多种灵活的控制方式和方法来达到控制的目的。控制应保证在发生某些未能预测到的事件，如计划疏忽、计划失败等情况下，控制仍然有效，因此要有弹性和替代方案。控制应当从实现目标出发，采用各种控制方式达到控制目的，不能过分依赖正规的控制方式，如预算、监督、检查、报告等，它们虽然都是比较有效的控制工具，但也都有一定的不完善之处，数据、报告、预算有时会同实际情况有很大的差别，过分依赖它们有时会导致指挥失误、控制失灵，因此针对此类问题也要采用一些随机应变的控制方式和方法，如弹性预算、跟踪控制等。

4. 经济性原则

控制是一项需要投入大量的人力、物力和财力的活动。是否进行控制，控制到什么程度，都涉及费用问题，因此必须把控制所需的费用与控制所产生的效果进行经济上的比较。

控制的经济性原则一是要求实行有选择的控制，全面周详的控制不仅不必要，也不可能，要正确而精心地选择控制点，太多会不经济，太少会失去控制；二是要求努力降低控

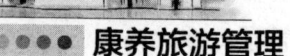

制的各种耗费而提高控制效果，费用的降低使人们有可能在更大的范围内实行控制。花费少而效率高的控制系统才是有效的控制系统。在实际工作中，控制的经济性在很大程度上取决于管理者是否将控制应用于他们所认为的重要工作上。

三、控制的作用

控制是最重要的管理职能之一，计划、组织、领导等其他职能必须伴随有效的控制，才能真正发挥作用。控制的作用主要体现在以下两个方面。

（一）检验作用

控制的检验作用是指检验组织的各项活动是否按组织的既定计划进行，同时也检验计划的正确性和合理性。

（二）纠偏作用

控制的纠偏作用是指当偏差存在时，调整实际工作或计划，使两者相吻合。组织的计划是对未来的预测，由于人认识的局限性、未来的不确定性和不可预见性，常导致实际工作与计划存在一定的偏差。有效的管理控制能及时地获取偏差信息，并能及时地采取纠偏措施，防止偏差的积累，从而保证组织目标的顺利实现。

任务思考

简单阐述一下控制与计划、组织、领导三大职能之间的关系。

学习任务二
康养旅游企业控制过程管理

任务目标

李某在某市著名景区旁边开了一家连锁餐厅。由于是第一次当老板，李某在初期并没有丰富的管理经验，管理标准并不统一，奖罚制度模糊不清，甚至在发生投诉时李某也不知所措，导致在运营期间很多现场的控制管理都非常的混乱。于是，李某聘请了刘经理作

为餐厅的店长来协助管理，在刘经理的建议下，李某参考知名酒店的控制管理模式，最终使餐厅逐渐走上了正轨。

任务

猜想该餐厅在控制管理中做出何种调整使餐厅恢复正常运营。

资料链接

控制的过程

任务操作

管理中的控制是根据计划的要求制定工作标准、衡量工作绩效，并将工作绩效与工作标准进行比较，对出现的偏差采取必要的纠正措施以实现组织目标的过程。

控制的对象一般都是针对人员、财务、作业、信息及组织的总体绩效，不论是哪种控制对象，其所采用的控制技术和控制系统实质上都是相同的。控制工作的程序基本划分为以下三个步骤。

一、确定标准

标准必须从计划中产生，计划必须先于控制。换言之，计划是管理者设计控制工作和进行控制工作的准绳，由于计划的详尽程度和复杂程度各不相同，而且管理者也不可能事事都亲自过问，所以就得根据计划制定具体的标准。所谓标准，就是衡量实际工作绩效的尺度。它是从整体计划方案中选出的，使管理者不必过问计划执行过程中的每一个具体步骤，就可以了解工作的进展情况。

对管理者来说，选择关键性控制点的能力是一项艺术。因为有效的控制取决于控制点。这些控制点有的是一些限制性的因素，有的是一些隐私，这些因素会影响到将来整个组织的业绩。为此，管理者在确定标准时应当自问：可以的是什么？当没有符合这些目标时，可以清楚地反映情况的是什么？能最好地衡量控制偏差的是什么？应该由谁对哪些失误负责任？哪些标准最省钱？经济适用的信息的标准是什么？

计划方案所包括的每项活动、每项政策、每项规程和每项预算，都可以成为衡量实际业绩或预期业绩的标准。但实际上，标准大致有实物标准、成本标准、资本标准、收益标准、计划标准、无形标准。

二、衡量绩效

衡量绩效其实也是控制当中信息反馈的过程。在确定了标准以后，为了确定实际工作的绩效如何，管理者首先需要收集必要的信息，考虑如何衡量和衡量什么。这样，一方面，可以反映出计划的执行过程，使管理者了解到哪些部门哪些员工的绩效显著，以便对其进行奖励；另一方面，还可以使管理者及时发现那些已经发生或预期将要发生的偏差。

在衡量绩效时应注意以下问题：通过衡量绩效，检验标准是否科学合理、切实可行；建立有效的消息反馈系统，使实际工作情况能及时地传递给管理者，使之能及时地发现问题并采取有效的处理措施；衡量的频度要适宜，衡量的频度主要取决于控制对象的特性、控制对象发生变化的时间周期及控制对象的主要影响因素。

三、采取纠正措施

纠正偏差是控制过程的最后一个阶段，也是控制过程的关键。利用科学的方法，依据客观的标准，通过对工作绩效的衡量，可以发现实际工作绩效与控制标准之间是否存在偏差。纠正偏差就是在此基础上，分析偏差产生的原因，制定并实施必要的纠正措施，使工作的实际情况与计划相一致。这项工作使控制过程得以完整，并将控制与管理的其他职能相互联结：纠偏使组织计划得以遵循，使组织结构和人事安排得到调整。纠正偏差大致可以分为以下3个步骤。

（1）分析偏差产生的主要原因

并非所有的偏差都对企业的最终结果有影响。有些偏差可能反映了计划本身和实际工作过程中的严重问题，而有些偏差的产生纯属偶然，不一定会对组织活动的最终结果产生重要影响。因此，在采取纠正偏差措施以前，一定要对反映的偏差信息进行正确的分析判断。

（2）确定纠偏对象

在现实的管理活动中，偏差的产生可能是由实际工作绩效不理想造成的，也可能是由控制标准不切实际造成的，因此需要予以纠正的不仅有组织的实际工作绩效，也包括指导这些活动的计划或既定的控制标准。

（3）采取纠偏措施

纠偏的措施有两种：其一，改进实际工作绩效。如果偏差是由组织的实际工作不理想

造成的，管理者就应该采取措施改进绩效。其具体的措施包括重申规章制度，明确责任，强化激励措施，加大处罚力度，变动组织机构，调整领导班子，加强员工培训等。其二，修订控制标准。正如前面所述，偏差还有可能来自不合理的控制标准，如果标准制定得过高或过低，即使其他因素都发挥正常也难以避免偏差的出现。不切实际的标准会给组织带来很大的危害，如过高的难以实现的标准会在很大程度上打击员工的士气，而过低的很容易实现的标准又容易导致员工的懈怠情绪。所以，不切实际的标准一定要修改。

在纠正措施的选择和实施过程中，管理者需要注意以下三点。

第一，保持纠正方案的双重优化。纠正偏差，可以采取多种不同的措施，所有措施其实施的成本都应小于不采取任何行动任由偏差发展可能给组织带来的损失，这是第一重优化。第二重优化是在第一重优化的基础上，通过对各种纠偏方案的比较，找出其中投入最少、纠偏效果最好的方案来组织实施。

第二，关注原计划实施的影响。在决策和制订计划的过程中，要充分体现控制的观点和方法。由于客观环境发生了重大变化，可能会导致原计划与标准的局部甚至全局被否定，从而要求管理者调整组织活动的方向和内容。这时我们要考虑原计划实施已经消耗的资源及这些资源所造成的影响。

第三，消除员工对纠正措施的疑虑。纠偏措施总会在不同程度上引起组织结构的整合、人事关系的变动，从而会使某些组织成员的利益受到影响，并对纠偏措施产生抵触情绪。因此，管理者在采取纠偏行动前，要注意到组成成员对纠偏措施的不同态度，尽力消除他们的疑虑，争取更多人的理解、支持和赞同，以保证纠偏方案的顺利实施。

淡旺季是旅游活动中非常常见的一种现象，根据淡旺季的规律和特点，探讨康养旅游企业在淡旺季的控制管理过程。

学习任务三
康养旅游企业控制方法分析

任务目标

组织学生搜集在2022年春节期间各地的旅游投诉案例，根据案例分析在当时采用何种控制方法，可以有效地降低投诉案件的可能性。

资料链接

控制的类型

任务操作

一、控制的类型

（一）按控制信息的性质划分

1. 反馈控制

反馈控制是指将系统的输出信息返送到输入端，与输入信息进行比较，并利用二者的偏差进行控制的过程。反馈控制其实是用过去的情况来指导现在和将来。在控制系统中，如果返回的信息的作用是抵消输入信息，称为负反馈，负反馈可使系统趋于稳定；若其作用是增强输入信息，则称为正反馈，正反馈可使信号得到加强。反馈不仅是管理系统，也是自然界和人类社会中普遍存在的一种现象。

在康养旅游企业管理中，员工的满意度调查、客人的意见反馈等体现了反馈的原理。反馈控制是管理控制工作的主要方式，是最常用的控制类型之一。

反馈控制具有两个优点。第一，它为管理者提供了关于计划执行的效果究竟如何的真实信息。如果反馈显示标准与现实之间只有很小的偏差，说明计划的目的是达到了；如果偏差很大，管理者就应该利用这一信息及时采取纠正措施，也可以参考这一信息使新计划制订得更有效。第二，反馈控制可以增强员工的积极性。因为人们希望获得评价他们绩效的信息，而反馈控制正好提供了这样的信息。

反馈控制的主要缺点是时滞问题，因为从发现偏差到采取更正措施之间可能有时间延迟现象，在进行更正的时候，实际情况可能已经有了很大的变化，而且往往是损失已经造成了。时滞现象对系统的危害极大，它可以使系统的输出端和输入端造成巨大的波动和不稳定，从而影响工作效率，甚至有导致组织崩溃的情况出现。但是在许多情况下，反馈控制是唯一可用的控制手段。

2. 现场控制

现场控制是一种发生在计划执行过程中的控制，管理者可以在发生重大损失之前及时纠正问题。它是一种主要被基层管理者所采用的控制方法，一般都在现场进行，做到偏差即时发现、即时了解、即时解决。

现场控制主要包括这样一些内容：向下级指示恰当的工作方法和工作过程；监督下级的工作以保证计划目标的实现；发现不符合标准的偏差时，立即采取措施纠正。现场控制的关键就是做到控制的及时性，必须依赖于信息的及时获得、多种控制方案的事前储备及事发后的镇静和果断。在计划的实施过程中，大量的管理控制工作，尤其是基层的管理控制工作都属于这种类型，所以它是控制工作的基础。一个管理者的管理水平和领导能力常常会通过这种工作表现出来。

在现场控制中，控制的标准应遵循计划工作中所确定了的组织方针与政策、规范和制度，采用统一的测量和评价，要避免单凭主观意志进行控制工作，控制的内容应该和被控制对象的工作特点相适应。例如，在康养旅游企业管理中，对基层员工或者兼职人员采取严厉的监督可能会带来好的效果；而对于营销部门或者市场部门，控制的内容应转向如何创造出良好的工作环境，并使之维持下去。

控制工作的效果取决于管理者的个人素质、个人作风、指导的方式方法及下级对这些指导的理解程度。其中，管理者的言传身教具有很大的作用。例如，工人在发生操作错误时，工段长有责任向其指出并做出正确的示范动作帮助其改正。

3. 前馈控制

前馈控制是管理者最渴望采取的控制类型，因为它能避免预期中出现的问题，防患于未然。所谓前馈控制，就是观察那些作用于系统的各种可以测量的输入量和主要扰动量，分析它们对系统输出的影响关系，在这些可测量的输入量和主要扰动量的不利影响产生以前，通常应立即采取纠正措施，来避免它们的不利影响。前馈控制与反馈控制的主要区别是，它是控制产生偏差的原因，而不是控制行动结果，这也是前馈控制在现代化管理中的一个很重要的特点。

（二）按控制的来源划分

1. 正式组织控制

正式组织是为了实现某一共同的目标而明确规定各成员之间职责范围的一种结构。正式组织控制是通过管理者设计和建立起来的机构或规定来进行控制。例如，组织可以通过规划指导组织成员的活动，通过预算来控制消费，通过审计来检查各部门或各成员是否按照规定进行活动，对违反规定或操作规程者给予处理，等等，这些都是正式组织控制的范畴。正式组织控制相对于群体控制和自我控制而言，具有更多的刚性和强制性。正式组织控制的内容通常包括如下 5 个方面。

① 实施标准化，即制定统一的规章、制度、标准的工作程序及生产作业计划等。

② 保护组织的财产不受侵犯，如防止偷盗、浪费等。这包括设备使用记录、审计作业程序及责任的分派等。

③ 质量标准化，包括产品的质量及服务的质量，主要采取的措施有对员工的培训、工作检查、质量控制和激励政策。

④ 防止滥用权力。这可以通过制定明确的权责制度、工作说明、指导性政策、规则及严格的财务制度来完成。

⑤ 对员工的工作进行指导和考核。这可以通过评价系统、产品报告、废品消耗、对员工工作进行直接观察和指导等方式来完成。

2. 群体控制

群体控制是由非正式组织发展和维持的。非正式组织是相对于正式组织而存在的，但它并不是由正式组织建立的，而是由于人们相互联系而自发形成的个人和社会关系的网络，成员之间以共同的感情、爱好和价值观为纽带。群体控制就是基于成员之间不成文的价值观念和行为准则进行的控制。非正式组织尽管没有明文规定的行为规范，但是组织中的成员都十分清楚这些规范的内容，都知道如果自己遵守这些规范，就会得到其他成员的认可，可能会强化自己在非正式组织中的地位；如果违反这些行为规范就会遭到惩罚。群体控制在某种程度上左右着员工的行为，处理得好有利于达成组织目标；如果处理不好将会给组织带来很大的危害。

3. 自我控制

自我控制是指个人有意识地去按某一规范进行活动。自我控制能力取决于个人本身的素质。例如，一个员工不愿把企业的东西据为己有，可能是因为他具有诚实廉洁的品质。具有良好修养的人一般具有较强的自我控制能力，顾全大局的人比看重个人局部利益的人具有较强的自我控制能力，具有较高层次需求的人比具有较低层次需求的人具有较强的自我控制能力。

正式组织控制、群体控制和自我控制有时是相互一致的，有时又是相互抵触的。这取决于组织对其成员的教育和吸引力，或者说取决于组织文化。有效的管理控制系统应该综合利用这三种控制类型，并使它们尽可能和谐，防止它们互相冲突。

(三)按控制的手段划分

1. 间接控制

间接控制是以一些事实为依据的,即人们常常会犯错误,或常常没有觉察到那些将要出现的问题,因而未能及时采取适当的纠正或预防措施。因此,间接控制着眼于发现工作中出现的偏差,分析其产生的原因,并追究管理者个人的责任,使之改进未来的工作。

在实际工作中,管理人员往往是根据计划和标准,对比或考核实际的结果,研究造成偏差的原因和责任,然后才去纠正。实际上,在工作中产生偏差的原因有很多。比如在康养旅游企业管理中,对客人服务的标准如果不正确的话,是可以做出合理的修改的;或者针对一些社会突发状况如疫情等,企业也可以做出合理的修订。

但是,间接控制存在许多缺点。最明显的是,间接控制是在出现了偏差,造成了损失之后才采取措施的,因此其付出的代价比较大。

2. 直接控制

直接控制是指管理者通过行政命令的手段对控制对象直接进行控制的一种形式。实现直接控制的关键是对施控人员的精心选择和有针对性地培养。因为工作能力强和综合素质高的施控人员在控制过程中将会不犯错误或少犯错误,控制效果将是高质量的。

进行直接控制有许多优点。首先,在直接控制中,对施控人员的优缺点有比较全面的了解,在对个人委派任务时能有较高的准确性;同时,为使管理人员合格,对他们经常进行评价,并进行专门的培训,能消除他们在工作中暴露出的缺点及不足。其次,直接控制可以及时采取纠正措施并使其更加有效。它鼓励用自我控制的方法进行控制。在对人员进行评价过程中会暴露出工作中存在的缺点,因此会促使管理人员更加努力地担负起职责并自觉地纠正错误。再次,由于提高了管理人员的素质,减少了偏差的发生,可以减轻损失,节约开支。最后,直接控制可以获得较好的心理效果。管理者的素质提高后,其自信心和威信也会得到提高,下级也会更加支持他们的工作,这有利于整体目标的顺利实现。但需要注意的是,采用直接控制方法是有条件的。管理人员必须对管理的原理、方法、职能及管理的哲理有充分的理解。虽然这些不容易做到,但不是不能做到,管理人员可以通过进修、实际经验的积累、上级的严格要求和精心指导等途径使自己的素质得到提高。

二、控制的方式

控制方式,是指管理者在对控制对象实施控制的过程中所采用的方式方法和手段。从总体上而言,根据控制主体的不同,可分为两大类控制方式:传统的控制方式(组织控制方式)和基于责任感的控制方式(自我控制方式)。本任务只介绍传统的控制方式。

传统的控制方式通常是以某种方式从外部施加影响来保持员工的行为协调一致。组织中最常见的传统控制方式按控制对象的不同,可分为资金(财务)控制、时间控制、数量和质量控制、安全控制、人员行为控制和信息控制。

(一)资金控制

一个组织中业务活动的开展,几乎都伴随着资金的流动,因此管理控制中最广泛运用的一种方式就是资金(财务)控制。财务控制通过对一个组织中资金流动状况的监督和分析,对组织中各个部门、人员的活动和工作实施控制。最常见的财务控制方法有预算控制、会计稽核或审计、财务报表分析等。

预算控制是一种以货币和数量表示的计划,是关于为完成组织目标和计划所需资金的来源和用途的一项书面说明,包括收支预算、投资预算、现金预算、总预算等。会计稽核或审计是通过对财务成本计划和财务收支计划的审查,以及对会计凭证和账表的复核,及时发现会计中存在的问题。财务报表是用于反映组织期末财务状况和计划期内的经营成果的数字表。几乎所有的组织都会使用的最基本的财务报表是资产负债表、现金流量表和损益表。

(二)时间控制

时间是一种重要的资源,从某种意义上来说,时间是比人、财、物等更加重要的资源。任何组织的活动都是在一定的时间内进行的,对时间进行控制的目的是使组织对其实现目标过程中的各项工作做出合理的安排,以求按期实现组织目标。

时间控制的关键是确定各项活动的进行是否符合预订时间表的时间安排。在时间控制中,甘特图和网络图是常用的工具,它们都有助于物资、设备、人力在指定的时间内到达预订的地点,使之紧密地配合以完成任务。

(三)数量和质量控制

控制数量以满足生产和服务的需要,是每个管理者都十分重视的问题。管理人员只有心中有"数",才能综观全局。

控制数量和质量,关键是要事先确定控制的数量和质量标准。标准是衡量实际业绩的尺度,应合理且被大家所接受。数量控制标准的制定可通过动作分析和时间研究、过去的经验、同业的资料比较等来确定,质量标准则可从工作需要和顾客价值出发来确定。

质量和数量是一个问题的两个方面,对数量的控制很重要,但其前提是要有一定的质量水平。次品是不能计入产品产量的。没有质量也就没有数量,没有质量也就没有效益,粗制滥造,必然废品成堆,造成产品积压、经济亏损。

加强质量控制是一项非常费时费力的工作。随着影响质量的因素的复杂化,提高质量需要组织中每个成员、每项工作的配合,因此在质量控制过程中,必须实行全员参加的全面质量管理。努力提高全体人员的责任心和工作能力,树立认真负责、用户至上、质量第一的风气,建立质量经济分析制度,开展质量管理小组活动等,这些对于加强质量控制都是十分必要的。

(四)安全控制

安全控制包括人身安全、财产安全、资料安全等内容,由于直接关系到生命和财产的保障、组织的前途,因此安全控制也是组织控制的一个重要方面。

1. 人身安全控制

人身安全控制的核心是控制各种工伤事故和职业病的发生。在我们的社会财富中,人是最宝贵的,作为管理者有责任保证组织成员的人身安全。为此要努力创造安全的工作环境,建立定期体检制度,设置安全控制保护系统,采取措施消除可能产生不安全的各种隐患;要加强对全体人员的安全教育,使之遵守安全操作方法;对于已发生的事故,应做好调查和记录工作,深入分析原因,防止再犯。

2. 财产安全控制

组织中的各种财产是组织各项工作得以开展的物质保证,对于组织中的各种物资要进行妥善的保管。要建立适当的保管制度,根据不同物资的特性确定不同的保存要求,防止变质、丢失、火灾等事故的发生;要建立警卫制度,对保存有重要物资的部门设置安全门、警灯等系统及其他警备设施;要建立检查制度,定期或不定期地清点各类物资,做到账物相符,并检查各种设备是否保持在正常状态以便在需要时能及时投入使用。

3. 资料安全控制

各种文件、资料、档案、数据库,都是组织历史、商业情报和组织知识的记录,对于组织工作和各类问题的处理极为有用。有些资料在不同的时期对不同的组织成员具有一定的机密性,或因为时机不成熟不宜公开,或因可能产生副作用而需加以保密,或因竞争需要而需实施封锁。因此,对于各种文件档案资料均应建立制度,力求妥善地加以保管。有些资料对知道的人来讲似乎微不足道,而对想了解的人来讲则可能是举足轻重的,由于思想麻痹、言行随便而泄露机密,会造成许多意想不到的损失。因此,组织中的各级人员都要加强资料的安全控制。

（五）人员行为控制

控制工作从根本上来说是对人的控制，因为任何组织活动的开展都有赖于员工的努力，其他方面的控制也都要靠人来实行和推动。怎样选择员工和怎样使员工的行为更有效地趋向于组织目标，涉及对员工行为的控制问题。由于人的行为是人的价值观、性格、经验、社会背景等多种因素综合作用的结果，而这些因素本身又很难用精确的方法加以描述，这就使对员工行为的控制成了控制中最复杂困难的一部分。在员工行为控制中经常用到的控制方法是理念引导、规章约束和各种工作表现鉴定方法。

文化理念表明了一个组织对组织运作过程中所涉及的各个方面的主张和组织的共同价值观，明晰和强化企业文化理念，有助于引导员工的思想趋向于组织所希望的方向。

规章制度规定了一个组织中员工必须遵守的行为准则。不论是上班迟到还是工作不尽力，都会影响组织目标的实现，正因如此，绝大多数组织都建立了一整套的规章制度，表明组织可以接受的限度并认真考核员工遵守规章制度的情况。

对员工的工作表现定出标准，定期鉴定，并根据鉴定结果进行奖惩，是组织中最重要的控制手段之一。

（六）信息控制

任何组织的活动在现实中一般表现为三种运动方式，即物流、资金流和信息流。通过掌握和控制信息，可以掌握和控制物流和资金流状况，分析物流和资金流的运动规律，从而实现对物流和资金流的控制。同时，信息也是决策的基础。在传统的控制方式中，往往需要专门的数据分析人员通过对大量数据的人工处理来获得有用的信息，而现代信息技术的发展，使数据收集、处理、分析、存储、查询等变得格外便利，从而使基于计算机信息系统的信息控制越来越成为现代组织的重要控制方式之一。

尽管没有一个公认的关于管理信息系统的定义，但我们可以将管理信息系统定义为采集数据并将其转换成能够经常为管理层提供所需信息的系统。从理论上而言，这种系统可以是基于手工的，也可以是基于计算机和互联网的。

一个合格而实用的管理信息系统，应具备以下的基本条件：系统的建立应有助于组织目标的实现，所提供的信息必须是准确和高质量的，信息处理和传递必须及时，系统运行安全稳定可靠。

在经营全球化时代，距离的增加导致行为控制的难度增加，而且事实上管理者也并不能仅仅依靠外部的控制来保持员工的工作协调有序。随着人们生活富裕后对工作的目的和态度的改变、信息技术的发展所带来的运营信息透明化程度的提高，以及在复杂多变的环境中员工越来越多地得到管理者的授权，基于责任感的控制方式在现代社会得到了越来越多的重视。

基于责任感的控制方式通过员工的责任感和自我控制来保持对事务的控制。它强调的是自我控制，前提假设是员工自己想要正确地工作。管理者通常通过激励方法的使用、正确的信仰和价值观的倡导、员工责任感的建立来培养自我控制、用"自我管理团队""免检岗位""××工作室"和阿米巴经营体等方法来落实。受到高度激励的员工通常会更自觉地做好他们的工作；当员工树立了"每件事都要做到最好"的价值观时，他在工作中也一定会尽力往"做得最好"的方向努力；当员工确实感受到公司的使命就是自己的使命，或拥有一个团结协作的团队时，员工也会自觉地努力工作。

任务思考

1. 在现代组织管理中，为什么要加强控制？
2. 常见的控制方式有哪些？
3. 常见的控制类型有哪几种，它们又各适用于什么？
4. 控制的基本流程是哪几步？

项目总结

在管理实践中，任何组织，不论决策多么正常，组织机构多么科学合理，也难以确保组织所有的活动都按计划进行。在实际工作中，由于外部环境的变化和组织内部因素的影响，计划的实际执行情况和计划标准之间总会出现或多或少不一致的地方，因此，为了能实现组织目标，提高组织的有效执行力，就必须建立科学完善的控制系统，强化组织的控制职能。

项目实践

带领学生到当地的康养旅游企业进行调研，每个团队完成一份关于企业管理现状与分析的调研分析报告。

项目七

康养旅游管理的方法分析

项目导读

通过本项目的学习，在知识上，要求学生熟悉康养旅游企业激励、沟通、战略分析的概念，熟悉康养旅游企业采用的激励与沟通的方法。理解并掌握康养旅游企业战略分析的类型、优缺点及适用情况，会进行康养旅游企业的战略分析。在能力上，会根据康养旅游企业的运营目标和运营环境，进行不同企业的战略分析与比较。在素质上，培养康养旅游企业管理者激励、沟通的基本素养和企业发展战略把握的能力。

思维导图

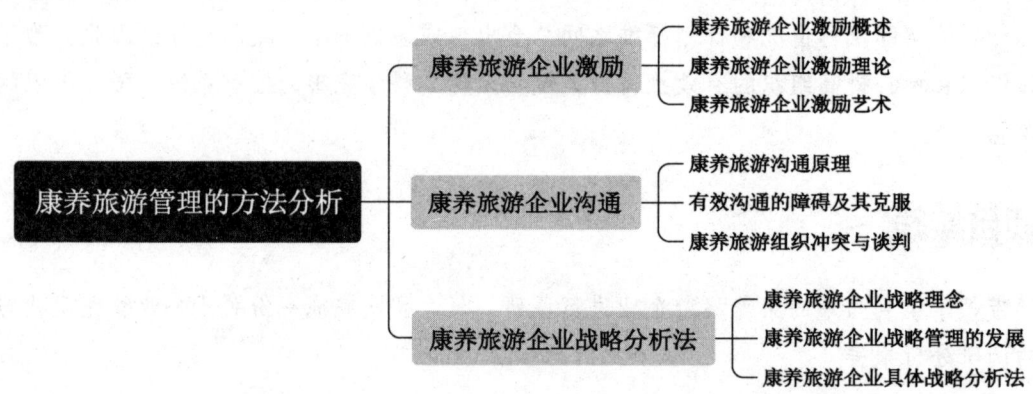

案例导入

"减员"的"增效"问题

为积极响应党的二十大精神，很多旅游企业调整经营战略，寻求新的发展方向，在调整与转型的过程中遇到不少现实问题。

贾某是某市某康养酒店的房务部经理，一次在全市康养旅游饭店的联谊会上，偶遇本市某大饭店的餐饮部经理葛某，他们一见如故，非常投缘，于是就有了以下这些交谈。

贾某：葛经理，好久不见，怎么样，最近生意如何？

葛某：不怎么样，比起前两年差多了！

贾某：是吗，怎么会这样呢？

葛某：这都是"减员增效"闹的。去年我们饭店进行了转型，紧接着进行"减员增效"，把餐饮部的员工从90人减到了60多人，导致客人来了没有服务员招呼，客人点的菜来不及做……客人投诉率大幅度升高，可是我们只能干着急没办法。就这样，客人都跑了，生意越来越差。

贾某：现在饭店之间的竞争这么激烈，生意真的是很难做。那你们总经理在搞"减员增效"的时候就没考虑过你们部门的实际情况吗？

葛某：总经理说了，不能搞特殊化，全饭店的员工必须裁员三分之一，餐饮部也不例外，我还能说什么呢？

贾某：我看这就是一股风！现在有一些饭店的总经理，根本不做调查分析，不管是不是有人可以减，也不管减人的后果，反正就是跟风，你减我也减，先减了再说。

葛某：是啊，而且这样强行摊派，硬性命令，让我们很难操作。有的部门在决定"减员"的过程中，甚至采用抓阄的做法。这样的结果，往往是减了不该减的人，而饭店的一些服务能手、管理骨干看到这种局面，也纷纷跳槽，引起了人才的大量外流。所谓的"优化组合"，实际上变成了一句空话。

贾某：那真是太可惜了，想当年你们的生意可真是红火呀。

葛某：今非昔比了。你看现在我们留下的员工，心里也不踏实，安全感、稳定感和忠诚度也大不如前了。

贾某：我看，也不能讲"减员增效"没有一点好处。我们的康养旅游饭店与外资饭店相比，应该有很大的"减员"空间，如果操作得好的话，是能够提升饭店效益的。我听说，本市的蓝天大酒店就在这方面做得很成功。你们饭店在"减员增效"上比较失败，肯定是某些方面出了问题。

贾经理的最后一句话，让葛经理陷入了沉思。

> **问 题**
>
> 1. 从战略理念和创新理念的角度来看，"减员"能否真正"增效"呢？
> 2. 以当地的一家康养旅游企业为例，分析该企业的经营战略。

学习任务一
康养旅游企业激励

任务目标

工作本身就是一种报酬

一位硕士研究生毕业后,在北京一家康养旅游公司找到了工作。但入职后发现,周围的八位同事中,有六名是硕士,两名是博士,他没有任何优势,做了一些事务性工作,后来他离开公司,努力考取了博士。

取得博士学位后,来到沿海经济特区求职,很多用人单位抢着要他,有一家私营康养旅游公司开价最高,博士很满意,决定去这家企业工作。公司老板十分尊重人才,博士很感动,决心要为企业贡献自己的才华。

经过一段时间的磨合,博士发现,老板从来不用他实实在在地工作,经常拉他去交朋会友,消费休闲,而且总不忘介绍博士的身份。博士花了数月时间,对所在企业进行全面考察,写出了一份厚厚的《企业未来发展规划》,老板却全无兴趣。

终于有一天,博士向老板递交了辞呈。老板很奇怪:我给你的报酬还不够吗?博士给老板讲了一个小故事:英国有位大科学家叫法拉第,被推选进皇家科学院。知情人告诉他,在那里工作是十分劳累的,而报酬却相当少。法拉第却说:工作本身就是一种报酬。

(引自《管理学故事会》)

思 考

通过本任务的学习,了解康养旅游企业激励的概念,掌握康养旅游企业常用的激励方法,并思考现代康养旅游企业应如何激励员工?

资料链接

康养旅游企业
激励的四种方法

> 任务操作

一、康养旅游企业激励概述

（一）康养旅游企业激励的概念

在康养旅游企业与组织中，管理者所做出的决策，最终要通过康养旅游组织执行者来执行，那么康养旅游企业管理者不但要让执行者按照确定的工作目标去展开工作，而且还要保证在执行者选择了正确的工作目标以后，以一个积极的态度去开展工作。我们都知道积极工作和消极怠工的差异是巨大的。如何激励执行者积极工作，这是本任务要解决的基本问题。

通常认为，激励的本质是激发动机。心理学家认为，人的一切行为都是由动机支配的，动机驱使人们向满足需求的目标前进。激励过程就是一个由需要开始，到需要得到满足为止的连锁反应。当人的需要未得到满足时，心理状态会紧张不安，在遇到能够满足需要的目标时，紧张不安的心理就转化为动机，目标达到后，紧张不安的心理状态就会消除。随后，又会产生新的需要，引起新的动机和行为。这就是激励的过程。

可见，激励实质上是以未满足的需要为基础，利用各种目标激发产生动机，驱使和诱导行为，促使实现目标、满足需要的连续心理和行为过程，康养旅游企业中的每个人都需要激励。

（二）康养旅游企业激励的作用

激励的作用可以通过员工的行为表现及效果来进行推断和测定。人们的行为表现和行为效果在很大程度上取决于他们所受到的激励程度，激励程度越高，人们的行为表现越积极，行为效果也就越好。康养旅游企业管理者应高度重视激励问题。

1. 有利于激发和调动员工的积极性

激励的核心在于调动人的积极性。积极性是员工在工作时一种能动的、自觉的心理和行为状态，它可以充分释放员工的能力，并产生积极主动的行为，如提高工作效率、提升服务态度等。

2. 有助于统一员工个人目标与组织目标，提高主动性和创造性

个人目标及个人利益是职工行为的基本动力，一般情况下，个人目标与组织目标并不是完全一致的，当二者发生背离时，个人目标往往会干扰组织目标的实现。激励的作用就

是引导个人目标统一于组织目标,促使个人目标与组织目标的共同实现,充分发挥员工的主动性和创造性。

3. 有助于增强企业凝聚力,促进内部协调统一

任何企业内部都有各种个体、群体存在,为保证企业有效、协调地运转,就要运用各种激励的方法,分别满足他们多方面的理性需要,以鼓舞士气、协调关系、增强凝聚力,促进各部门、各单位之间的密切协作。

4. 有助于开发人力资源潜力

心理学认为人的潜力是巨大的,美国心理学之父威廉·詹姆斯(William James)在对员工的研究中发现,按时计酬的员工其能力仅能发挥 20%~30%;而受到激励的职工,其能力可发挥 80%~90%。其中 50%~60% 的差异是由激励产生的。也就是说,同一个人在通过充分激励后所发挥的作用相当于激励前的 3~4 倍。

二、康养旅游企业激励理论

自 20 世纪二三十年代以来,管理学领域出现了多种激励理论,这些理论可分为三大类,即内容型激励理论、过程型激励理论和行为改造型激励理论。

(一)内容型激励理论

内容型激励理论着重研究需要的内容、结构及如何推动人们行为的理论。它是激励的起点和基础,其中代表性的理论有需要层次理论、双因素理论、获取需求理论和 ERG(生存、相互关系和成长发展)理论等。其中,前两种理论前文已有介绍,因此此处只介绍后两种理论。

1. 获取需求理论

哈佛大学戴维·麦克利兰(David McClelland)从 20 世纪 40 年代开始对人的需求和动机进行研究,并得出了一系列重要的研究结论。麦克利兰的获取需求理论主要关注三种需求,即成就、人际关系、权力。

(1)成就需求

具有高度成就需求的人有强烈的成功愿望,敢于承担责任;渴望将事情做得更为完美,获得更大的成功;不看重成功所带来的物质奖励;喜欢设立具有适度挑战性的目标;喜欢对他们怎样进行工作的情况得到明确而迅速的反馈;喜欢长时间地工作;喜欢独当一面。他们对待风险的态度是比较现实的,他们不是靠运气来获得成功的赌徒。

（2）人际关系需求

追求人际关系的人喜欢与人沟通，并希望与别人建立友善的关系，并尽量避免因被某团体拒绝而带来痛苦。这类人的特征是经常关心和寻求维持融洽的社会关系，在社团活动的亲密与了解中得到乐趣，并乐于帮助和安慰危难中的伙伴。高人际关系的需求者渴望友谊，喜欢合作而不是竞争的工作环境，喜欢彼此之间的沟通与理解，他们对环境中的人际关系更为敏感。

（3）权力需求

追求权力的人渴望能够影响别人、控制别人的行为，喜欢支配、影响他人，喜欢对别人"发号施令"，注重争取地位和影响力，也希望受到别人的赞许。对权力怀有高度需求的人，最基本的特征是竭力向往影响和操纵控制他人，而且自己具有强烈的不愿受他人控制的欲望。

麦克利兰通过大量广泛的研究，可以在成就需求和工作绩效的关系基础上得出一些有相当可信度的预言。尽管对人际关系需求和权力需求的研究较少，但也得出了一些一致性的发现。

① 具有高成就需求的人更喜欢具有个人责任、能够获得工作反馈和适度的冒险性的环境。不少证据表明，高成就需求者在创造性活动中更容易获得成功。例如经营自己的公司，管理大组织中的一个独立的部门等。

② 高成就需求的人不一定就是一个优秀的管理者，高成就需求者感兴趣的是他们自己如何做好，而不是如何影响其他人做好。

③ 人际关系需求和权力需求与管理者的成功有密切关系。最优秀的管理者有低人际关系需求和高权力需求。这种观点认为，一个人在组织中的位置越高，权力动机就越强。结果是，有权力的职位会成为高权力动机的刺激因素。

④ 如果工作需要高成就寻求者，管理者就可以选拔具有高成就需求的人，也可以通过成就培训来开发原有的下级。

2. ERG 理论（生存、关系和成长理论）

美国耶鲁大学的克雷顿·奥尔德弗（Clayton Alderfer）重组了马斯洛的需要层次理论，使之和实证研究更加一致，经他修改的需要层次称为 ERG 理论。

奥尔德弗认为有三种核心需要：生存（existence）、相互关系（relatedness）和成长发展（growth），因此称为 ERG 理论。第一种生存需要涉及满足我们基本的物质生存需要，包括马斯洛称为生理需要和安全需要的这两项。第二种相互关系需要，包括马斯洛的社会需要和尊重需要中的外在部分。第三种成长发展需要，包括马斯洛的尊重需要的内在部分和自我实现需要的一些特征。

除此之外，相较于需要层次理论，ERG理论还证实了多种需要可以同时存在；如果高层次需要不能得到满足，那么满足低层次需要的愿望会更强烈。ERG理论还包括挫折—倒退维度。ERG理论与我们关于个人差异的常识更一致。诸如教育、家庭背景和文化环境这样的变量可以改变个体拥有的一组需求的重要性或驱动力量。有证据表明，不同文化中的人对需要种类的排列顺序是不同的，这与ERG理论是一致的。一些研究证实了ERG理论，但也有证据表明这种理论在一些组织中是不适用的。总之，无论如何，ERG理论代表了关于需要层次的一种更为有效的观点。

总之，ERG理论像马斯洛的需要层次理论一样，认为较低层次需要的满足会带来满足较高层次需要的愿望；但是同时也认为多种需要作为激励因素可以同时存在，并且满足较高层次需要的努力受挫会导致倒退到较低层次的需要。

（二）过程型激励理论

过程型激励理论着重研究人们选择其所要进行的行为的过程，即研究人们的行为是怎样产生的，是怎样向一定方向发展的，如何能使这个行为保持下去，以及怎样结束这个行为。它主要包括维克托·弗鲁姆（Victor Vroom）的期望理论和约翰·亚当斯（John Adams）的公平理论。

1. 弗鲁姆的期望理论

广泛被人们接受的对激励的一种解释是弗鲁姆的期望理论。尽管其也有批评意见，但大多数研究支持这个理论。弗鲁姆的期望理论旨在预测员工花在工作上的努力或通过解答"为什么不同员工花在工作上的努力有所不同"这一问题，使管理人员懂得怎样激励下级。

期望理论认为，只有当人们预期到某一行为能给个人带来有吸引力的结果时，个人才会采取这一特定行为。具体而言，影响员工花在工作上的努力有3点因素。

① 员工对付出努力后可以达到理想工作表现的预期。
② 员工对达到理想工作表现后可得到各种报酬的预期。
③ 员工对各种奖赏的价值观。

期望理论预测员工所付出的努力是由上述因素共同决定的，而且这些因素缺一不可。期望理论有助于解释为什么许多员工在工作中没有受到激励而只求得过且过，这个理论提出的三项关系是使员工的激励水平达到最大化必须回答的问题。

期望理论对康养旅游企业安全管理具有启迪作用，它明确地提出员工的激励水平与企业设置的目标效价和可实现的概率有关。

首先，康养旅游企业应重视安全生产目标的结果和奖酬对职工的激励作用，既充分考虑设置目标的合理性，增强大多数职工对实现目标的信心，又设立适当的奖金定额，使安全目标对职工有其正向的吸引力。

其次，要重视目标效价与个人需要的联系，将满足低层次需要（如发奖金、提高福利待遇等）与满足高层次需要（如加强工作的挑战性、给予某些称号等）结合运用，同时通过宣传教育引导员工认识安全生产与其切身利益的一致性，提高职工对安全生产目标及其奖酬效价的认识水平。

最后，企业应通过各种方式为职工提高个人能力创造条件，以增加职工对目标的期望值。

2. 亚当斯的公平理论

由亚当斯的公平理论得出，人总爱比较，并且期望得到公平的待遇。假如比较的结果是不公平的对待，这种不公平的感觉便会成为一种动力，使人改变自己的思想或行为，目的是使比较结果变得较为公平。

公平理论指出，人不会单单将自己的成果或报酬与别人的成果或报酬进行比较，而是会同时比较双方得到的报酬与付出的贡献的比例，即员工把自己的投入和产出与其他人的投入和产出进行比较。也就是说，当一个人做出成绩并取得了报酬以后，他不仅关心自己所得报酬的绝对量，还关心自己所得报酬的相对量。因此，他要进行种种比较来确定自己所获报酬是否合理，比较的结果将直接影响今后工作的积极性。亚当斯认为，奖励与满足的关系不仅在于奖励本身，还在于奖励的分配上。个人会自觉或不自觉地将自己的付出与所得的报酬同心目中的参照系进行比较。人们通过这种横向比较和纵向比较来判断其所获报酬的公平性。报酬还包括晋升机会、假期、各种津贴。贡献则包括时间、精力、经验和能力等，但这些因素的重要性在于工作表现，因此，工作表现便成为比较的贡献因素。

基于亚当斯的公平理论，当员工感到不公平时，会采取以下 6 种选择中的一种。

① 改变自己的投入。
② 改变自己的产出。
③ 改变自我认知。
④ 改变对其他人的看法。
⑤ 选择另一个不同的参照对象，得出"比上不足，比下有余"的结论。
⑥ 离开工作场所，如辞职。

公平理论第一次把激励和报酬的分配联系在一起，说明人是要追求公平的，从而揭示了现实生活中的许多现象。康养旅游企业管理者在激励工作中不应用孤立的眼光看待某个人，而应该考虑其参照对象，充分运用公平理论的原理。

（三）行为改造型激励理论

行为改造型激励理论着重解决如何才能更好地改造和转变人的行为的问题，主要的行为改造型激励理论有伯尔·赫斯·斯金纳（Burrhus Skinner）的强化理论、弗里茨·海德

（Fritz Heider）的归因理论和亚当斯的挫折理论。

1. 斯金纳的强化理论

强化理论，也叫行为矫正理论，是由美国哈佛大学教授、心理学家斯金纳提出来的。此理论认为，人的行为具有有意识条件反射的特点，既可以对环境起作用，又受到环境变化的影响。因此，当有意识地对某种行为进行肯定强化时，可以促进这种行为重复出现；对某种行为进行否定强化时，可以修正或阻止这种行为的重复出现。这样，人们可以用这种正强化或负强化的办法来影响行为的后果，从而修正其行为。根据这一原理，采用不同的强化方式和手段，可以达到有效激励员工积极行为的目的。

（1）正强化，又称积极强化

当人们采取某种行为时，能从他人那里得到某种令其感到愉快的结果，这种结果反过来又成为推进人们趋向或重复此种行为的力量。例如，企业用某种具有吸引力的结果，如奖金、休假、晋级、认可、表扬等，以表示对员工努力进行安全生产的行为的肯定，从而增强员工进一步遵守安全规程进行安全生产的行为。

（2）负强化，又称消极强化

负强化是指通过某种不符合要求的行为所引起的不愉快的后果，对该行为予以否定。若员工能按所要求的方式行动，就可减少或消除令人不愉快的处境，从而也增大了员工符合要求的行为重复出现的可能性。例如，企业安全管理人员告知工人不遵守安全规程，就要受到批评，甚至得不到安全奖励，于是工人为了避免此种不期望的结果而认真按操作规程进行安全作业。

惩罚是负强化的一种典型方式，即在消极行为发生后，以某种带有强制性、威慑性的手段，如批评、行政处分、经济处罚等，给人带来不愉快的结果，或者取消现有的令人愉快和满意的条件，以表示对某种不符合要求的行为的否定。

（3）自然消退，又称衰减

自然消退是指对原先可接受的某种行为强化的撤销。由于在一定时间内不予强化，此行为将自然下降并逐渐消退。例如，企业曾对员工加班加点完成生产定额给予奖励，后经研究认为，这样不利于员工的身体健康和企业的长远利益，因此不再发给奖金，从而使加班加点的员工逐渐减少。

2. 海德的归因理论

归因理论是美国心理学家海德首先提出的，后由美国斯坦福大学的罗斯（Rose）等人加以发展。目前，归因理论的研究着重在两个方面：一方面是把行为归结为外部原因还是内部原因，另一方面是人们获得成功或遭受失败的归因倾向。人们的行为获得成功还是遭受失败可以归因于四个要素：努力程度（相对不稳定的内因）、能力大小（相对稳定的内因）、任务难度（相对稳定的外因）及运气和机会（相对不稳定的外因）。这四个因素可以按以下3个方面进行划分。

① 内因或外因：努力和能力属于内因，任务难度和机遇属于外因。

② 稳定性：能力和任务难度属于稳定因素，努力和机遇属于不稳定因素。

③ 可控性：努力是可控因素；能力在一定条件下是不可控因素，但人们可以提高自己的能力，这种意义上的能力又是可控的；任务难度和机遇是不可控的。

人们把成功和失败归因于何种因素，对以后的工作态度和积极性有很大影响。例如，把成功归因于内部因素，会使人感到满意和自豪；归因于外部原因，会使人感到幸运和感激。把失败归因于稳定因素，会降低以后工作的积极性；归因于不稳定因素，可能会提高以后工作的积极性。

归因理论给管理者很好的启示，即当下级在工作中遭受失败后，如何帮助他寻找原因，引导他继续保持努力行为，争取下一次行为的成功。

3. 亚当斯的挫折理论

挫折理论是由美国心理学家亚当斯提出的，挫折理论主要揭示人的动机行为受阻而未能满足需要时的心理状态，并由此而导致的行为表现，力求采取措施将消极性行为转化为积极性、建设性行为。挫折理论研究管理者应如何针对员工遇到的挫折采取相应措施，引导员工行为，走出挫折阴影，积极努力地对待工作。

挫折理论对康养旅游企业的管理工作实践有较强的实用价值，作为管理者应耐心细致地帮助受挫折者分析挫折原因，及时给予他们关心、劝慰和鼓励，使他们重新振作精神，以利再战；当受挫折者的行为不理智时，要有容忍的态度，弄清事实真相，先缓解挫折因素，再分析他的防卫机制，以理服人；对犯错误的员工要创造一种情境，使他们感受到集体的温暖，感到自己不会受到集体的排斥，可以成为集体的成员；也可采取精神发泄方法或谈心活动等，使受挫折者自由表达他们受压抑的情感，从而摆脱阴影，由紧张情绪回到理智状态等。

三、康养旅游企业激励艺术

激励是管理手段，是艺术的科学，更是科学的艺术。激励艺术是领导者在率领团队实现组织目标时给予团队成员的巨大动力，这一动力能够极大地鼓舞团队成员的工作热情和创造精神，加速组织目标更好地实现。

（一）康养旅游企业激励的原则

不同的激励理论从需要动机和行为各个环节研究激励方法，对设置激励目标及引导修正人的行为提出不同的内在要求；被激励对象的个人经历、受教育程度、性格优点、心理状态、对周围环境的反应都不同。一种激励理论不能适用于所有人，激励方法也因人而异。但不论采用何种激励理论或激励方法，都应遵循激励的一般原则。

1. 物质激励与精神激励相结合

简单地说，物质激励就是那些看得见、摸得着的激励，而精神激励是那些看不见也摸不着的激励。人既有物质上的需求，又有精神上的渴望，因此物质激励和精神激励都能对人们产生促进作用。对于不同的人，物质激励和精神激励的程度不同。不能放弃其中的任何一种激励，应该将两者结合起来，这样才能最大限度地提高人的积极性和创造性。

2. 长期激励与短期激励并存

长期激励的优点是使人们产生持久的动力，避免了短视行为，缺点是没有对人们的成绩给予及时肯定；而短期激励的优点是立竿见影，让人们时刻充满动力，缺点是为了获得短期利益人们可能不惜牺牲长远利益。长期激励能保持员工的稳定性，短期激励的成效更显著。因此，为了充分激发员工工作的积极性，应采取长期激励和短期激励相结合的方式。

3. 内在激励为主，外在激励为辅

根据双因素理论，外在因素指工作环境、待遇、地位等，内在因素包括工作的挑战性、实现目标的成就感、责任心、自我实现等。所谓的外在激励和内在激励就是指通过改善和提高这些内外因素而达到激发员工潜能的目的。

外在激励通常是看得见、摸得着的，优点是能让员工真实地感受到激励的成果，并且这些激励的成果也容易被其他人看到，但若要充分而持久地调动员工的积极性和创造性，管理者还必须针对员工的内在因素采取不同的激励措施，具体包括：安排有挑战性的工作，让员工独立承担相关工作的责任，充分授权，让员工参与集体的决策等。因此，康养旅游企业管理者在对员工实施激励时，应将外在激励和内在激励相结合，且应以内在激励为主、外在激励为辅。

4. 正激励与负激励相结合

不论是正激励还是负激励，都会对人们的行为产生影响，但二者影响的方式和产生的结果各有不同。

正激励是通过正面的方法和手段对员工进行鼓励和支持，让他们在原有的基础上取得更好的成绩。正激励的目的是引导员工朝好的方面发展。负激励则与正激励相反，它的前提是因为员工产生了不符合组织规范、制度或文化的行为，其目的是阻止或惩罚行为主体以使其回到正确的轨道上来，负激励的方式或方法一般都带有强制性，它能对组织的成员

起到警告和威慑的作用，容易挫伤人们的士气，甚至产生内部矛盾。康养旅游企业管理者应将正激励和负激励结合起来，并根据不同的环境灵活使用这两种激励，以达到最佳的管理效果。

5. 及时适度原则

激励的及时性要求管理者在尽可能短的时间内对员工的行为实施激励。激励的适度性指激励要准确，不可无功而赏或有功不奖，也不可小功大赏或大功小赏。在激励的过程中，要将及时性和适度性结合起来。不要为了追求速度而牺牲了准确性，或一味要求适度性而错过了最佳的激励时机，要尽量做到既快又准，把及时性和适度性完美地统一起来。

（二）康养旅游企业激励的方法

所有的激励理论都是就一般情况而言的，但每个员工都有自己的特性，他们的需求、个性、期望、目标等个体变量各不相同。因而，有效的激励必须通过适当的激励方式与手段来实现，必须针对员工不同的特点采用不同的方法。按照激励中诱因的内容和性质，可将激励方法大致划分为以下5类。

1. 工作激励

工作激励是指对员工委以恰当的工作，激发员工内在的工作热情，主要包括以下两方面的内容。

（1）工作的分配要能考虑到员工的特长和爱好

给员工分配适当的工作，首先要把工作的知识和能力要求同员工的自身条件结合起来。根据员工的特长安排工作就是要从"这个员工能做什么"角度来考虑问题。

（2）工作的分配要能激发员工内在的工作热情

分配适当的工作，不仅要使工作的性质和内容符合员工的特点，照顾到员工的爱好，还要使工作的要求和目标具有一定的挑战性，能真正激起员工奋发向上的精神。怎样才能使工作的分配达到激励的效果呢？一般认为应使工作的能力要求略高于执行者的实际能力。

2. 成果激励

成果激励是指正确评价员工的工作成果，合理给予报酬，形成良性循环，激发员工的积极性。工作报酬有两种：一种是物质上的，另一种是精神上的。物质上的报酬主要指工资或奖金；精神上的报酬主要指各种形式的表扬，或对工作结果不理想者的批评。

对员工来说，不论是物质上的，还是精神上的，报酬的作用都可以是两方面的。

① 通过报酬可以看出领导对自己这个阶段工作所做的评价，在某种意义上报酬也反映了自己在领导心目中的地位。

② 报酬的获得可以是员工进行工作的原动力。物质报酬可以供给员工去购买满足生理需要的生活用品，精神报酬可以满足员工的荣誉感需要。与此同时，员工还会自觉或不自觉地总结这项工作与获得报酬的经验，以决定下个阶段在工作中应采取什么样的态度和表现。也就是说，对工作结果的评价和报酬会影响员工下一循环的行为。

3. 批评激励

批评是管理者最常用的武器，大量违规行为和不良现象都可通过批评加以化解，批评不像罚款和行政处分那样"无情"，它通过批评者与被批评者的语言和感情的交流，帮助违规者认识错误，产生信心，改正错误，从深层次上起到激励作用，化消极因素为积极因素。

（1）明确批评目的

在进行批评之前，要明确批评的目的。在不同情况下，对不同对象进行的批评，可以有不同的目的。

（2）了解错误的事实

明确了批评的目的，还必须了解要批评的事实，才可正式进行批评。了解错误的事实，就是要知道错在何处，何时错的，如何发生的，何人做错的，为何会做错等。了解了错误的事实才可以在批评中有的放矢，才会使批评有说服力，不抽象笼统。

（3）注意批评方法

批评激励要注意对事不对人，注意选择适当的用语，在适当的场合和时间进行。

（4）注意批评的效果

注意批评的效果是指批评者在批评过程中和批评结束时，要了解批评对象是否明白了批评的目的，是否明白了应该如何去做，是否明白了错在何处，下次应该怎样才能避免再犯，还应注意批评后的检查。

4. 培训激励

通过教育和培训，提高下级的自身素质，从而增强他们自我激励的能力，也是领导者的一种激励手段。为了促进员工素质的提高、进取精神的增强，领导者应根据企业经营和员工个人特点有计划、有重点、有组织、有针对性地进行培训工作。

5. 自我激励

自我激励就是自己激励自己，是一种内在化的自觉激励。在现实生活中，每个人都有自己的追求、理想和抱负。为了实现自己的理想，人们会约束自己的行为，进行自我监督和控制。与一般的激励相比,自我激励的作用更大、效果更好,且激励的成本最小。如何进行自我激励呢?美国著名管理学家乔治·奥迪奥思(George Odios)给出了如下具体建议。

① 制定明确的目标,并为实现这个目标而不遗余力。明确的目标就是人们前进的方向,而不遗余力地努力则是前进的动力。

② 制定一些短期的目标和具体行动的方案,来逐步实现自己的长期目标。仅有长期目标是远远不够的,关键是要对目标进行分解并逐步完成和实现。

③ 每年学习或从事一项有挑战性的工作,学习成为一名管理者。不断的挑战能突破人的极限,充分激发人的潜能和斗志,让人们逐步走向成功。

④ 不断改进自己的工作,并使它始终处于变动状态。充分发挥自己的才智和想象力,提高自己的工作效率和生产率。

⑤ 培养自己的优势领域和核心竞争力。你的优势有多突出,在某种程度上就决定了你的贡献有多大,应尽量弥补和改善自己的短处,而发挥和利用自己的长处,成为自己领域的专家。

⑥ 不断地检查自己的目标是否已经实现。若已实现,可适当自我庆祝一下;若没有实现,应对自己的过去进行检查和审视,从自我反馈中得到新的动力。

任务思考

1. 任务总结

(1) 诊断结论

① 激励理论基础欠缺。

② 激励作用的认识有待进一步提升。

③ 激励方法运用单一。

(2) 对于有效激励的建议

① 了解影响员工行为动机及行为影响因素。

② 明确不同激励理论的产生背景及适用情况。

③ 根据康养旅游企业的具体情况进行激励方法的选择。

2. 任务训练题

(1) 名词解释

① 康养旅游企业激励。

② 获取需求理论。

③ 海德的归因理论。

④ 自我激励。

（2）思考题

① 激励理论主要有哪些？

② 基本的激励方法有哪些？

（3）应用与创新题

① 学习行为受哪些因素的影响？如何用激励理论对学习行为进行管理？

② 当员工感到自己的投入产出比与其他人比较时不相等，可能会出现什么问题？如何解决？

学习任务二
康养旅游企业沟通

任务目标

小组划分，每组以 8~12 人为宜。学生自行推选领导，拟定队名和口号。

游戏过程中任何人不准说话，沟通只能用纸条，一张纸条只能传递给一个人且只使用一次。不准越级指挥和越级汇报，同级间可以随意沟通。团队要求必须有董事长、总经理和成员三个层次，董事长和总经理座位必须单独分开各处一列，成员位置视空间自由安排。要完成的任务只有团队的董事长知道，他（她）将通过纸条信息传递来带领团队成员完成工作。最终任务完成者获胜。

任务

通过小组游戏任务，认识沟通的影响因素，掌握康养旅游企业沟通的基本方法，并能够处理康养旅游企业中出现的沟通障碍。

资料链接

沟通技巧-爱奇艺播放

一、康养旅游沟通原理

（一）沟通的概念

沟通也就是信息交流，是指将某一信息传递给客体，以期取得客体做出相应反应效果的过程。沟通包含以下 3 个含义。

1. 沟通是双方的行为，而且还有中介体

其中双方既可以是"人"，也可以是"机"，因而就有以下 3 种表现形式。

① 人与人之间的沟通。如主管人员（或下级）发出情报，通过联络人员进行组合编排、整理，然后传递给下级（或主管人员）。

② 人与机之间的沟通。将各种情况通过人或其他手段，将人的语言转变为机器的语言，使机器接收并执行，如自控车床。

③ 机与机之间的沟通。如电传打字机等。

在管理过程中各种信息的交流、沟通都是相互关联、不可分开的，所以通常把各种信息的交流过程看成是一个整体，称为管理信息系统。人机、机机之间的沟通属于工程学的内容，本任务主要讨论的是人与人之间的管理沟通系统。

2. 沟通是一个过程

完整的沟通过程包括 7 个环节。
① 沟通的主体，即信息的发出者或来源。
② 编码，指主体采取某种形式来传递信息的内容。
③ 媒体，或称沟通渠道。
④ 沟通的客体，即信息的接收者。
⑤ 译码，指客体对接收到的信息所做出的解释、理解。
⑥ 做出反应，也即体现出沟通效果。
⑦ 反馈。

沟通过程（见图 7-1）。

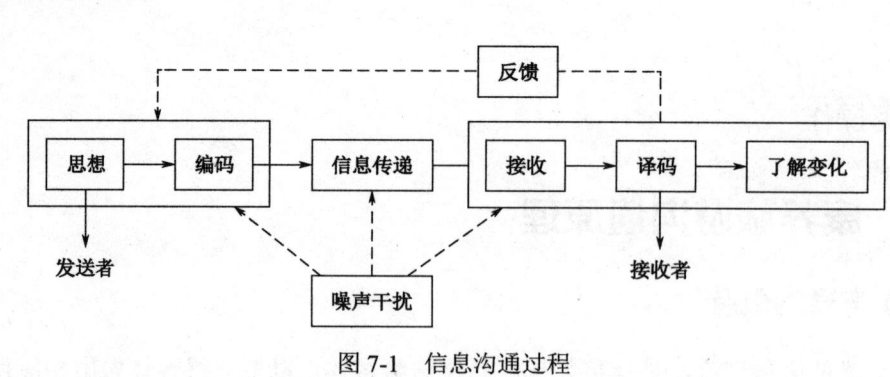

图 7-1　信息沟通过程

──────▶ 表示信息传递方向
┄┄┄┄▶ 表示信息反馈及噪声对信息的干扰

3. 编码、译码和沟通渠道是沟通过程取得成效的关键环节

沟通始于主体发出信息，终于得到反应。用语言、文字等表达的信息，往往含有"字里行间"和"言外之意"的内容，甚至还会造成"言者无意，听者有心"的结果。

（二）沟通的作用

在很大程度上，组织的整个管理工作都和沟通有关。在组织内部，有员工之间的交流、员工与工作团队之间的交流、工作团队之间的交流；在组织外部，有组织与客户之间的交流、组织之间的交流。一项研究表明，一个基层管理者工作时间的 20%～50%用于言语沟通，中高层管理者工作时间的 66%～87%用于面对面和电话形式的沟通。

一般来说，沟通在管理中具有以下六个方面的重要作用。

第一，沟通能够协调员工有效地工作，增强组织的凝聚力。组织中各部门和各职务是相互依存的，对协调的需要很高，而协调只有通过沟通才能实现。

第二，沟通有利于领导者激励下级，建立良好的人际关系和组织氛围，提高员工的士气。企业内部良好的人际关系离不开沟通，思想上和感情上的沟通可以增进彼此的了解，消除误解、隔阂、猜忌，使企业形成和谐的组织氛围。

第三，沟通是企业与外部环境之间建立联系的桥梁，能够加强组织与外部环境的联系，使组织更好地了解外部环境的变化进而做出相应的调整，更好地适应环境。

第四，沟通促进信息的流通和获取，有助于个人和组织做出正确的决策，增强判断能力。

第五，沟通有助于拓展员工的思维，提高员工的工作能力。个人拥有的知识、技能和经验往往会限制个人的思维和行为，通过与别人进行良好的沟通，可以从中获取更加全面的相关信息，改变原有的思维方式，提高工作能力。

第六，沟通有利于加强组织的文化建设，降低企业文化建设中的阻力，营造一种良好的、和谐的、积极向上的企业文化氛围。

(三)沟通的类型

1. 按照沟通方法划分

按照沟通方法划分有口头沟通、书面沟通、非语言沟通、电子媒介沟通等,这些沟通方式的比较见表 7-1。

表 7-1 各种沟通方式比较

沟通方式	举 例	优 点	缺 点
口头	交谈、讲座、讨论会、电话	快速传递、快速反馈、信息量很大	传递中的层次越多,信息失真越严重,核实越困难
书面	报告、备忘录、信件、文件、内部期刊、布告	持久、有形、可以核实	效率低、缺乏反馈
非语言	声、光信号、体态、语调	信息意义明确、内涵丰富、含义隐含灵活	传递距离有限、界限模糊,只能意会、不可言传
电子媒介	传真、闭路电视、计算机网络、电子媒介	传递快、量大、一份信息可以同时传递多人、廉价	信息交流对技术、网络依赖性强

2. 按照组织系统划分

(1) 正式沟通

正式沟通是通过组织明文规定的渠道所进行的信息传递与交流。正式沟通畅通无阻,组织的生产经营活动及管理活动才会井然有序;反之,整个组织将陷入紊乱甚至瘫痪状态。正式沟通的优点是正规、权威性强、沟通效果好,参与沟通的人员普遍具有较强的责任心和义务感,从而易保持所沟通信息的准确性及保密性。其缺点是对组织机构依赖性较强,容易造成速度迟缓,沟通形式刻板,如果组织管理层次多,沟通渠道长,容易形成信息损失。

(2) 非正式沟通

非正式沟通是指在正式沟通渠道以外信息的自由传递与交流。这类沟通主要是通过个人之间的接触来进行的,它不受组织监督,是由组织成员自行选择途径进行的。例如,员工私下交流、朋友聚会、工会组织的文娱活动、走访、传播谣言和小道消息等都属于非正式沟通。非正式沟通中能表露人们的真实想法和动机,还能提供组织没有预料的或难以获得的信息。与正式沟通相比,非正式沟通有以下特点。

① 信息传递速度较快。

② 信息比较准确。

③ 可以缓解工作压力,增进人际关系,更符合员工的实际需要。

④ 沟通效率较高。

⑤ 具有一定的片面性。

3. 按照信息传递方向划分

（1）上行沟通

上行沟通是指自下而上的沟通。在这个过程中，信息是由下级人员向上层管理者传递，如下级向上级反映意见、汇报工作、提出建议等。上行沟通是管理者了解下级和一般员工对于工作、同事及整个组织的意见和想法的重要途径。

（2）下行沟通

下行沟通是指自上而下的沟通，即管理者通过向下沟通的方式传送各种指令及政策给组织的下层，这些信息一般包括企业的战略目标、管理制度、政策、工作指示、工作程序及要求等。下行沟通顺畅可以帮助下级主管部门和组织成员明确工作任务、目标及要求，增强其责任感和归属感，协调企业各层次的活动，增强上下级之间的联系等。但在逐层向下传达信息时应注意防止信息误解、歪曲和损失，以保持信息的准确性和完整性。

（3）横向沟通

横向沟通是指组织内部平行机构之间或同一层级人员之间的信息交流，如组织内部各职能部门之间、车间之间、班组之间、员工之间的信息交流。横向沟通是加强各部门之间的联系、了解、协作与团结，减少各部门之间矛盾和冲突，改善人际关系的重要手段。

（4）斜向沟通

斜向沟通是指处于不同层次的没有直接隶属关系的成员之间的沟通，这种沟通往往发生在同时跨工作部门和组织层次的员工之间。斜向沟通有利于加速信息的流动，提高工作效率。

4. 按照是否存在反馈划分

（1）单向沟通

单向沟通是指没有反馈的信息传递，如报告、演讲、发布指示、下命令等。因为没有交流，信息的接收者对自己是否充分了解信息的意义没有信心，沟通的准确性较差。

（2）双向沟通

双向沟通是指有反馈的信息传递，如讨论、谈话、协商、谈判等。双向沟通的速度较慢，但准确性较高，信息的接收者对自己充分了解信息有很强的自信心。

（四）信息沟通网络

信息沟通网络是指由若干环节的沟通路径所组成的总体结构。组织中的许多信息通常需要经过多个环节的传递，才能到达最终的接收者。如果不能在组织内部建立良好的信息传递网络，信息就很难在多人之间进行有效的交流。

在正式组织中，信息沟通网络的形态可以表现为五种：链式、Y式、轮式、环式和全通道式。以五位成员的沟通为例，其网络结构形态如图7-2所示。

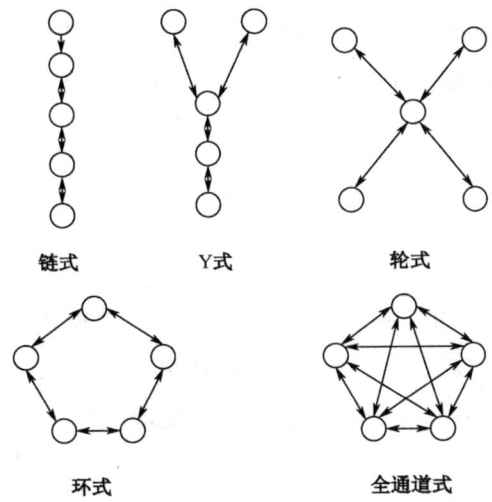

图 7-2　五种沟通网络形式

1. 链式

链式是一种单线的、顺序传递的犹如链条状的沟通网络形态。在组织中，按照组织的层级设置纵向传递的，就是链式沟通应用的实例。在这种沟通网络中，沟通信息经过层层传递、筛选，容易失真，各个信息传递者所接收的信息差异很大，平均满意程度有较大差异。

2. Y式

Y式是一个纵向沟通网络，其中只有一个成员位于沟通的中心，成为沟通的媒介，是网络中拥有信息而具有权威感和满足感的人。这一网络相当于组织领导、秘书班子再到下级管理人员或一般成员之间的纵向关系。这种网络集中化程度高，解决问题速度快，但成员的士气比较低，易导致信息曲解或失真。

3. 轮式

轮式只有一个成员是各种信息的汇集点与传递中心，信息由他向周围多线传递，其结构形状像轮盘。此网络中，只有领导人物是各种信息的汇集点与传递点，其他成员之间没有相互的交流关系，所有信息都是通过他们共同的领导人物进行交流的，因此，信息沟通的准确度很高，解决问题速度快，主管人员控制力强，但组织成员的满意程度低，士气低落。领导者在成为信息交流和控制中心的同时可能面临着信息超载的负担。轮式网络适于组织接受紧急任务、需要进行严密控制的情况。

4. 环式

环式可以看作将链式形态下两头沟通环节相联结而形成的一种封闭式结构,它表示所有成员间可以彼此依次联络和传递信息。此网络中的每个成员都可同时与两侧的成员沟通信息,因此大家地位平等,不存在信息沟通中的领导或中心人物,虽集中化程度较低,但成员具有较高的满意度。由于沟通渠道窄,环节多,信息沟通的速度和准确性都难以保证。

5. 全通道式

全通道式是一个开放式的网络系统。所有成员之间都能进行相互的信息传递。这种网络集中化程度低,成员地位差异小,有利于提高成员士气。但是沟通渠道太多易造成混乱,而且又费时,影响工作效率。这种网络适于解决复杂问题、增强组织合作精神、提高士气的情况。

(五)沟通的原则

1. 明确性原则

当信息沟通所用的语言和传递方式能被接收者所理解时,我们应认为它是明确的信息。因为情报沟通是信息发出者发出信息的手段,但倘若要使该信息具有价值,就应当是能为接收者所明确和理解的。尽管这个原则看起来很简单,但在实际工作中管理者常常会发现接收者对他们经过深思熟虑严格措辞后发出的信息,有时竟理解得很差。下级对上级的沟通同样有这样的现象。

提出信息并用别人能理解的文字、语言、口气来表达,是信息发出者的责任,为此,要求发言人有较高的语言表达能力或文字表达能力,并熟悉其下级、同级和上级所用的语言。只要坚持这个原则,便可克服情报沟通中的若干障碍。譬如,表达不当、解释错误、传达错误等,从而做必要的澄清。

当然,即使注意到了明确的目标,还不一定能正常有效沟通。这是因为一是需要注意的信息太多,二是人的精力有限。接收者若不精神集中,仍会出现误解和不懂。如果接收者能集中精力,并能设法克服思想开小差、情报传达中的损失等问题,就能正确理解。因此,有效的沟通是信息发出者与接收者共同的不可推卸的责任。

2. 完整性原则

这就是说,当管理者为了达到组织目标,而要实现和维持良好的合作时,他们之间就要进行情报沟通,以促进他们之间的相互了解。情报沟通只是手段而不是目的。这项原则有一个特别需要注意的地方，即组织的完整性部分地取决于对下级管理者工作的支持。下级管理者位于情报沟通的中心，所以应当鼓励他们为起到这个中心的作用而运用他们的职位和权力。然而，有的上级管理者却常常忘记这一点。他们往往越过下级管理者而直接向有关人员发布指示、进行接触。这样常常会使下级主管人员处于尴尬境地，而违背统一指挥的原理。当然，如果确实需要这样做，上级主管应事先同下级主管进行沟通。只有在时间不允许的情况下，如要求紧急动员完成某一项任务，采用这个方法才是必要的。但必须以保证维护组织的整体性为前提。只有这样，下级主管才会主动配合上级，带领员工共同完成任务。

3. 使用非正式组织的原则

这一原则的性质就是，只有当管理者使用好非正式组织来补充正式组织的情报沟通渠道时，才会产生最佳的沟通效果。人们通常不重视非正式组织和非正式渠道所传播的信息，而有的管理者却对此感到不安。其实，非正式组织是可以起到及早传递信息的作用的。情报沟通确实按正式渠道由上而下或由下而上地在各个管理层次中流动，但要及时地处理所有情报并能使人理解，仅此渠道是不够的，也不一定是完全可靠的。因为非正式组织存在于正式机构之外，因此，管理者利用它来发送和接收情报，以此来补充正式组织提供的信息，做好组织的协调工作，是有一定积极意义的。这样，管理者就可以了解到原来了解不到的情报。

一般来说，非正式渠道的消息，对完成组织目标有不利的一面，但是小道消息盛行，却反映了正式渠道的不通畅。因而加强和疏通正式渠道，在不违背组织原则的前提下，尽可能通过各种渠道把信息告诉员工，是防止那些不利于或有碍于组织目标实现的小道消息传播的有效措施。

二、有效沟通的障碍及其克服

（一）有效沟通的含义

管理沟通涉及信息传递和某些人为活动，是信息凭借一定的符号载体，在个人或群体间从发送者到接收者进行传递，并获取理解的过程。管理沟通的效果受到所传递的信息的性质和传递者与接收者之间关系的影响。只有当信息使沟通对象做出沟通者所期望的反应时，才算是有效的沟通。达成有效沟通须具备两个必要条件：首先，信息发送者清晰地表达信息的内涵，以便信息接收者能确切理解；其次，信息发送者重视信息接收者的反应并根据其反应及时修正信息的传递，免除不必要的误解。

有效沟通能否成立关键在于信息的有效性，信息的有效程度决定了沟通的有效程度。

信息的有效程度主要取决于以下两个方面。

1. 信息的透明程度

当一则信息作为公共信息时就不应该出现信息的不对称性，信息必须是公开的。公开的信息并不意味着简单的信息传递，而要确保信息接收者能理解信息的内涵。如果以一种模棱两可的、含糊不清的文字语言传递一种不清晰的、使人难以理解的信息，对于信息接收者而言没有任何意义。另外，信息接收者也有权获得与自身利益相关的信息内涵，否则有可能导致信息接收者对信息发送者的行为动机产生怀疑。

2. 信息的反馈程度

有效沟通是一种动态的双向行为，而双向的沟通对信息发送者来说应得到充分的反馈。只有沟通的主、客体双方都充分表达了对某一问题的看法，才真正具备有效沟通的意义。

（二）有效沟通的原则

1. 有效果沟通

强调沟通的目标明确性。通过交流，沟通双方就某个问题可以达到共同认识的目的。

2. 有效率沟通

强调沟通的时间概念。沟通的时间要简短，频率要增加，在尽量短的时间内完成沟通的目标。

3. 有笑声沟通

强调人性化作用。沟通要使参与沟通的人员认识到自身的价值。只有心情愉快的沟通才能实现双赢的思想。

（三）有效沟通的障碍

一般来讲，沟通中的障碍主要有主观障碍、客观障碍和沟通方式的障碍 3 个方面。

1. 主观障碍

主观障碍大致有下述 6 种情况。

① 个人的性格、气质、态度、情绪、见解等的差别，使信息在沟通过程中受个人主观心理因素的制约。

② 在信息沟通中，如果双方在经验水平和知识结构上差距过大，就会产生沟通障碍。

③ 信息沟通往往是依据组织系统分层次逐级传递的。然而，在按层次传达同一条信息时，往往会受到个人记忆、思维能力的影响，从而降低信息沟通的效率。

④ 对信息的态度不同，有些员工和主管人员忽视对自己不重要的信息，不关心组织目标、管理决策等信息，只重视和关心与他们物质利益有关的信息，使沟通出现障碍。

⑤ 主管人员和下级之间相互不信任。这主要是由主管人员考虑不周，伤害了员工的自尊心，或决策错误造成的，而相互不信任则会影响沟通的顺利进行。

⑥ 下级人员的畏惧感也会造成障碍。这主要是由主管人员管理严格和下级人员本身的素质决定的。

知识链接

首尾效应

首尾效应是指这样的心理现象，即当传递的材料在内容上和结构上存在相似性时，前面的材料会对后续的材料产生干扰，而后续的材料也会对前面的材料产生干扰。这两种干扰的结果就是当我们在进行信息沟通时，往往前面的材料和尾部的材料容易沟通成功，即被理解和记住，而中间的材料往往会因干扰而被忘却，造成沟通失败。

2. 客观障碍

客观障碍主要有两点。

① 信息的发送者和接收者如果在空间距离太远、接触机会少，就会造成沟通障碍。社会文化背景不同、种族不同而形成的社会距离也会影响信息沟通。

② 组织机构过于庞大，中间层次太多，信息从最高决策层到下级基层单位时失真，并且会浪费时间，影响其及时性。

3. 沟通方式的障碍

（1）语言系统所造成的障碍

语言是沟通的工具，人们通过语言、文字及其他符号等沟通渠道来进行信息的沟通。但是语言使用不当就会造成沟通障碍。这主要表现在：

①误解，这是由于发送者在提供信息时表达不清楚，或者是由于接收者接收失误造成的。

②歪曲，这是由于对语言符号的记忆模糊所导致的信息失真。

③信息表达方式不当。这表现为措辞不当，词不达意，丢字少句，空话连篇，文字松散，句子结构别扭，使用方言、土语，千篇一律等。这些都会增加沟通双方的心理负担，影响沟通的进行。

（2）沟通方式选择不当，原则、方法使用不灵活所造成的障碍

沟通的形态和网络多种多样，且它们都有各自的优缺点。如果不根据组织目标及其实现策略进行选择，不灵活使用其原则、方法，沟通就不可能畅通进行。

在管理工作实践中，存在着信息沟通，也就必然存在沟通障碍。主管人员的任务在于正视这些障碍，采取一切可能的方法消除这些障碍，为有效的信息沟通创造条件。

（四）有效沟通的要求

组织中所有成员的知识、经验、职位、工种、对事物的看法等方面存在不同，所以对同一消息可能有不同的看法和理解。如果我们能做到下列 6 项要求，将会有助于改进我们的沟通工作并提高效率。

1. 表达清楚

不论信息如何传递，表达不清、隐晦难懂是常见的事。表达不清楚、不准确往往会铸成大错。任何人发送情报，都应该遵循明确的原则，使接收者容易理解，而力求避免措辞不当、文字松散、思想表达不严密、中心思想不清楚、千篇一律或用难懂的方言或土语，以及不能理解或造成错觉的比喻、手势等。不然要纠正由此产生的错误结果往往需要花费高昂的代价，需要做许多本来不必做的解释工作。

2. 传递准确

处于组织沟通中心的管理者，起着接收和传递信息的作用，快速处置人员和联络人员同样也起到这样的作用。他们要接收从上级、同级和下级送来的各种情报，然后再把这些情报改编成适合于他的上级、同级和下级各自熟悉的语言，向他们传递。这种改编是力求接收者能够理解。但是不能因此而使情报"失真"。有人进行过实验，按级别层次逐级传达同一条信息往往会降低情报的准确性。尤其是口头传达时，每传达一次大概要损失信息的 30%。由于组织规模不同，进行沟通的形式也是随机的。由于记忆不佳所造成的失真也同样是严重的。研究结果表明，职工只记得他接收到的信息的 50%，领导只记得 60%。如果不认真传达或对传达人不信任，信息损失就会更多。因此，反复的沟通是必要的。

3. 避免过早评价

一些管理学者在论述沟通障碍时着重指出，沟通的障碍与其说是在交往中采取固执不变的立场，还不如说是过早地对沟通进行评价。他们认为，这种评价会使沟通停顿，会使情报传递人员产生手足无措的感觉。他们还认为，应当以不带任何条条框框，不带成见的态度听取情报传递人员的意见，这样才能完全地传递和接收全部的情报。

4. 消除下级人员的顾虑

有经验的管理者认识到，要做好情报工作必须依靠下级。而下级经常发生对情报选择不当、对事实叙述不全面，甚至报喜不报忧或全面遗漏的情况。其原因或者是他们真的认为某些情报不太重要，不足以向上级汇报，更多的情况则是他们害怕向上级说出真实情况的后果，因而有意把上级领导引向错误的方向。

5. 管理者积极进行沟通

有时，管理者不传递必要的信息，其原因在于人们的惰性、以为"每个人都知道"、办事拖拉、喜欢保密或故意与人为难等弊病。人们不可能把每件情报都传递出去，因而就需要选择。这会使某些人干脆什么情报也不去选择和传递。尽管有时信息、情报会同时而来使管理者感到头痛，但是，管理者必须积极地给予沟通、应用各种渠道，保持它们的畅通无阻，同时还要改掉工作中的弊病。

6. 对情报沟通过程加以控制

在每个组织中，所有管理者都明白对情报沟通的把控有实际困难。仅仅描述情报沟通的种类和技术是没有意义的，必须控制住情报的公开和秘密程度。

国外某公司规定，从基层领导开始，各级管理者应当每月向他们各自的上级提出一份认为对上级考虑问题具有重要意义的、简明的、叙述性的报告。还规定在直线组织中的下级管理者同他们的上级定期召开会议，讨论他们提出的问题如何解决。这个过程要依次在所有的各级管理层次中进行，直至最高主管部门。

这种做法有其优点，值得借鉴。

① 它迫使所有的管理者考虑，他们目前的和潜在的问题，要求所有管理者选择他们认为应当向领导汇报的问题。

② 在随后的讨论中，下级管理者的相对成熟水平会非常清楚地表达出来。

③ 这种方法还保证了下级和上级双方都会为开好会议做充分的准备。

④ 它保证了对平时一点也没有上报的或拖拉下来的重要问题，给予应有的注意。

⑤ 这种方法会使各级管理者的精力用于重要问题，使参谋会议有明确的工作目的。这样，就可以少开许多解决临时问题和重大问题的会议。

三、康养旅游组织冲突与谈判

（一）组织冲突的内涵

1. 组织冲突概念

由于组织存在着各种层次的工作交往和人际交往，人们之间存在着相互依存的关系，这种关系既可能导致合作，也可能导致分歧、争论、对抗甚至冲突。

冲突是指行为主体之间目标、认知或情感互不相容或相互排斥而产生的结果，或由于目的、手段分歧而导致的行为对立状态。这个定义体现了三层含义：冲突是特殊的关系行为，冲突的行为主体可以是个体、群体或组织，冲突是分歧的表面化。也就是说，冲突作为一种对抗性交往过程，必须是双方都能感知的，它体现了某种意图或某种观点。

冲突与竞争是既有联系又有区别的。一般而言，冲突的双方目标不一致，而竞争的双方则具有同一个目标。若双方都能从竞争中获益，那么竞争就不会变为冲突。但当一方的行动会影响另一方的目标实现时，冲突就会爆发。换言之，竞争可能引发冲突，也可能不引发冲突。

2. 对冲突的各种观点

对于组织的冲突认识有很多观点，本任务主要介绍三种。第一种观点认为应该避免冲突，冲突本身表明了组织内部的机能失调。我们称为冲突的传统观点。第二种观点为冲突的人际关系观点，即认为冲突是任何组织无法避免的必然产物，但它并不一定会导致不幸，而是可能成为有利于组织工作的积极动力。第三种也是最为新型的观点，认为冲突不但可以成为组织中的积极动力，而且其中一些冲突对于组织或组织单元的有效运作是绝对必要的。我们称为冲突的相互作用观点。

（1）传统观点

早期的看法认为冲突是不利的，并且常常会对组织造成消极影响，冲突成为暴力、破坏和非理性的同义词。冲突是有害的，因此应该尽可能避免。管理者有责任在组织中清除冲突。从19世纪末至20世纪40年代中期，这一观点一直"统治"着管理学的文献。

（2）人际关系观点

人际关系观点认为，冲突必然且不可避免地存在于所有组织中。由于冲突是不可避免的，因此应该接纳冲突。这一观点使冲突的存在合理化。冲突不可能被消除，有时它甚至会为组织带来好处。自20世纪40年代末至70年代中期，人际关系观点在冲突理论中占据统治地位。

（3）相互作用观点

当今的冲突理论为相互作用观点。人际关系观点接纳冲突，而相互作用观点则鼓励冲突。这一理论观点认为，融洽、和平、安宁、合作的组织容易对变革和革新的需要表现得静止、冷漠和迟钝。因此，它的主要贡献在于：鼓励管理者维持一种冲突的最低水平，这能使组织单位保持旺盛的生命力，善于自我批评和不断创新。

（二）冲突处理的技巧

1. 冲突处理的基本原则

（1）将冲突引导到就事论事的具体事实上

要达到这一原则，首先必须用耐心、善意和诚意来打破彼此间的"无形之端"，其次准备大量有助于讨论具体事实的客观资料，这样即使在开会讨论时意见不同，也不至于把时间浪费在各种无谓的争辩上。

（2）准备好多重解决方案

沟通的精神在于"没有全输或全赢"，各方一起找出解决方案的过程，最能建立起彼此合作的共识。而且存在几种方案供选择，可以降低各自的让步成本，避免因过度坚持立场而弄僵关系。在各方都下不了台的情况下，"破裂"常是必然的结果。

（3）创造出共同追求的目标

如果组织内各方均缺乏共同目标，就容易相互对立，最后流于人身攻击，但如果能创造出共同努力的目标，就可以在以大局为重的情况下找到相互容忍的理由。

（4）多运用幽默感

冲突情境出现时，压力时常随之增加，如果不能有效缓解，强烈的焦虑常常会造成情绪对立。幽默可以降低压力，缓和气氛。但要慎重，有些人常自以为幽默，听众却感觉是讽刺，是讥讽和消遣对方，不仅无助于冲突化解，反而有激化情绪的危险。

（5）平衡彼此的权利结构

在冲突情境出现时，如果强势一方不能在态度上让一让弱势一方，就会使弱势一方感到沟通无用。所以，平衡权利结构的重点在于强势一方在态度上应体谅弱势一方，这样才可使冲突停留在"茶壶内"解决。

（6）不要强迫达成共识

人们各有不同的"习惯领域"，所以很难达成完全共识。部分团队为了达成共识，迟迟做不了决策，反而延误了商机，其实只要出现彼此可以接受的妥协结果，就可以付诸实行。

2. 冲突处理的基本技能

许多冲突具有混合动因的特点，既有合作又有竞争，如管理层和普通员工在关系到企业的生存与发展的问题上目标是一致的，双方都被激励为此合作做出贡献；但在特定的工资问题上，双方的目标却是竞争性的。比如，企业经营决策层可为共同的目标制订最佳的计划，但同时也可能为了谁应该是最有知识和权威的人而彼此之间展开竞争。冲突的过程和结果在很大程度上取决于参与者是否确信与目标相联系的合作或竞争占有支配地位，以及合作范围内的冲突是否具有积极意义。

在冲突管理中，组织成员明确如何才能导致一种建设性的结果是十分必要的。一般来讲，决定冲突是否具有建设性，有如下 4 个标准。

① 如果组织成员间的关系牢固，彼此之间能够在工作中很好地相互影响和相互配合，则冲突具有建设性作用。

② 如果组织成员互爱和相互信任，则冲突具有建设性作用。

③ 如果组织中的所有有关人员对冲突的结果满意，则冲突具有建设性作用。

④ 如果组织成员提高了解决未来冲突的能力，则冲突具有建设性作用。

如果组织一味强调避免冲突，或处理冲突不当，或质疑任何不同的意见，则组织成员之间的关系将会出现严重的问题，组织效率和生产能力将受到损害。如果组织没有能力承受冲突的压力，则组织显然已经不具备生命力，其结果只有衰亡。因此，认真研究如何通过管理将组织冲突转化为具有建设性的结果，有助于企业健康地运作和发展。

冲突处理的技能可以从以下两个方面来把握。

(1) 评估冲突当事人

如果选择了某一冲突情境进行处理，花时间仔细了解当事人是十分重要的。什么人卷入了冲突？冲突双方各自的兴趣所在是什么？双方各自的价值观、人格特点，以及情感、资源因素如何？如果能站在冲突双方的角度上看待冲突情境，则成功处理冲突的可能性会大幅度提高。

(2) 评估冲突源

冲突不会在真空中形成，它的出现总是有理由的。解决冲突方法的选择在很大程度上取决于冲突发生的原因，因而需要了解冲突源。研究表明，产生冲突的原因多种多样，但总体上可分为以下三类。

第一，沟通差异。沟通差异是指由于语义困难、误解及沟通通道中的噪声而造成的意见不一致。人们常常轻易地认为大多数冲突是由于缺乏沟通造成的，但事实是，在许多冲突中常常进行着大量的沟通。很多人都将良好的沟通与别人同意自己的观点错误地等同起来。初看，人际冲突似乎是由于沟通不畅而导致的，进一步分析则发现，不一致的意见是由不同的角色要求、组织目标、人格因素、价值系统及其他类似因素造成的。

第二，结构差异。结构差异是指组织中存在着水平方向和垂直方向的分化，这种结构上的分化导致整合的困难。其经常造成的结果是冲突。不同个体在目标、决策变化、绩效标准和资源分配上意见不一致。这些冲突并非由不良沟通或个人恩怨造成，而是植根于组织结构本身。

第三，人格差异。冲突可由个体的特性和价值观系统而引发。背景、教育、经历、培训等因素塑造了每个人具体而独特的个性特点和价值观。其结果是有的人可能令人感到不可信任或陌生。

3. 冲突处理的策略

当冲突过于激烈时，管理者可以采用以下 5 种策略来减弱冲突。

（1）回避策略

回避是指在发生冲突的情况下采取退缩或中立的倾向，有回避倾向的管理者不仅回避冲突，还通常担当冲突双方的沟通角色。

不论我们的愿望如何，现实告诉我们：某些冲突是难以处理的。当对抗的根源很深，冲突中的一方或双方想拖长冲突时间，或当双方情绪过于激烈以至于建设性的相互作用已不可能出现时，在冲突处理上所付出的努力很可能不会获得明显的回报。比如，当一方被要求对某一争论表态时，他往往推托说："我还没有对这一问题做深入的了解"或"我必须收集更多的资料"等。管理者采取这一态度并不能解决冲突，甚至可能给组织带来不利的影响；但在以下情况采取回避的管理方式可能是有效的。

① 冲突的内容或争论的问题微不足道，或只是暂时性的，不值得耗费时间和精力来面对这些冲突。

② 当管理者的实际权力与处理冲突所需要的权力不对称时，回避的态度可能比较明智。例如，作为一名中低层管理者面对公司高层管理者之间的冲突时，采取回避的方式可能会好一些。

③ 在下级或各单位有较大的自主权的情况下，回避也可能是有效的。

（2）平滑策略

平滑是指在冲突的情况下尽量弱化冲突双方的差异，更强调双方的共同利益。采用这一方式的主要目的是降低冲突的紧张程度，因而是着眼于冲突的感情面，而不是解决冲突的实际面，所以这种方式成效有限。但是，当以下情况发生时，采取平滑的管理方式可有临时性的效果。

① 冲突双方处于一触即发的紧张局面。

② 在短期内为避免分裂而必须维护调和的局面。

③ 冲突的根源由个人的人格素质所决定，企业目前的组织文化难以奏效。

（3）强迫策略

强迫是指利用奖惩的权力来支配他人，迫使他人遵从管理者的决定。在一般情况下，强迫的方式只能使冲突的一方满意。经常采用此种管理方式来解决冲突是一种无能的表现，有此倾向的管理者通常认为冲突是一方输另一方必然赢，当处理下级冲突时，经常使用诸如降级、解雇、扣发奖金等威胁手段；当面临同级人员之间的冲突时，则设法取悦上级以获得上级的支持来压迫冲突对方，因此经常采用这种解决冲突的管理方式往往会导致负面效果。在以下情况下，采取强迫的管理方式具有一定的作用。

① 必须立即采取紧急的行动。

② 为了组织的长期生存与发展，必须采取某些临时性的非常措施。

（4）妥协策略

妥协是指在冲突双方相互让步的过程中达成一种协议的局面。在使用妥协方式时应注意适时应用，特别注意不要过早采用这一方式，如果过早使用则会出现以下问题。

① 管理者可能没有触及问题的真正核心，而是就事论事地加以妥协，因此缺乏对冲突原因的真正了解。在这种情况下妥协并不能真正地解决问题。

② 可能放弃了其他更好的解决方式。

妥协是谈判的一个组成部分，谈判是两个以上的个人或团体彼此有着共同或相互排斥的利益，通过讨论各种可能达成协议方案的过程。这种解决冲突的管理方式适用于以下情况。

① 对双方而言，达成协议要比没有达成协议更好。

② 达成的协议不止一个。

（5）合作策略

合作是指冲突双方愿意共同了解冲突的内在原因，分享双方的信息，共同寻求对双方都有利的方案。采用这一管理方式可以使相关人员公开地面对冲突和认识冲突，讨论冲突的原因和寻求各种有效的解决途径。下述情况适于采取合作的管理方式。

① 相关人员具有共同的目标并愿意达成协议。

② 一致的协议对各方有利。

③ 高质量的决策必须以专业知识和充分的信息为基础。

采用合作方式来解决冲突应遵守下列原则。

第一，在焦点问题上，双方要相互沟通和反馈。

第二，在分析问题和制订可行性方案之后考虑妥协。

第三，在认真检查自己想法的基础上，了解对方的想法。

第四，不要事先设定对方的人格，如缺乏涵养、粗暴无礼等。

第五，目前所做的永远比过去重要。

（三）组织谈判

1. 谈判概念

《现代汉语词典（第 7 版）》中对"谈判"这个词的定义是"有关方面对有待解决的重大问题进行会晤"。换句话说，"谈判"是为达到有关方面均可以接受的局面而采取的行动。当某一个人或群体的利益取决于另一个人或群体为追求自己的利益而采取的行动时，当双

方所追求的各自利益需要以合作的方式才能得以实现时,就应当进行谈判。

谈判是双方之间的一种会见形式,旨在就以下问题达成协议:双方均认为重要的问题,可能引发双方冲突的问题,需要双方共同合作才能得以实现各自目标的问题。

在实际工作中,谈判的常见例子有雇主与雇员之间就工资或工作条件问题而进行的谈判、商品经销代理人与买方之间就价格和合同问题而进行的谈判、各部门之间就资源配置问题而进行的谈判。谈判并非为了一决雌雄,也没有赢家和输家之分。每一次谈判都是创造性地表现社交能力和运用有效沟通技能的机会,旨在使双方和解并达成符合双方相互利益的协议。

2. 谈判要素

(1) 谈判主体

谈判主体指参与谈判的当事人。谈判总是在人的参与下进行的,所以有时从表面上看是某些组织与组织之间的谈判,实际上仍然是这些组织中的具体的人彼此之间的谈判。谈判的当事人可以是双方,也可以是多方。

(2) 谈判客体

谈判客体指谈判的议题及内容。谈判的议题及内容不是凭空拟定或单方面意愿,它必须是当事人所共同关心的、与各方利益有某种程度联系的提案、观点或事物。

(3) 谈判目标

参与谈判各方都必须通过与对方打交道,并促使对方采取某种行动或做出某种承诺来达到一定的目标。如果只有谈判的主体和客体而没有谈判目标,谈判仍是不完整的,只能称作闲谈。闲谈与谈判的区别在于:闲谈不涉及各方的利益冲突和经济关系,不会导致各方的尖锐对立或竞争,所以闲谈通常是轻松愉快的;而谈判恰恰是涉及各方利益,在尖锐对立或竞争的条件下进行的,不论谈判的表面是否轻松愉悦,实质上都是双方智慧、胆识、应变能力的一次交锋。

(4) 谈判结果

一个完整的谈判活动必须有相应的结果。不论是成功还是失败、不论是成交或是破裂,都标志着一次谈判过程的完成。对于无结果的谈判活动,称为不完整谈判。陷入僵局的谈判或出现怪圈的谈判往往容易演变为不完整谈判,不完整谈判会极大地降低工作效率,耗费谈判者的精力,对谈判者的自信心产生不利影响。努力减少不完整谈判的意义是现实而巨大的。它有利于提高办事效率,减少无效工作量。

3. 谈判技巧

谈判是谈判主体就客体为了达成某种目标而进行的博弈,要想达到理想的结果,谈判主体必须熟悉谈判程序,掌握谈判技巧。下面以商务谈判为例,阐释谈判技巧。

（1）入题技巧

谈判双方刚进入谈判场所时，难免会感到拘谨，尤其是谈判新手，在重要谈判中，往往会产生忐忑不安的心理。为此，必须讲求入题技巧，采用恰当的入题方法。

① 迂回入题。为避免谈判时单刀直入、过于直接，影响谈判的融洽气氛，可以采用迂回入题的方法，如先从题外话入题，从介绍己方谈判人员入题，从"自谦"入题，从介绍本企业的生产、经营、财务状况入题等。

② 先谈细节，后谈原则性问题。围绕谈判的主题，先从洽谈细节问题入题、丝丝入扣，待各项细节问题谈妥之后，也就自然而然地达成了原则性的协议。

③ 先谈一般原则，后谈细节问题。一些大型的经贸谈判，由于需要洽谈的问题千头万绪，双方高级谈判人员不应该也不可能介入全部谈判，往往要分成若干等级进行多次谈判。这就需要采取先谈原则问题，再谈细节问题的方法入题。一旦双方就原则问题达成一致，那么，洽谈细节问题也就有了依据。

④ 从具体议题入手。大型商务谈判总是由具体的一次次谈判组成，在具体的每一次谈判会议上，双方可以首先确定本次会议的商谈议题，其次从这一具体议题入手进行洽谈。

（2）阐述技巧

谈判入题后，接下来便是双方进行开场阐述，这是谈判的一个重要环节。

① 开场阐述。开场阐述的要点具体包括以下方面。

开宗明义，明确本次会谈所要解决的主题，以集中双方注意力，统一认识。

表明我方通过洽谈应当得到的利益，尤其是对我方至关重要的利益。

表明我方的基本立场，可以回顾双方以前合作的成果，说明我方在对方所享有的信誉；也可以展望或预测今后双方合作中可能出现的机遇或障碍；还可以表示我方可采取何种方式为双方共同获得利益做出贡献等。

开场阐述应是原则性的，而不是具体的，应尽可能地简明扼要。

开场阐述的目的是让对方明白我方的意图，以营造良好的洽谈气氛。因此，阐述应以诚挚和轻松的方式来表达。

② 让对方先谈。在商务谈判中，当我方对市场态势和产品定价的新情况不是很了解，或者尚未确定购买何种产品，或者无权决定购买与否时，一定要坚持让对方首先说明可提供何种产品、产品的性能如何、产品的价格如何等，然后再审慎地表达意见。有时即使对市场态势和产品定价比较了解，心中有明确的购买意图，而且能够直接决定购买与否，也不妨先让对方阐述利益要求、报价和介绍产品，然后再在此基础上提出自己的要求。这种后发制人的方式，常能收到奇效。

③ 坦诚相见。谈判中提倡坦诚相见，不仅将对方想知道的情况坦诚相告，还可以适当透露我方的某些动机和想法。坦诚相见是获得对方同情和信赖的好方法，人们往往对坦率诚恳的人有好感。不过，应当注意，与对方坦诚相见，难免要冒风险。对方可能利用你的

坦诚逼你让步，你可能因为坦诚而处于被动地位，因此，坦诚相见是有限度的，并不是将一切和盘托出。总的来说，以既赢得对方信赖又不使自己陷于被动、丧失利益为度。

④ 注意正确使用语言。在谈判过程中，所使用的语言要规范、通俗，要使对方容易听明白。

语言要简明扼要，具有条理性。

在谈判中，当对方要求提供资料时，第一次就要说准，切忌模棱两可。

谈判过程中所使用的语言应当丰富、灵活、富有弹性。对于不同的谈判对手，应使用不同的语言。

在谈判中，双方都要紧紧围绕主题进行阐述，与谈判主题无关的意见不要发表，以免使对方产生反感。

在谈判过程中，有时难免会发生尖锐、激烈的争吵，但切记要措辞得体，不走极端。

要注意说话语调、语速、声音、停顿和重复。

要掌握谈判主动权，注意折冲迂回，避免一泻千里。

当谈判出现困难，无法达成协议时，为了突破困境，给自己解围，并使谈判继续进行，要注意使用谈判用语。

不论谈判结果如何，不以否定性的语言结束谈判。

（3）提问技巧

谈判中常运用提问技巧作为摸清对方真实需要、掌握对方心理状态、表达自己意见观点进而通过谈判解决问题的重要手段。提问的重要作用在于：可以引起对方的注意，为对方的思考提供既定的方向；可以获得自己不知道的信息、不了解的资料；可以传达自己的感受引起对方的思考；可以控制谈判的方向，使话题趋向结论。

① 提问的时机。

A．在对方发言完毕之后提问。在对方发言时，一般不要急于提问。因为打断别人的发言是不礼貌的，容易引起别人反感。当对方发言时，要认真倾听。即使发现了对方的问题，很想立刻提问，也不要打断对方，可先把发现的和想到的问题记下来，待对方发言完毕再提问。这样做不仅体现了自己的修养，还能全面地、完整地了解对方的观点和意图，避免操之过急，曲解或误解对方的意图。

B．在对方发言停顿、间歇时提问。如果谈判中对方发言冗长或不得要领、纠缠细节、离题太远，影响谈判进程，可以趁其停顿、间歇时提问。这是掌握谈判进程、争取主动的必然要求。

C．在自己发言前后提问。在谈判中，当轮到自己发言时，可以在谈自己的观点之前，对对方的发言进行提问。这时提问，不必要求对方回答，而是自问自答。这样可以争取主动的机会，防止对方接过话茬，影响自己发言。在充分表达了自己的观点之后，为了使谈判沿着自己的思想发展，通常要进一步提出要求，让对方回答。

D．在议程规定的辩论时间内提问。大型经贸谈判一般要事先商定谈判议程，设定辩论的时间。在双方各自介绍情况、阐述的时间里一般不进行辩论，也不向对方提问。只有在辩论时间里，双方才可自由地提问，进行辩论。在这种情况下提问，要事先做好准备，可以设想对方提出的各种方案，针对这些答案考虑己方对策，然后再提问。

② 提问的其他注意事项。

A．注意提问的速度。提问时说话速度太快，容易使对方感到你是不耐烦，甚至有时会感到是在用审问的口气对待他，容易引起对方反感；反之，如果说话太慢，则容易使对方感到沉闷、不耐烦，从而也降低了提问的力量。

B．注意对手的心境。谈判者受情绪的影响在所难免。谈判中，要随时留心对手的心境，在你认为适当的时候提出相应的问题。例如，对方心境好时，常常会轻易地满足你所提出的要求。

C．提问后给对方以足够的答复时间。提问的目的，是让对方答复并最终收到令我方满意的效果。因此，谈判者在提问后，应该给对手以足够的时间答复。同时，自己也可利用这段时间对对手的答复及下一步的提问进行必要的思考。

D．应尽量保持问题的连续性。在谈判中，双方都有各种各样的问题。同时，不同的问题存在着内在联系。所以，提问时，如果是围绕着某一事实，则提问者应考虑到前后几个问题的内在逻辑关系。不要正在谈这个问题，忽然又提一个与此无关的问题，使对方无所适从。

（4）答复技巧

谈判中清晰地答复问题是一件很不容易的事情。因为谈判者回答的每一句话都负有责任，都将被对方理所当然地认为是一种承诺。这便给回答问题的人带来一定的精神负担和压力。因此，一个谈判者水平的高低，在很大程度上取决于其答复问题水平的高低。

一般情况下，在谈判中应当针对对方的提问实事求是地正面回答。但是，由于商务谈判中的提问往往千奇百怪、形式各异，而且都是在对方处心积虑、精心思考之后所提，其中有谋略、有圈套、有难测之心，如果对所有的问题都正面提供答案，并不一定是最好的答复。所以，答复问题也必须运用一定的技巧来进行。

① 不要彻底答复对方的提问。答复者应将提问者的范围缩小，或者不做正面答复而对答复的前提加以修饰和说明。例如，对方询问我方产品质量如何，我方不必详细介绍产品所有的质量指标，只需回答其中主要的某几个指标以展示质量较好即可。

② 针对提问者的真实心理进行答复。有时，提问者为获得自己预期的效果，有意识地含糊其词，使所提问题模棱两可。此时，如果答复者没有摸清提问者的真实心理，就可能在答复中出现漏洞，使对方有机可乘。因此，答复者在遇到这种情况时，一定要先认真分

析，探明对方真实心理，然后针对对方的心理作答。

③ 不要确切答复对方的提问。在谈判中，有时会遇到一些很难答复或者不便确切答复的问题，可以采取含糊其词、模棱两可的方法作答，也可利用反问转移重点。这样，既避开了提问者的锋芒，又给自己留有一定的余地，实为一箭双雕之举。例如，当对方询问我方是否将产品价格再压低一些时，我方可以答复："价格确实是大家非常关心的问题，不过，我方产品的质量和我们的售后服务是第一流的。"

④ 降低提问者追问的兴致。提问者如果发现了答复者的漏洞往往会刨根问底。所以答复问题时要特别注意不让对方抓住某一点继续发问。若真出现了漏洞，也要设法降低对方追问的兴致，也可用这样的答复堵住对方的口："这个问题容易解决，但现在还不是时候。""这是一个暂时无法回答的问题。"

⑤ 让自己获得充足的思考时间。一般情况下，谈判者对问题答复的好坏与思考的时间成正比。正因如此，有些提问者会不断地催问，迫使你在对问题没有进行充分思考的情况下仓促作答。在这种情况下，作为答者一定要保持清醒的头脑，沉着稳健、谨慎从事，不慕所谓"对答如流"的虚荣，也不必顾忌谈判对方的催问，而是转告对方你必须进行认真思考，因而需要充足的时间。

⑥ 礼貌拒绝不值得答复的问题。谈判者有回答问题的义务，但并不等于谈判者必须回答对方所提的每一个问题，特别是一些不值得回答的问题，可以礼貌拒绝。例如，在谈判中对方可能会提一些与谈判主题无关或没有太大关系的问题，回答这种问题不仅浪费时间，还会扰乱自己的思路。答复这种问题可以一笑了之。

（5）说服技巧

说服是一项十分重要的技巧，一个谈判者只有掌握了高明的说服别人的技巧，才能在变幻莫测的谈判过程中达到自己的目的。

① 说服的基本原则。运用说服技巧需要注意以下原则：不要只说自己的理由；研究、分析对方的心理、需求和特点；消除对方的戒心、成见；不要操之过急，急于使说服奏效；态度诚恳，平等相待，积极寻求双方的共同点；不要一开始就批评对方，不要指责对方，不要把自己的意志和观点强加给对方；说服用语要朴实亲切、富有感召力，不要过多地讲大道理；承认对方"情有可原"，善于激发对方的自尊心。

② 说服的基本技巧。谈判开始时，讨论问题先易后难，这样容易收到预期的效果。

多向对方提出要求和传递信息，影响对方的意见，进而影响谈判的结果。

强调与对方立场观点、期望的一致，淡化与对方立场观点、期望的差异，从而提高对方的接纳程度。

先谈好的信息、情况，再谈坏的信息、情况。但要注意避免只报喜不报忧，要把问题好坏两面都和盘托出。

强调合同中有利于对方的条件。

待讨论赞成和反对意见后，再提出意见。

说服对方时，要注意精心设计开头和结尾，以便给对方留下深刻的印象。

结论要由你明确地提出，不要让对方去揣摩或自行下结论，否则可能背离说服的目标。

多次重复某些信息、观点，可增进对方对这些信息和观点的了解和接纳。

充分了解对方，以对方习惯的、能够接受的方式、逻辑，去展开说服工作。

不要奢望对方一下子就接受你提出的突如其来的要求，要先进行必要铺垫，最后再自然而然地讲出你在一开始就已经想好的要求，这样对方比较容易接受。

强调互相合作、互惠互利的可能性、现实性，激发对方在自身利益认同的基础上来接纳你的意见和建议。

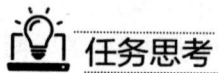任务思考

1. 任务总结

王先生应聘到一家主营旅游地产和康养旅游业务的企业。该企业下级8个子公司。应聘时老板承诺给他安排一个旅游地产高级经理的职位。入职第一个星期，他被任命为总公司的总经理助理，暂时主管经理部（总经理办公室）的工作。经理部共有6名成员，原来有一个代理主管。

入职的前两天，王先生就发现原代理主管对他不冷不热，甚至表现出一些敌意。总经理曾告诉王先生，这个代理主管是3个月前从下级公司调上来的，公司原来打算培养他来做经理部的主管，但试用中发现其素质不太理想，还需要考察一段时间。王先生推测他之所以对自己怀有敌意，很可能是因为他认为王先生会抢走属于自己的位置。

为了消除其疑虑，王先生找到一个机会与他单独交流，并且尽量保持轻松的谈话氛围。在谈话中王先生坦诚地告诉他，老板聘请自己来，并不是因为自己主管办公室有专长，而是因为自己有多年旅游地产项目的经验和企业管理的系统知识，自己现在到经理部是暂时的，老板之所以这样安排是为了让自己尽快熟悉公司的工作，并考察自己的组织领导能力。另外，王先生向他表示自己不喜欢整天在办公室，而是喜欢管理工程项目。王先生的真诚显然打动了对方，经过这次交谈，果然获得了期望的结果。从第二天开始，原代理主管不仅主动与王先生打招呼、交谈，还向他全面介绍了部门的主要工作，更重要的是向王先生介绍了公司中的人际关系情况及各下级的个人情况。这些信息无疑对王先生开展工作很有帮助。

由于原代理主管的主动帮助和配合，一个月下来，王先生的工作基本走上正轨，其能力也得到了老板和总经理的认可。最后，王先生顺利地被公司任命为副总经理，原代理主管也由于这期间的良好配合而被任命为总经理办公室主管。

问 题

通过本任务的学习，总述如何进行有效沟通。

2．任务训练题

（1）名词解释

① 沟通。

② 有效沟通。

③ 冲突。

④ 谈判。

（2）选择题

① 完整的沟通包含七个环节，客体对接收到的信息所做出的解释、理解指的是（　　）。
　　A．主体　　　　　B．客体　　　　　C．编码　　　　　D．译码

② 按照沟通的方法划分，电话沟通属于（　　）。
　　A．口头沟通　　　　　　　　B．书面沟通
　　C．非语言沟通　　　　　　　D．电子媒介沟通

③ 适于解决复杂问题、增强团队合作精神的信息沟通网络是（　　）。
　　A．链式　　　　　　　　　　B．轮式
　　C．环式　　　　　　　　　　D．全通道式

④ 鼓励管理者维持一种冲突的最低水平以便促使组织保持旺盛的生命力，这属于对待冲突的哪种观点（　　）。
　　A．传统观点　　　　　　　　B．人际关系观点
　　C．相互作用观点　　　　　　D．其他

⑤ 利用奖惩的权力来支配他人，迫使他人遵从管理者的决定属于处理冲突的哪种策略（　　）。
　　A．回避策略　　　　　　　　B．平滑策略
　　C．强迫策略　　　　　　　　D．合作策略

⑥ 谈判的议题及内容是指（　　）。
　　A．谈判主体　　　　　　　　B．谈判客体
　　C．谈判目标　　　　　　　　D．谈判结果

（3）简答题

① 简述沟通的作用。

② 什么是正式沟通和非正式沟通？简述其优缺点。

③ 有效沟通的障碍表现在哪些方面？

④ 简述有效沟通的要求。

⑤ 冲突处理的基本原则有哪些？

学习任务三
康养旅游企业战略分析法

任务目标

逆袭的西湖——门票免费

据 1 月 21 日《新京报》报道:"免费西湖"不仅让中外游客尽情饱览江南秀色,也成为杭州市民休闲健身的首选之地。杭州市审计局近日公布的调查报告显示,西湖免费开放使景区管理部门增收逾亿元,带动了杭州旅游产业新增经济效益上百亿元。但是一些地方往往把旅游简单地认同于开发景区坐收门票。为了提高旅游业的贡献率,就千方百计在门票价格上大做经济文章。近年来,门票"涨价"之风,也使人们对旅游业的发展颇有微词。其实,旅游业是一个综合产业,不能仅仅以门票收入来论"英雄"。旅游业能一业带来多业的发展,诸如餐饮、住宿、交通、文化等服务行业。因此,我们也可以把旅游业称为"酵母产业",能让与之相关的行业"兴奋"壮大。在各地景点门票价格居高不下的情况下,杭州西湖则反其道而行之,免费开放带来经济效益与社会效益的双赢,无疑为旅游业的健康发展提供了有益的借鉴和启迪。

(引自《新京报》)

任务

通过本任务的学习,了解战略的概念及战略管理的方法,掌握康养旅游企业 SWOT 分析法、波士顿矩阵法,并运用战略分析的方法对西湖景区门票免费的经营战略进行分析,思考如何将西湖景区的战略经验运用到更多的康养旅游企业中去?

资料链接

康养小镇
战略分析

康养旅游管理的方法分析 项目七

> 任务操作

一、康养旅游企业战略理念

（一）康养旅游企业战略概述

旅游行业发展至今，旅游环境变化日益剧烈，行业竞争日趋激烈，旅游企业要维持生存和发展，必须深谋远虑，以战略的眼光进行战略定位，明确战略重点，抓好战略策划，并加以有效实施。

1. 战略的概念

战略"strategy"来源于希腊语"strategos"，原为军事术语，指军事将领指挥军队作战的谋略。在军事发展史上，战争的胜负取决于战略的运用是否正确。同样，它也在其他领域发挥着重要的作用。随着社会的进步、经济的发展及科技的应用，"战略"思想逐步进入旅游经济组织领域。

最早将战略思想引入企业经济的是美国经济学家巴纳德，1938年巴纳德在《华章经典·管理：经理人员的职能》一书中认为，企业是由相互协作的个人组成的综合系统，企业经理在其中起到相互联系的作用，首次运用了战略思想进行企业组织的决策机制及有关目标的诸因素和它们之间相互影响的分析。随后，美国著名的企业史学家艾尔弗雷德·钱德勒（Alfred Chandler）于1962年出版了《战略与结构：美国工商企业成长的若干篇章》一书，书中是这样定义企业战略经营的：决定企业的长期基本目标，选择达到目标的途径，以及为实现这些目标与途径而对资源进行的分配。

美国学者伊戈尔·安索夫（Igor Ansoff）1965年出版的《企业战略》一书中，也将产品市场范围、成长向量、竞争优势和协力效果等因素定义为战略要素，并在此基础上将战略理论研究向前推进。总之，这些学者的研究工作为企业战略理论建立了框架。

加拿大管理学家亨利·明茨伯格（Henry Mintzberg）提出战略5P模型，可从以下五个方面理解战略的概念。

战略是一种计划（plan），即战略可以认为是一种有意识的、有预谋的行动，一种对于未来的指南或行动方针，对组织行动具有引领和指导作用。

战略是一种模式（pattern），即战略是一种组合，是由有计划、有意识的行动方案和无计划的对环境变化的反应方式组成的。

战略是一种定位（position），即战略将成为企业与环境之间的一股中间力量，需要通过正确地配置资源来保证企业在环境中的竞争地位，保证企业的可持续发展。

战略是一种观念（perspective），即战略反映了组织的整体个性，并深刻地影响、决定着组织的特性。

战略是一种计谋（ploy），即战略可以看作一种威慑和战胜竞争对手的手段。如当获知有企业想进入本行业领域时，便做出扩大生产、降低价格的姿态，从而阻止对方进入。

综上，我们认为战略是组织为了自身的发展，在现有的资源上，在分析企业外部环境和内部条件的基础上，为了达到组织的最终目标而做出的一系列全局性的、长远的谋划。战略是组织为实现其宗旨和目标而确定的组织行动方向和资源配置纲要，没有战略的企业，其生命周期是短暂的，只有战略定位准确，才能顺应时代，抓住机遇，加快发展。反之，战略定位不准确，那么，企业就会遭受挫折，甚至一蹶不振，导致破产。从一定意义上说，企业战略已成为现代企业发展的中心问题，企业的竞争归根结底是战略的竞争，在相当程度上表现为企业战略思维、战略定位的竞争。因此，如何在激烈动荡的市场竞争中，制定和执行正确的企业战略，已经成为决定企业能否立于不败之地的关键。

2. 战略的特征

战略的特征，概括起来，主要包括以下 4 个方面。

（1）全局性

战略是企业发展的蓝图，规范和制约着企业经营管理的一切具体活动。现代康养旅游企业的管理者应该善于审时度势，深谋远虑，运筹帷幄，决胜千里。康养旅游企业战略是在研究与把握康养旅游企业生存与发展的全局性指导规律的基础上，对企业的总体发展及其相应的目标与对策进行谋划。

（2）长远性

战略管理通常着眼于未来 3～5 年或更长远的目标，考虑的是康养旅游企业未来相当长的一段时期内的总体发展问题，企业战略是康养旅游企业谋取长远发展要求的反映，是关系康养旅游企业今后较长时期的奋斗目标和前进方向的统筹策划，注重的是企业长远的、根本的利益，而不是暂时的眼前利益。鼠目寸光、急功近利、短期行为都与企业战略的要求相违背。

（3）抗争性

企业战略是康养旅游企业在日益激烈的市场竞争中，为了赢得竞争的胜利，求得生存与发展而制定的。随着人们旅游经验的丰富和需求的个性化发展，康养旅游企业战略的正确与否，成为康养旅游企业能否抓住游客的关键，也是康养旅游企业胜败兴衰的关键。战略正确就能取得竞争优势，战胜对手，从而使企业不断兴旺发达；战略错误会使企业受损，严重的甚至导致破产。

（4）稳定性

企业战略一经制定，必须保持相对的稳定性，不能朝令夕改，以利于战略的贯彻执行。这就要求康养旅游企业在制定战略时，必须准确把握外部环境和内部条件，制定正确的决策。稳定性要与应变性相结合，当康养旅游企业的外部环境和内部条件发生变化时，企业战略也要适时地进行变化与调整。

（二）战略的体系

战略管理对于康养旅游企业来说非常重要。企业战略是企业生存和发展必须遵循的原则和方针，它应该根据康养旅游企业拥有的资源情况，如产品、技术、信息优势的具体情况来制定，随着企业资源优势的变动而变动。企业战略是一个体系，由企业的总体战略和各方面的分战略构成。

1. 企业总体战略

企业总体战略是对企业的总体发展及其相应的目标与对策进行谋划，是属于支配地位的战略，决定企业的兴衰成败。按照不同的分类标准，企业总体战略可以分为不同类型。

（1）按照企业在市场竞争中所处的地位与态势划分，可分为攻势战略、守势战略、撤退战略

① 攻势战略。这种战略又称为进攻型战略或发展型战略，它的特点是不断开发新市场，扩大投资规模，掌握市场竞争的主动权，在现有基础水平上向更高的目标发展。它包括技术发展、产品发展、市场发展、生产发展等方面的战略。这种战略要求企业有雄厚的资源及优良的素质做后盾。

② 守势战略。这种战略又称稳定型战略或维持型战略，它的特点是维持已有的经济效益，安全经营，不冒风险。

③ 撤退战略。这种战略又称退却型战略或紧缩型战略，它是从企业现有的基础水平往后撤退，常在经济不景气、财政紧缩、市场疲软等情况下采用。采取这种战略，可以局部撤退，适度降低经济指标，并进行适当的内部调整或技术改造，保存实力，待机而起；或者当企业在产品销售、质量、成本等方面遇到竞争对手的巨大挑战很难维持时，可以大规模减产，甚至改变经营领域，退出某些市场。

（2）按照企业产品参与市场竞争的幅度划分，可分为单一产品战略、主导产品战略、多种经营战略

① 单一产品战略。发展单一产品，努力提高增长速度，增加销售收入，提高市场占有率。

② 主导产品战略。以某种产品为主导，兼营多种产品。

③ 多种经营战略。企业向市场提供多种产品和劳务。

2. 企业分战略

企业分战略是在企业总体战略的指导下,对康养旅游企业的某一方面(按照职能、事业、地区等)的发展及其相应的目标与对策进行谋划而制定的战略。显然,分战略应该在发展方向、目标水平及主要对策等方面,与总体战略相互协调一致并保证总体战略的实现。按照企业职能制定的分战略主要有以下 7 种。

(1)市场战略

市场战略包括两类:一是市场选择战略,又包括退出型、维持型与发展型三种战略;二是市场发展战略,又包括市场渗透型、市场开发型、市场创新型和混合型四种战略。

(2)产品战略

产品战略与市场战略密切相关,每个康养旅游企业必须依靠物美价廉的产品去持续地占领市场,不断地提高市场占有率,从而提高经济效益。产品战略包括产品选择战略、产品开发战略等类型。

(3)技术发展战略

康养旅游企业要制定正确的技术发展战略。强化技术开发和推广,加速科技成果商品化、产业化进程。坚持自主研究开发和引进国外先进理念相结合,努力解决企业生产发展的重大问题与关键问题,积极应用高新技术。

(4)人才战略

人才是康养旅游企业最重要的资源。人才战略包括人才开发、人才培训和人才使用等方面的内容。

(5)投资战略

投资战略决定企业资金的合理分配和有效利用,具体规定康养旅游企业资金投入的方向、方面及其数额。

(6)竞争战略

竞争战略就是在研究市场环境尤其是竞争对手行动的基础上,制定的企业参与市场竞争的谋划。它直接关系康养旅游企业的生存和在竞争中的命运。竞争战略包括三种类型:一是低成本战略,即努力维持低成本,以廉价商品供应市场,确保市场占有率,取得竞争优势;二是产品差异战略,即生产出该行业中其他企业所没有的独特产品,形成独家经营的市场;三是重点攻关战略,即将经营重点集中在市场的某一部分,在那里建立和保持企业产品的竞争优势。

(7)企业文化战略

企业文化主要是指康养旅游企业的指导思想、经营哲学和管理风貌。企业文化战略是为了在康养旅游企业加强精神文明建设,培育高素质的旅游从业人员,以期能够充分调动员工的积极性,创造宽松和谐的环境,培育员工主人翁意识,建立共同的价值观,建设企业精神,塑造企业形象,增强企业的凝聚力和长远发展的精神动力。

（三）战略的作用

战略是企业全局性的行动方针。因此，战略的正确与否关系到企业经营的成败，它决定了企业在未来较长一段时期内的经营方案和目标。具体而言，战略有如下3个作用。

1. 战略是编制经营计划的依据

战略本身属于计划的范畴，但它是带方向性的、反映全局的、长远的计划。它是通过许多具体的、短期的经营计划来实现的，短期的经营计划是战略计划的保证，因此经营计划必须以战略计划为依据进行编制。

2. 战略有利于克服企业的短期行为

战略计划确定了企业长远的发展方向和目标，这就能使经营者把近期利益与长远目标结合起来，使企业做到持续发展。没有战略计划，经营者自然不会从全局、从长远考虑来决定企业的经营活动，急功近利，竭泽而渔，严重损害了社会生产力的发展。不仅如此，虚报浮夸、报喜不报忧也是短期行为的表现。

3. 战略有利于企业规避风险，稳步发展

战略计划由于周期长，减少了企业发展过程中的波动。从理论上讲，战略周期越长，企业发展的平衡性越好。但周期太长，对未来环境变化的预测准确性就越低，以致按太长周期确定的目标失去了实际的意义。所以企业经营战略计划不宜太长，一般在5年左右较好。

（四）战略制定遵循的原则

战略管理体现了企业发展自我走向长期的自主性，有助于企业走向成功。但是，不正确的战略管理有时会适得其反。因此，战略管理要遵循科学的原则。一般认为，战略管理要遵循以下5个原则。

1. 适应环境原则

企业是社会大系统的一个组成部分，它的存在和发展在很大程度上受企业内外各种环境因素的影响。这些环境因素有些间接作用于企业，如政治、法律、经济、技术、文化等；有些因素则直接作用于企业，如政府、顾客、供货商、债权人、股东、员工、竞争者等。战略管理就是要在清楚这些环境因素的基础上，分析机会和挑战，并采取相应的措施。所以，战略管理就是要实现企业与环境的和谐。

2. 全过程管理原则

战略管理是一个过程,大致包括以下步骤:战略制定、战略实施、战略控制、战略评价和修订。要想取得战略管理的成功,必须将战略管理作为一个完整过程来加以管理,忽视其中任何一个阶段都不可能取得战略管理的成功。某些企业可能也制定了发展战略,但忽视了战略实施,从而使战略管理成为纸上谈兵。

3. 全员参与原则

由于战略管理具有全局性,并且有一个制定、实施、控制、评价和修订的全过程,所以战略管理不仅仅是企业领导和战略管理部门的事,在战略管理的全过程中,企业全体员工都将参与。当然,在战略管理的不同阶段,员工的参与程度是不同的。在战略制定阶段,主要是最高层管理者的工作和责任;一旦进入战略实施的控制阶段,企业中、基层管理者及全体员工的理解、支持和全心全意的投入是十分重要的。

4. 整体最优原则

战略管理要将企业视为一个整体来处理,要强调整体最优,而不是局部最优。整体最优原则体现在以下方面。

战略管理不强调企业某一个局部或部门的重要性,而是通过制定企业的远景目标来协调各单位、各部门的活动,使它们形成合力。

在战略实施过程中,企业组织结构、企业文化、资源分配方法等的选择,取决于它们对战略实施的影响。

在战略评价和控制过程中,战略管理更重视各个部门、单位对企业实际远景目标的贡献大小。

5. 反馈修正原则

战略管理涉及的时间跨度较大,一般达多年。在战略实施过程中,环境因素可能会发生变化。此时,企业只有不断地跟踪反馈方能保证战略的适应性。也可以这么说,对战略管理的评价和修订意味着新一轮战略管理的开始。因此,战略管理实质上是一种滚动式管理,只有持之以恒,才能确保战略意图的实现。

二、康养旅游企业战略管理的发展

(一)战略管理的概念

战略管理是对组织活动实行的总体性管理,是组织制定、实施、控制和评价战略的一系列管理决策与行动，其核心问题是使组织自身条件与环境相适应，求得组织的生存与发展。战略管理的实质不是战略而是动态的管理，它是一种崭新的管理思想和管理方式，其含义有广义和狭义之分。广义的战略管理是运用战略对整个组织进行管理。狭义的战略管理是指对企业战略的制定、实施、控制和评价等进行的管理。

（二）战略管理的过程

战略管理各个层次的制定和执行与战略管理的过程有着密切的关系，不论哪个层次都要根据自己的战略目标进行对内外部环境的分析，从而确定战略、实施战略，而这个过程就是战略管理过程。

所谓战略管理过程，是通过一系列的步骤将组织的各项活动连接起来达到组织最终目标的动态管理过程，是组织从确立最终目标和战略到实施和反馈的过程。

1. 确定组织当前的使命、目标和战略

对于康养旅游企业管理层来说，正确认知企业的使命是制定战略的前提，组织使命是对组织目标的陈述，即指出企业存在的理由和目的，确定企业生产什么，为谁生产的问题。

（1）分析环境

任何组织都是在特定的环境中开展工作，外部环境的变化趋势给组织的生存和发展提供了机会，也带来了威胁，环境分析是组织取得战略成功所必须具备的要素。从与组织目标的相关性来看，环境因素可分为特定环境和一般环境。其中，特定环境是指管理者的决策和行动产生直接影响并与实现组织目标直接相关的因素，这些因素主要是顾客、供应商、竞争者及相关的利益群体；而一般环境是指影响组织生存和发展的广泛的经济条件，主要是组织所处的经济环境、政治法律环境、社会文化环境、人口环境和技术环境，这些因素对组织活动的影响往往是间接的。

（2）发现机会和威胁

在分析了环境之后，管理者需要评估组织面临的机会和威胁。机会是指组织外部环境因素（包括特定环境和一般环境）中对实现组织目标有利的积极因素，而威胁是指组织外部环境因素中影响目标实现的负面因素。

（3）分析组织的资源和能力

任何组织在制定战略时必须考虑到组织的资源和能力所受到的制约，因此组织在制定战略时必须对自身的资源状况及能力进行评估，主要从以下3个方面入手。

① 企业的资源。企业的资源主要分为有形资源、无形资源和人力资源。有形资源主要是指企业的财务资源和实体资源；无形资源是指组织的声誉和技术资源；人力资源是企业中一种特殊的有形资源，它意味着组织的知识结构、技术和决策能力。

② 组织的能力。在分析组织资源的基础上，对组织在生产、设计和销售等方面所具有

的能力进行分析,确定组织在价值创造方面所具有的优势和劣势。

③ 在对组织资源和能力进行分析的基础上,确定组织在价值创造过程中,具有与众不同的能力和资源,这种能力和资源就被称为组织的核心竞争力。

(4) 识别优势和劣势

在对组织内部资源清晰评估的基础上,确定了组织所具有的与众不同的资源和能力,即优势。另外,确定组织不擅长的活动或非专有的能力,即劣势。

(5) 制定战略

组织在上述对外部环境和内部环境评估的基础上,选择最能够发挥组织优势和利用环境机会的战略,分别在公司层面、事业层面和职能层面构造组织战略。

(6) 实施战略

实施战略就是为战略的具体实施提供条件,对战略实施过程进行组织、指挥和控制,以保证战略目标的实现。

2. 战略实施的控制及评价

战略实施过程中,必须对战略行动及其结果不断地进行指挥、协调、监督、考核与反馈,以保证战略的推行不偏离正确的轨道,保证战略目标的实现。

战略评价主要在于检验和评价企业战略的正确性,其主要作用:根据评价结果及时地调整现有战略,可能是局部的调整,也可能是全面的调整,为制定下一轮战略提供依据。

三、康养旅游企业具体战略分析法

(一) SWOT 分析与战略选择

SWOT 分析是帮助管理者在对组织内部的优势(strengths)和劣势(weaknesses)及外部环境的机会(opportunities)和威胁(threats)的动态结合分析中,确定相应的生存和发展战略的一种有用而简单的决策分析方法。其理论基础是最大限度地利用业务优势和环境机会,同时使业务劣势和环境威胁的作用降至最低。管理者通过环境研究,认识到外界的变化可以为组织提供发展机会,同时企业在资源的拥有和利用上有自己的优势和劣势,结合这两方面,就可以制定出指导组织生存和发展方向的战略方案。

1. 优势

优势是企业相对于竞争对手而言所具有的资源、技术或其他优势,反映了企业能在市场上具有竞争力的特殊实力。

2. 劣势

劣势是严重影响企业经营效率的资源、技术能力限制。

3. 机会

机会是指组织的外部环境因素中出现了有利形势,有利于企业的进一步发展,如政府管制放松、技术变化和供需关系的改善,或是居民消费水平的提高为高档消费品生产厂商提供了机会。

4. 威胁

威胁是环境中的重大不利因素,可能构成对企业业务发展的约束和阻碍,甚至迫使企业转变业务结构或是停止经营。

组织的优势、劣势与环境中的机会、威胁相互依存、相互转换。SWOT 分析将这四种因素进行组合,得到相应的战略。

当组织面临良好的外部机会并具有有利的内部条件时,可以采取增长型战略来充分掌握环境提供的发展良机。

当组织面临良好的外部机会但存在内部劣势的限制,或者当组织具有强大的内部实力但外部环境存在威胁时,可考虑采取稳定型战略,寻找时机设法清除不利条件或寻找有利的机会。

当组织内部存在劣势,外部面临巨大威胁时,可以采用收缩型战略,设法避开威胁和消除劣势。

SWOT 分析方法在管理工作中受到广泛重视和普遍应用,原因在于它将内外部环境有机地结合起来,为群体决策过程中的有效沟通创造了条件,有助于识别组织自身的优势、劣势,把握外部机会和威胁,为管理者提供更多的方案。

(二)波士顿矩阵法

波士顿矩阵是由美国波士顿咨询公司创始人布鲁斯·亨德森(Bruce Henderson)为大组织确定和平衡其各项经营业务发展方向和资源分配而提出的战略决策方法。

1. 制定标准

这种决策方法主张在确定各经营业务发展方向时,组织应综合考虑到某项经营业务的销售增长率(市场吸引力)及组织在该市场上的相对竞争地位。

相对竞争地位是通过组织在该项业务经营中所拥有的市场占有率与该市场上最大的竞争对手的市场占有率的比值(相对市场占有率)来表示,它决定了组织在该项业务经营中获得现金回笼的能力及速度,较高的市场占有率可以带来较大的销售量和销售利润额,从而能使组织有较多的现金流量。

该项业务的增长率则反映该项业务所属市场的吸引力,它主要用该市场领域近年来平均的销售增长率来表示,并且将市场销售增长率在10%以上的划定为高增长业务,10%以下的则划定为低增长业务。

2. 业务分类

根据市场增长率和组织相对竞争地位这两项标准,可以把组织中所有的经营业务区分为以下4种类型(见图7-3)。

(1)"金牛"业务

该类业务拥有较高的市场占有率,相对竞争地位高,能从经营中获得高额利润和高额现金回笼,但这种业务的市场增长率低,前景并不好。因而不宜投入大量资金盲目追求发展,而应该将其当前市场份额的维护和增加作为经营的主要方向,目的是使"金牛"类业务成为组织发展其他业务的重要资金来源。

(2)"明星"业务

该类经营业务的市场增长率和相对竞争地位都较高,能给组织带来较高的利润,但同时也需组织增加投资,以便跟上市场的总体增长速度,巩固和提高其市场占有率。"明星"类业务的基本特点是,不论是其所回笼的现金,还是所需要的现金投入,数量都非常大,两者相抵后的现金流可能出现零或者负值。

(3)"问题"业务

这类经营业务的市场增长率较高,但组织目前拥有的市场占有率相对较低。由于高增长速度要求大量的资金投入,但是较低的市场占有率又只能带来很少量的现金回笼。因此,组织需要将由其他渠道获得的大量现金投入该项"问题"业务中,尽快扩大生产经营规模,提高市场份额。采取这种策略的目的,就是使"问题"业务尽快转变成"明星"业务。但是如果决策者认为某些刚开发的业务并不可能成为"明星"业务,则应及时采取放弃策略,因为这类业务如果勉强维持下去,组织可能要投入相当多的资金,其投资量甚至还会超过它们提供的现金量,这样,组织就很容易出现现金的短缺。

(4)"瘦狗"业务

这是指市场销售增长率比较低,而组织在该市场上也不拥有相对有利的竞争地位的经营业务。由于销售前景较差和市场份额较小,经营这类业务只能给组织带来极微小甚至负值的利润。对这种不景气的"瘦狗"类经营业务,组织应采取缩小规模或者清算、放弃的策略。

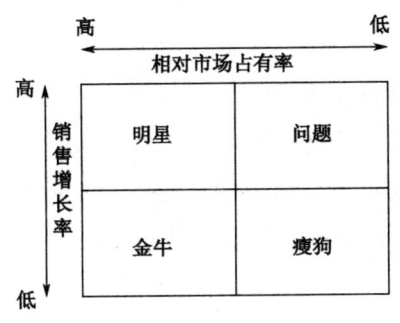

图 7-3 波士顿矩阵

（三）波特的行业竞争结构分析模型与战略选择

康养旅游企业在选择适合自己特点的战略时，需要分析环境的变化、选择合适的、具体的战略。

1. 波特行业竞争结构分析模型

在分析外部环境时，康养旅游企业可以利用美国战略研究者迈克尔·波特（Michael Porter）的行业竞争结构分析模型（见图 7-4）来确定组织目前所处的状况，这种模型从以下 5 个方面进行了具体的分析。

（1）行业内现有竞争对手分析

康养旅游企业在制定战略时要考虑"谁是竞争对手""谁是主要的竞争对手""行业竞争状况如何"等问题。在分析比较时，康养旅游企业的管理者可以通过研究对手和主要对手的基本情况及主要竞争对手的发展动向等来识别竞争对手，如在分析竞争者的增长速度、产品是否相似、各类成本构成的比例、行业发展情况等内容的基础上来确定自己和竞争者在行业中的地位，然后选择合适的策略展开竞争。

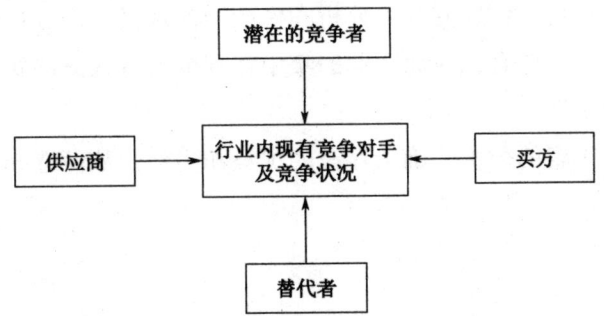

图 7-4 迈克尔·波特的行业竞争结构分析模型

（2）潜在的竞争者分析

潜在的竞争者也是影响康养旅游行业的重要力量。如果一个行业发展良好、利润率高，而且进入障碍又比较小，就会吸引大量的潜在进入者，这会给行业带来很大的威胁。

潜在的竞争者根据是否具有规模经济、产品差异化的程度、转移成本的大小、资本需求的难易及政府政策的导向等一系列因素决定是否进入所选择的行业。而比较容易进入的组织通常具有下列特点：可以容易地克服进入壁垒，进入行业后可以与其他组织产生明显的协同效应，通过后向一体化或前向一体化方式进入。

（3）替代品分析

替代品是与康养旅游企业的产品在功能上相似、可以相互替代的产品。替代品的价格越有优势，对组织的威胁就越大。例如，当 IBM 和 DELL 两种品牌某一型号的计算机功能相似时，如果 DELL 计算机的价格偏低，就会给 IBM 带来比较大的威胁。

（4）买方分析

买方分析分为买方的需求分析和讨价还价能力分析两个方面。需求分析包括需求的市场总量分析、结构分析和消费者的购买力分析等内容，而影响买方讨价还价能力的因素主要是买方的购买形式及购买额度的大小。如果买方是大批量或集中购买，则占据优势；如果买方的购买金额小，则只能处于劣势地位。

买方的转移成本大小：如果产品或服务有价格合理的替代品，买方可以在比较中选择，转移成本较小，在竞争中买方具有一定的优势地位。

买方成本的构成状况：如果产品在买方的成本结构中占据较大的比重，买方会尽量压低这一产品的价格，尽可能地讨价还价。

买方对产品的了解程度：如果买方事前对所购买的产品掌握了大量有效的信息，那么买方便会具有很强的讨价还价能力。

（5）供应商分析

供应商分析分为供应商的供应能力分析和讨价还价能力分析两个方面。供应能力分析包括供应的市场总量分析、供应商数量分析和供应商的规模大小分析等内容，而影响供应商讨价还价能力的因素主要有供应商行业的集中化程度、替代品的状况、产品是否存在差别化、转移成本的大小等。

组织通过对上述因素的分析，确定存在的优势和劣势，从而选择能够给企业带来竞争优势的策略。

2. 战略选择

（1）成本领先战略

采取这种战略的组织以低于行业的平均成本为消费者提供同样的产品或服务，并通过低成本的策略建立行业竞争优势。

① 实现成本领先战略的途径。

A．规模经济。通过规模生产和规模分销，发挥规模经济和范围经济的作用来实现成本领先。

B．改进产品的流程和工艺。通过重组流程或缩短流程都能够减少生产时间、降低成本，而先进的工艺可以节约大量的原材料。

C．协同作用。与相关的其他组织建立长期合作的关系可以为组织节省资金，降低成本，提高效益。

D．尽量降低各种投入要素的成本。

② 成本领先战略的评价。成本领先战略形成了市场进入障碍，提高了潜在进入者的进入成本；扩大了企业与供应商的谈判空间，可以使企业占有更多的市场份额；降低或缓解了替代品的威胁。

但成本领先战略也存在一些弱点：规模生产使技术设备过于专业化，在技术和市场迅速变化的时期，企业面临较大的经营风险；成本领先战略是一种先发制人的战略，如果竞争对手采取更低的成本策略，企业现有的营利能力将受到较大影响。

（2）差异化战略

差异化战略是组织通过区别于竞争对手的特色产品和服务取得市场优势并得到行业认可，这种独特性可以表现在技术上、品牌形象上，也可以通过特色服务和出色的产品质量来体现。

差异化战略既可以通过提高顾客的满意度和降低顾客总的使用成本来塑造，也可以通过创造竞争对手缺乏或不能模仿的竞争能力来实现差异化。

实施差异化战略可以提高顾客对企业品牌的忠诚度，为公司维持稳定的客户群，可以对潜在进入者形成有效的障碍，给企业带来较高的溢价。但是如果产品的成本因为差异化而不断上升，市场价格过高，差异化战略将面临风险；或者当市场出现了更为显著的差异化产品时，这一战略的市场优势将不再明显。

（3）集聚战略

集聚战略是组织将目标集中在特定的细分市场上，在行业或产业内很小的竞争领域内建立自己的优势。在所选择的狭小的范围内，组织仍然可以采用成本领先战略和差异化战略，这种联合的战略被称为集中成本领先战略和集中差异化战略。

集聚战略适用于小型的组织，因为这类组织没有足够的资金和资源建立显著的差异化，也无法形成一定的规模经济来降低单位成本，因而只能集中在小范围运用成本领先战略和差异化战略来取得竞争优势。

任务思考

1. 名词解释

（1）战略。

（2）战略管理。

2. 实训题

（1）举例说明什么是多元化战略，采取这一战略，对康养旅游企业来说有何利弊？

（2）学会运用行业竞争结构分析模型，分析当地康养旅游行业或企业的竞争情况。

项目总结

康养旅游行业是一个新兴的概念，随着中国经济的迅猛发展和居民收入水平的提高，康养旅游行业正迅速发展，市场规模也随之增大，越来越多的康养旅游企业进入该行业，康养旅游企业之间也面临越来越激烈的市场竞争。

作为一项新兴产业，中国康养旅游行业市场在不断发展壮大，随着党的二十大精神的贯彻落实，政府将继续加大对康养旅游行业的支持力度，提高行业的效率和服务水平，为游客提供更多、更优质的康养服务。同时，随着社会经济的发展，人们对康养旅游的需求也会不断增多，旅游企业可以通过开发新的康养旅游产品和服务，满足游客的要求，实现更大的利润。

如何抓住康养旅游快速发展的机遇，运用现代化的管理理念，将康养旅游企业做大做强，是目前康养旅游企业亟待探索的发展之路。

项目实践

深圳华侨城集团有限公司（以下简称"华侨城集团"），创立于1985年，是国务院国有资产监督管理委员会直接管理的大型中央企业，总部设在深圳，已形成以文化、旅游、房地产、电子科技为主业的发展格局，是首批国家级文化产业示范园区、全国文化企业30强、中国旅游集团20强、中国房企品牌20强，业务遍及全国百余座城市及全球多个国家和地区。

华侨城集团是国内最早创建大型主题公园的企业，1989年打造了中国第一座文化主题公园——深圳锦绣中华，开创了中国文化旅游的先河，也创造了"一步迈进历史，一日游遍中国"的神话，并在一年内收回投资。随后，华侨城集团推出了民俗文化村、世界之窗、欢乐谷等一系列主题公园。正是凭借着对中国传统文化资源与世界各国文化精粹的深度挖掘与利用，华侨城集团才能在深圳将文化旅游做得风生水起，并拓展到全国市场。深圳华侨城主题公园群由"锦绣中华""中国民俗文化村""世界之窗""欢乐谷"四个主题公园组成。此后，华侨城集团不断顺应消费需求和市场趋势，坚持以文塑旅、以旅彰文，培育了欢乐谷、世界之窗、东部华侨城、欢乐田园、甘坑古镇等一批行业领先品牌和项目，打造了多个国家 5A 级旅游景区、国家级旅游度假区、国家级夜间文化和旅游消费集聚区、国家级文明旅游示范单位。目前，华侨城集团位列全球主题公园集团三强、亚洲第一，运营和管理景区、开放式旅游区超 100 家。

小组实践：

以小组为单位，从战略发展的角度，分析华侨城集团的经营战略和成功经验。并选择当地一家康养旅游企业进行实地调研走访，为该康养旅游企业的经营发展提供可行性建议。

项目八

管理创新

项目导读

本项目只有一个任务,通过本项目的学习,在知识上,要求学生理解创新的含义、特征、作用,创新的含义、创新的基本原则;掌握创新的过程、内容、策略及方法,我国企业管理创新所面临的挑战。在能力上,要求学生能够用创新思维的训练开发、发展一个创新的组织。在素质上,正确认识创新发展的重要性,了解中国优秀企业创新管理现状,培养学生创新意识,树立"危机中育先机、变局中开新局"的信心与决心。

思维导图

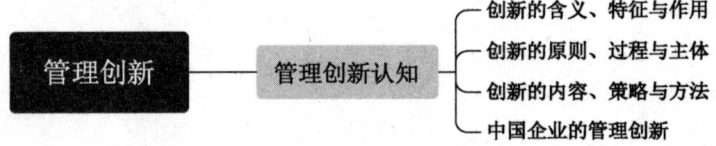

案例导入

依云小镇的创新

未来,休闲度假与旅游养生将会越来越热门,成为人们出行的首选之一。

(一)主题化开发,自然与人文相结合

文化是度假小镇的"灵魂",文化是区别于其他度假区的重要因素之一,游客也倾向于选择具有深厚历史人文底蕴的小镇进行度假休闲。依云小镇"水"主题非常明确,也因此成为吸引游客前往的重要因素。用一个核心主题,体现整个小镇的文化灵魂的主题特点,这是常规的手法,但主题文化不一定是单一主题,可以通过梳理文化,以打造主题文化为重点，通过多元文化整合延伸形成旅游小镇，把多元文化景观化、建筑化、娱乐化。在旅游产品开发过程中应引入文化元素，开发多样化文化旅游产品，形成文化旅游产业群。在空间意象的营造中，应将文化元素融入建筑、道路、装饰当中，体现当地文化特色，营造可打动游客的文化意象，从而提升度假小镇的认知度。

（二）充分体现休闲化业态

用休闲业态聚集带动小镇的人气与商业发展。目前，在休闲时代的大趋势下，各种商业业态逐渐从传统趋向休闲，从时尚用品到户外运动装备，从休闲餐厅到主题酒吧，从SPA美容到健身俱乐部，从休闲画廊到数字娱乐，从旅游服务到度假酒店……休闲已不再只是消费行为的点缀，而是成为商业业态发展的大势所趋。

（三）特色化生活

旅游小镇与旅游景区的一大区别是小镇作为一个在城镇化体系中的区划单位，其休闲集聚结构延伸出多维的居住结构（城镇化人口居住、服务人群居住、度假居住等），针对性强的特色化生活方式是对多维居住结构受众的最大吸引力。可以通过对文化主题在小镇的衣、食、住、行、劳动工作、休息娱乐、社会交往、待人接物等物质生活和精神生活各个角度的延伸，营造和展示不同的生活模式，吸引游客并使生活方式形成新的景观。

（四）信息化管理，与高新技术相结合

旅游信息化是当前旅游业发展最为显著的特征之一。旅游资源整合、设施建设、项目开发、市场开拓、企业管理、营销模式、咨询服务等领域已经广泛应用现代信息技术，从而引发了旅游发展战略、经营理念和产业格局的变革，带来了产业体制创新、经营管理创新和产品市场创新，改变了旅游产业的发展方式。总之，技术型融合使旅游业提高了技术含量，为旅游业注入了新的活力。

问题

1. 结合案例谈谈你对创新的理解。
2. 请分析"依云小镇"管理成功的奥秘是什么？

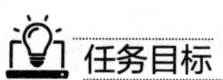

管理创新认知

任务目标

通过本任务的学习，你应该知道：

1. 创新的含义、特征与作用。
2. 创新的原则。
3. 创新主体的组成。
4. 创新的过程、内容、策略及方法。
5. 我国企业管理创新所面临的挑战。
6. 创新思维的训练开发。
7. 如何发展一个创新的组织。

资料链接

北京市慕田峪长城旅游公司智慧旅游

任务操作

一、创新的含义、特征与作用

（一）创新的含义

创新是一种思想及在这种思想指导下的实践，是一种原则及在这种原则指导下的具体活动。美国经济学家约瑟夫·熊彼特（Joseph Alois SchumPeter）在其《经济发展理论》一书中首次提出了创新的概念。他认为，创新是对"生产要素的重新组合"，具体来说，包括以下 5 个方面。

① 生产一种新产品，也就是消费者还不熟悉的产品，或是已有产品的一种新用途和新特性。

② 采用一种新的生产方法，也就是在有关的制造部门中未曾采用的方法，这种方法不一定非要建立在科学新发现的基础上，它可以是以新的商业方式来处理某种产品。

③ 开辟一个新的市场，就是使产品进入以前不曾进入的市场，不管这个市场以前是否存在过。

④ 获得一种原材料或半成品的新的供给来源，不管这种来源是已经存在的还是第一次创造出来的。

⑤ 实现一种新的企业组织形式，如建立一种垄断地位或打破一种垄断地位。

后来，许多研究者也对创新进行了定义，有代表性的定义有以下 5 种。

① 创新是开发一种新事物的过程。这一过程从发现潜在的需要开始，经历新事物的技术可行性检验，到新事物的广泛应用为止。创新之所以被描述为一个创造性过程，是因为它产生了某种新的事物。

② 创新是运用知识或相关信息创造和引进某种有用的新事物的过程。

③ 创新是对一个组织或相关环境新变化的接受。

④ 创新是指新事物本身，具体来说，就是指被相关使用部门认定的任何一种新的思想、新的实践或新的制造物。

⑤ 创新是新思想转化为具体行动的过程。

由此可见，创新概念所包含的范围很广，涉及许多方面。比如：有的东西之所以被称作创新，是因为它提高了工作效率或巩固了企业的竞争地位；有的是因为它改善了人们的生活质量；有的是因为它对经济具有根本性的促进作用。但值得注意的是，创新并不一定是全新的东西，旧的东西以新的形式出现或以新的方式结合也是创新。我们说，创新是生产要素的重新组合，其目的是获取潜在的利润。

（二）创新的特征

1. 创新的不确定性

第一，市场的不确定性。其主要是指不易预测市场未来需求的变化。外界因素如经济环境、消费者的偏好都会对市场变化产生影响。当出现根本性创新时，市场方向无从确定，也就无法确定需求。例如计算机刚问世时，有人估计全美国只有几十台的需求，这显然与实际情况相差万里。市场不确定性的来源，还可能是不知道如何将潜在的需要融入创新产品中去，以及未来产品如何变化以反映用户的需要。当存在创新竞争者时，市场的不确定性还指创新企业能否在市场竞争中战胜对手。

第二，技术的不确定性。其主要是指不确定如何用技术来体现、表达市场中消费者需求的特征；能否设计并制造出可以满足市场需要的产品和工艺。有不少产品构思，按其设计的产品要么无法制造，要么制造成本太高，因此这种构思和产品的商业价值较少。技术与现行技术系统之间的不一致性也是一个重要的不确定性来源。

第三，战略的不确定性。其主要是针对重大技术创新和重大投资项目而言的。它指技术创新的出现使已有投资与技能过时的不确定性，即难以判断它对创新竞争基础的影响程度，以及面临新技术潜在的重大变化时企业如何进行组织适应与投资决策。当出现重大技术创新时，战略不确定性常常因严重的战略性决策失误导致产业竞争领先地位交替。

2. 创新的保护性和破坏性

不同创新对企业产生影响的范围、程度和性质是不同的，两个极端的情况是：保护性的创新和破坏性的创新。保护性的创新会提高企业现有技能的价值和可应用性。破坏性的创新则使企业现有的技能和资产遭到毁坏，新的产品工艺技术会使企业现有的资源、技能和知识只能低劣地满足市场的需要，或者根本无法满足市场要求，从而降低现有能力的价值，在极端情况下，会使现有能力完全过时。

3. 创新的必然性和偶然性

必然性是由管理的不可复制性产生的。管理的不可复制客观上要求管理创新，从泰勒制管理到丰田生产方式，再到现代流行的虚拟系、电子商务、网络营销等，可以说任何一种新的管理模式、方法的产生都和时代发展、技术进步密切相关。很多情况下，创新是在大量的实验、调研、严谨思考的背景下产生的。然而，另一种创新方式对管理人员来说也是不能忽视的，那就是偶然性创新。就像牛顿从苹果落地而发现万有引力定律一样，一些偶然的事件也可以引发创新。

4. 创新的被排斥性

创新活动常常受到来自各方面的排斥、压力和抵制，习惯于原有生活方式和思维方式的人们往往不欢迎任何改动和变革。因为在这种情况下，没有麻烦，没有威胁，也没有紧迫感，一切都显得平稳。所以一项新产品的创新就其本质而言，是一场推进创新力量和排斥、抵制创新力量之间的激烈斗争，管理者所面临的挑战就是如何在这些力量中间保持平衡。需要注意的是：我们应该对华而不实的或仅仅是象征意义的新产品的创新，以及与新产品战略目标不一致的新产品持抵制态度，这种抵制不应受到阻挠。

5. 创新的复杂性

有人说，创新过程就像链条，只要增加上游基础研究的投入，就可以直接增加下游的新技术、新产品的产出。但在实际经济活动中，创新有许多起因和知识来源，可以在研究、开发、市场化和扩散等任何阶段发生。创新是诸多复杂因素相互渗透并且共同作用的结果，创新不是一个独立的事件，而是由许多小事件组成的一个螺旋式上升的轨迹，是一个复杂的系统过程。

6. 创新的时效性

从企业角度看，创新一般是从产品创新开始的。一种新的市场需求总是表现为产品需求，因而，在创新初期，企业的创新活动主要是产品创新。一旦新产品被市场接受，企业将把注意力集中在过程创新上，其目的是降低生产成本、改进品质、提高生产率。当产品创新和过程创新进行到一定程度时，企业的创新注意力又会逐渐转移到市场营销创新上，目的是提高产品的市场占有率。在这些创新重点的不同时间段上，还会伴随着必要的组织创新。当新产品投放市场一定时间后又会被更新的产品所替代，这种替代也使创新具有时效性。新产品被更新的产品所替代的原因可能有两方面：一是消费者的偏好发生了变化，二是生产产品的技术得到了更新。正是因为创新具有时效性，所以在进行创新决策时要考虑三个问题：消费者对创新产品需求的持续时间、该产品被其他产品替代的可能性及创新所处的时期。

7. 创新的动态性

事物是发展变化的，不仅组织的内外部环境不断发生变化，组织的创新能力也要不断积累、不断提高，决定创新能力的创新要素也都要进行动态调整。从企业间的竞争来看，随着企业创新的扩散，企业原有竞争优势将会消失，这就要不断推动新的一轮又一轮的创新，以便不断确立企业新的竞争优势。因此，创新绝不是静止的，而是动态的。不同时期组织的创新内容、方式、水平是不同的。从企业发展的总趋势看，前一时期低水平的创新，总是要被后一时期高水平的创新所替代。创新活动的不断开发和创新水平的不断提高，正是推动企业发展的不竭动力。

（三）创新的作用

1. 创新可以提高组织竞争实力

创新可以将组织的劣势转化为优势，将不利因素转化为有利因素。例如，洗衣机的载物洗涤容量一般为 5 千克，并且呈现逐步增大趋势。海尔公司凭着灵敏的市场触角，巧妙地在产品的细微之处大胆创新，与消费潮流背道而驰，思维逆转，推出 2 千克装的"小小神童"洗衣机。海尔的"只有淡季的思想，没有淡季的产品"的创新理念，使海尔随时保持创新思维，建立了一整套技术创新制度和相应的科研管理模式，最终赢得了市场。

2. 创新为组织的长期持续发展提供动力

组织要想持续发展，必须进行创新，不进行创新，其发展就会缺乏推动力。早在 1994 年，著名的经济学家保罗·克鲁格曼（Paul Krugman）就提出了"虚拟的亚洲经济"的观点。他认为亚洲（除日本外）经济的增长主要是依靠资金和劳动力的大量投入，而不是依靠科技进步，因此这一地区的经济高速增长是不可能持续很久的。这一预言不幸被言中。1997 年爆发的东南亚金融危机波及整个亚洲，导致许多国家的经济增长放缓，甚至出现负增长。

与此相反，美国自里根时代以来就强调创新的作用，从而出现了目前自第二次世界大战以来最长时间的持续的经济增长，特别是 1997 年的亚洲金融危机及 1998 年的俄罗斯和拉美的金融风暴，导致大多数发达国家与不发达国家经济的倒退，而美国经济却始终稳定有力地增长。这正好说明了光靠资金和劳动力的大量投入来推动经济增长是不可持续的，必须把重点转移到知识创新上来。

3. 自主创新是取得进步的根本

对任何组织而言，创新都是根本。一个企业要取得先进的知识有两个途径：一是引进，二是创新。引进知识当然不失为一种快捷方法，这种方法曾经是一些发展中国家企业实现赶超的主要途径，但事实上，这样永远也无法真正赶超发达国家和先进企业，因为其并未掌握和拥有真正的技术核心。因此，要真正强大起来，必须走自主创新之路，这对于我国尤其重要。2016年年底印发的《"十三五"国家信息化规划》要求，到2020年"数字中国"建设取得显著成效，信息化能力跻身国际前列，核心技术自主创新实现系统性突破，信息基础设施达到全球领先水平，信息经济全面发展，信息化发展环境日趋完善。信息技术和经济社会发展深度融合，数字红利充分释放。信息化全面支撑党和国家事业发展，为国家治理体系和治理能力现代化提供坚实支撑。

二、创新的原则、过程与主体

（一）创新的原则

为了推动创新并保证创新活动的顺利进行，需要正确处理各方面的关系，遵循一定的原则。创新的原则主要有以下4点。

1. 创新与维持相协调的原则

创新活动与维持活动既有区别，又相互联系、相辅相成。维持是创新的基础，创新是维持的发展；维持是为了实现创新的成果，创新为维持提供更高的起点；维持使组织保持稳定性，创新使组织具有适应性。维持和创新都是组织生存和发展所不可缺少的，然而创新与维持有时也相互矛盾、相互冲突。正确处理二者的关系，寻求创新和维持的动态平衡和最优组合，是管理者的职责，也是创新应遵循的原则。例如，研究开发新产品，要受原有产品技术水平、人员素质、管理水平及资金积累的制约；新产品处在研究开发甚至开始生产和投入市场阶段，原有产品的生产也同时进行，这就需要正确处理新产品开发和原有产品生产之间的关系，从而满足创新与维持相协调原则的要求。在企业中，创新与维持的平衡和组合更复杂，如创新目标、规模、顺序的选择要适当，新技术的引入和改进创新要紧密结合，创新组织与其他组织之间要相互配合等。

2. 开拓与稳健相结合的原则

开拓是创新的本质要求。所谓开拓，就是要不断地向新的领域、新的高度进发。没有开拓进取，就没有创新。然而，组织中不思进取、安于现状的现象往往普遍存在，创新活动也经常受到来自各方面甚至是高层管理人员的非议、排斥、压力和抵制，不少人担心创新会付出更大的代价，担心会改变熟悉的工作方式，担心会失去既得的利益等。这些现象成为组织创新的最大障碍。因此，管理者应以极大的热情鼓励、支持和组织创新活动，要营造促进创新的组织氛围，重塑组织文化，激励员工奋发向上、开拓进取。

组织创新是在现实基础上的创新，任何成功的创新都是科学的，容不得半点虚假。开拓精神还必须同求实态度相结合。求实稳健并非安于现状、墨守成规，而是面向社会、面向市场，从实际出发，量力而行，这是创新成功和稳步发展的重要保证。脱离实际的变革，不可避免地会出现盲目性、随意性和反复性。大量事实表明，创新者不是专注于冒险而是专注于机会，通过将感性认识上升为理性认识，在系统分析创新机会来源的基础上，找准机会并加以利用。一旦创新展开，就必须脚踏实地地采取各种措施，经过持续的努力，确保创新的成功。

3. 统一性和灵活性相结合的原则

有组织的创新，必须有统一明确的目标、相互协调的行动、优势集中的兵力。没有统一明确的目标，创新活动将失去方向，形成盲目乱干、没有相互协调的行动，创新人员就不能团结合作，容易各自为政、相互封锁；没有优势兵力的集中，创新力量分散，则不仅会延缓时间，痛失良机，甚至会导致失败。但是，创新本身具有偶然性或机遇性，并不是所有事件都在可以预料的计划之内。另外，多数创新者往往是"骑在丰富想象力上获得冒险成功的人"，他们酷爱做自己幻想的事。因此，创新的组织应具有灵活性，要放松对员工的控制，使计划具有弹性。例如允许创新者自己确定题目，允许使用部分工作时间去探索新的设想，提供一定的创新尝试所需要的资金、物质条件和试验场所，允许创新者自己选择合作伙伴等，这样既有利于充分调动创新者的积极性，又有利于及时捕获创新机会。

4. 奖励创新、允许失败的原则

创新的创造性、风险性、效益性，决定了组织应对创新者的劳动及其成果进行公正评价和合理奖励。对所有的创新建议，都要实施正向的激励政策，对创新成果确有重大价值并得以采用的，要在物质上给予重奖，在职称、职务上予以破格晋升，使奖励与创新的风险和贡献相一致。同时，创新者的创新动机有一种对个人成就感的追求和自我实现的满足，创新的精神奖励不仅是必要的，甚至是更为重要的。因此，不仅要对创新成果进行精神的、物质的奖励，还要在创新的全过程中给予创新者更多的理解、尊重和支持，给予创新者放手施展抱负和才能的条件和权利。

创新是不断探索尝试、经常受挫失败又努力改进提高的过程。在创新过程中，允许失败是对创新者积极性、创造性的保护和支持。对于失败，创新者不应悲观失望、半途而废，管理者不应冷眼相看、横加指责。创新的组织管理者对待失败要宽容，要热情主动地帮助创新者总结和吸取教训，鼓励创新者坚持不懈，继续进行大胆探索和试验，直到取得成功。

（二）创新的过程

要有效地组织创新工作，就必须研究和揭示创新的规律。创新到底有无规律呢？对这个问题目前颇有争议。美国是创新活动比较活跃的国家，对创新活动也有比较深的理解，所以 3M 公司的一位常务副总裁在一次讲演中甚至这样开头："大家必须以一个坚定不移的信念作为出发点，这就是创新，它是一个杂乱无章的过程。"

应该说，杂乱无章是创新的本质的说法可以被人们所接受。因为创新是对旧事物的否定、对新事物的探索。对旧事物的否定，必定要突破原先的制度，破坏原先的秩序，必须不遵守原先的章法；对新事物的探索，意味着要在不断的尝试中去寻找新的秩序、新的方法，在取得最终成果之前，要经历无数次的反复、无数次的失败。因此，它看上去必然是杂乱的，但这种杂乱是相对于旧制度、旧秩序而言，就创新的总体来说，它们必然遵循一定的步骤、程序和规律。

总结众多成功企业的经验，成功的创新要经历以下 4 个阶段。

1. 寻找机会

创新是对原有秩序的破坏。原有秩序之所以要打破，是因为其内部存在着或出现了某种不协调的现象。这些不协调对系统的发展造成了某种不利的影响。创新活动正是从发现和利用旧秩序内部的冲突开始的，可以说冲突为创新提供了契机。

旧秩序中的不协调既可产生于组织的外部，又可产生于组织的内部。就外部而言，有可能成为创新契机的变化主要有以下 4 点。

（1）技术的变化

技术的变化可能影响相关资源的获取、生产设备及产品的技术水平。

（2）人口的变化

人口的变化可能影响劳动力市场的供给和产品销售市场的需求。

（3）宏观经济环境的变化

宏观经济环境的变化，如迅速增长的经济背景可能给企业带来不断扩大的市场，而整个国民经济的萧条则可能降低企业产品需求者的购买能力。

（4）文化与价值观的转变

文化与价值观的转变可能改变消费者的消费偏好或劳动者对工作及其报酬的态度。

就内部而言，引发创新的不协调现象主要有以下两点。

第一，生产经营中的"瓶颈"，可能影响劳动生产率的提高和劳动者积极性的发挥，因而始终困扰着管理人员。这种不协调环节的产生，既可能是某种材料质地不够理想，且始

终找不到替代品，也可能是某种工艺加工方法的不完善，或是某种配备政策的不合理。

第二，意外的成功和失败，如派生产品的利润贡献不声不响地、出人意料地超过了主营品；老产品经过精心整顿、改进后，结构更加合理、性能更加完善、质量更加优异，但未得到预期数量的订单等。这些出乎意料的成功和失败，往往可以把组织从原先的思维模式中解放出来，从而成为创新的一个重要源泉。

2. 提出构想

敏锐地观察到不协调的现象以后，还要透过现象研究原因，并据此分析和预测不协调现象的未来变化趋势，估计它们可能带来的积极的或消极的后果，在此基础上，努力利用各种方法，消除不协调，使组织在更高层次上实现平衡的创新构想。

3. 迅速行动

创新成功的秘密主要在于迅速行动。提出的构想可能还不完善，但这种并非十全十美的设想必须立即付诸实施才有意义。"没有行动的思想会自生自灭"，这句话对于创新思想的实践尤为重要。一味追求完美，以减少受讥讽、被攻击的机会，就可能错失良机，把创新的机会白白地送给竞争对手。所以，创新的构想只有在不断的尝试中才能逐渐完善，企业只有迅速地行动才能有效地抓住时机。

4. 坚持不懈

构想经过尝试才能成熟，而尝试是有风险的，不可能一击即中。创新过程是不断尝试、不断失败、不断提高的过程。因此，创新者在开始行动以后，为取得最终的成功，必须坚定不移地继续下去，绝不能半途而废，否则便会前功尽弃。

故事链接

一只鸟从教室敞开的窗户飞了进来，找不到出去的方向了。这时，教室里的老师和学生一同把这只鸟向敞开的窗口方向驱赶，但是没有成功。然后，他们决定抓住这只鸟，好把它拿到教室外面放飞，但是他们也没有抓住这只鸟。老师建议大家冷静下来，争取想一个好主意能让这只鸟返回到外面。很快，课堂上产生了一个很聪明又很有效的办法……

讨论：你知道是什么办法吗？你有更好、更新、更有趣的办法吗？

(三) 创新的主体

1. 全体员工是创新活动的源泉

管理创新活动的源泉在于全体员工的积极性、智慧和创造力的发挥，因此管理者要营造出鼓励创新的氛围，依靠全体员工开展管理创新活动。这样才能不断涌现新的创意，管理创新活动的推行也更容易得到支持。当然，作为个人的员工很难成为管理创新的主体，因为其工作性质属于操作层，且受到上司多方面的控制，虽有创意也很难在工作中进行实践。但作为群体的员工却往往能成为管理创新的主体，这是因为群体中可以包容大量的创意，当这些创意得到企业家认可并付诸实施时，这些员工就成了真正的管理创新主体，他们在每天的工作过程中就可以亲身实践。比如，通过成立各种小组，全员性地参与管理创新，如合理化建议制度（在我国，海尔公司的合理化建议活动很有特色，读者可以自行了解相关内容）、零缺点运动、质量管理小组、创造发明委员会等。

2. 管理者是管理创新的中坚力量

许多管理者是在专业分工的条件下对自己职责范围内的事务、人员、资源进行管理。这些管理领域如人事、财务、生产、营销等都存在着大量的创新空间，因此这些管理者如果提出创意并加以有效实施的话，就能成为管理创新的主体。当然，这一阶层的管理者受到上级和自身权限的约束，其创意往往需要得到上级的认可才能转变为创新活动。如果在企业家的鼓励下，一个企业中许多管理人员都在进行管理创新的探索，那么这家企业必定是充满活力的。例如，在福特"让工薪阶层都有一辆福特车"的创新思维指导下，生产部门的管理人员会同技术人员经过艰苦努力，不断修改创意，设计实施方案，最后终于推出了"生产流水线"这一生产流程方面的重大创新，极大地扩大了生产规模，降低了产品成本，成为自工业革命以来足以同其他重大科技发明创造相提并论的一项管理创新。

3. 管理专家和研究机构是管理创新的辅助力量

在复杂、多变和激烈的竞争环境中求生存，单凭企业家和几个管理人员的知识、智慧、经验是不够的，还需要借助一些专门的管理专家、参谋机构的理论和智慧，依靠他们来分析收集信息，制订创新方案，并帮助企业家付诸实施。这种利用"外脑"的方式对管理进行创新是非常重要的。有资料表明，国外一些企业的重大创新成果很多是由专家组成的"智囊团"和研究机构创造出来的。因此，管理创新也要充分发挥这部分辅助力量的作用。

4. 创新型企业家是管理创新的关键

由于企业家在整个企业发展中所处的特殊地位和管理支配力，他们或亲自提出创意付

诸实施，或对管理创新活动产生重大影响，因此企业家是管理创新的关键人物。企业要想不断创新，必须有锐意进取的创新型企业家。

企业家应始终寻求变化，对变化做出及时反应，并把变化作为创新机会予以利用。企业家的创新精神要求他们必须具备一定的心智特征和能力结构。

（1）创新型企业家的心智特征

心智特征，是指由过去的经历、素养、价值观等形成的基本固定的思维方式和行为习惯。作为管理创新主体的企业家应具备以下心智特征。

第一，善于学习，具有广博的知识。这是企业家对某一问题有超越常人看法或认识的基础。因为新的知识和信息是对过去知识体系的一种冲击和发展，可以使人们从过去无法解决的问题中得到新的启迪，也是保证管理创新的主体具备较高思维起点的关键。

第二，善于思考，具有系统的思维方式。这是一种发散式的思维，同平常人的线性思维方式不同。创新型企业家通常采取一种系统的全方位思维方式，即从具体到综合、从局部到全局、从现象到原因的思维方式，把问题的相关方面都考虑到。许多管理上创意都是这样产生的。

第三，勇于进取的价值取向。只有具备强烈的事业心、高度的责任感、永不满足的价值观，企业家才能对创新的追求永无止境，不断攀登管理的高峰。

第四，健全的心理素质。这是确保企业家创新活动成功的重要心理特征。它包括自知与自信、理智的情绪、坚强的意志、雄伟的胆略、宽容的心态、对挫折的忍耐、敢于冒险等多项素质。

第五，优秀的品质。使命感、信赖感、责任感、诚实、公平、勇气、热情等都是创新型企业家应具备的优良品质。

（2）创新型企业家的能力结构

作为管理创新主体的企业家必须具备一定的能力才可能完成管理创新的过程。这些能力可分为三个层次，即核心能力、必要能力和增效能力。核心能力突出地表现为创新能力，必要能力包括转化能力和应变能力，增效能力则表现为协调组织能力。

第一，创新能力。创新能力表现在企业家善于敏锐地观察旧事物的缺陷，准确捕捉到新事物的萌芽，提出大胆新颖的推测和创意，继而进行周密的论证，拿出可行方案并付诸实施。它基于个人的创新意识，是管理创新主体最重要的能力，不具备这种能力则管理创新无从谈起。

第二，转化能力。转化能力是指管理创新主体将创意转化为可操作的具体方案的能力。转化能力表现为企业家要善于在转化过程中运用综合、移植、改造、重组、创新等技法，来保证好的创意能够转化为可实施的方案。

第三，应变能力。管理创新本身就是应变的产物，应变是主观思维的一种"快速反应能力"，是创新能力的基础。应变能力表现为能审时度势，能在复杂的变化中辨明方向，产生应对的创意和策略。

第四，组织协调能力。管理创新需要投入相当多的资源，需要一定的周期，而且可能面临来自各方面的阻力。只有管理创新主体具备较强的组织协调能力，才能够有效地安排所投入的资源，在改变原来的管理模式、推行新的管理方式时，使企业依然有效运转，才能使创新行为得到各方的支持，从而提高管理创新成功的可能性。

三、创新的内容、策略与方法

（一）创新的内容

系统在运行中的创新涉及许多方面。在此，我们主要以社会经济生活中大量存在的企业系统来介绍创新的内容。

1. 观念创新

管理观念，又称管理理念，是指管理者或管理组织在一定的哲学思想支配下，由现实条件决定的经营管理的感性知识和理性知识构成的综合体。一定的管理观念必定受到一定社会的政治、经济、文化的影响，是企业战略目标的导向、价值原则，同时管理的观念又必定折射在管理的各项活动中。20世纪80年代以来，经济发达国家的优秀企业家提出了许多新的管理观念，如知识增值观念、知识管理观念、全球经济一体化观念、战略管理观念、持续学习观念等。在我国，企业的经营观念存在着经营不明确、理念不当、缺乏时代创新精神等问题，因此应该尽快适应现代社会的需要，结合自身条件，构建自己独特的经营管理理念。

2. 目标创新

我们知道，知识经济时代的到来会导致企业经营目标的重新定位。为什么呢？原因很简单：一是企业管理观念的革命，要求企业经营目标重新定位；二是企业内部结构的变化，促使企业必须重视非股东主体的利益；三是企业与社会的联系日益密切、深入，社会的网络化程度大大提高，企业正成为这个网络中重要的联结点。因此，企业经营的社会化越来越突出，从而要求企业高度重视自己的社会责任，全面修正自己的经营目标。众所周知，美国曾经最为推崇利润最大化，盈利能力曾经是评价美国企业的唯一标准，可现今，评价企业的标准已经发生了巨大变化。适应知识经济时代的相协调的多元企业经营目标观念被广为接受。例如，在全世界享有盛誉的美国《财富》杂志评选最优秀企业时，采用了创新、管理质量、财务稳健性、长期投资价值和全球竞争力等九项指标。从这些带有导向性的指标中我们发现，企业对员工、对社会、对用户的责任等指标在整个指标体系中占了相当的分量。所以在新的经济背景下，我国企业要生存，目标就必须调整为"通过满足社会需要来获得利润"。

3. 技术创新

技术创新是企业创新的主要内容，企业中出现的大量创新活动是有关技术方面的。技术水平的高低是反映企业经营实力的一个重要标志，企业要在激烈的市场竞争中处于主动地位，就必须不断地进行技术创新。一定的技术都是通过一定的物质载体和利用这些载体的方法来实现的，因此，企业的技术创新主要表现在要素创新、要素组合方法的创新和产品创新 3 个方面。

（1）要素创新

企业的生产过程是一定的劳动者利用一定的劳动手段作用于劳动对象，使之发生物理、化学形式或性质变化的过程。参与这个过程的要素包括材料、设备和企业员工三类。材料是构成产品的物质基础，材料的费用在产品成本中占很大的比重，材料的性能在很大程度上影响产品的质量。设备创新对于减少原材料、能源消耗，对于提高劳动生产率和产品质量、改善劳动条件有十分重要的意义。企业的人事创新，既包括根据企业发展的技术进步的要求，不断地从外部取得合格的新的人力资源，也包括应注意企业内部现有人力资源的继续教育，提高人的素质，以适应技术进步后的生产与管理的要求。

（2）要素组合方法的创新

利用一定的方式将不同的生产要素加以组合，这是形成产品的先决条件。要素的组合包括生产工艺和生产过程两个方面。工艺创新既要根据新设备的要求，改变原材料、半成品的加工方法，又要求在不改变现有设备的前提下，研究和改进操作技术和生产方法，以实现对现有设备的更充分的利用和现有材料的更合理的加工。工艺创新与设备创新是相互促进的，设备的更新要求工艺方法进行相应的调整，而工艺方法的不断完善又必然促进设备的改造和更新。企业应不断地研究和采用更合理的空间分布和时间组合方式，做好人机配合，提高劳动生产率，缩短生产周期，在不增加要素投入的情况下，提高要素的利用率。历史上，福特汽车公司将泰勒的管理学原理与汽车生产实际相结合而产生的流水线生产方式是一个典型的生产组织。

（3）产品创新

产品创新包括品种和结构的创新。品种创新要求企业根据市场需要的变化和消费者偏好的转移，及时地调整企业的生产方向和生产结构，不断开发出受用户欢迎的产品。结构创新在于不改变原有品种的基本性能，对现有产品结构进行改进，使其产品成本更低，性能更完善，使用更安全，更具市场竞争力。产品创新是企业技术创新的核心内容。它既受制于技术创新的其他方面，又影响其他技术创新效果的发挥。新产品的新结构，往往要求

企业利用新机器设备和新工艺方法；而新机器设备、新工艺方法的使用又为产品的创新提供了更优越的物质条件。

4. 制度创新

制度是组织运行方式、管理规范等方面的一系列原则规定，制度创新从社会经济角度来分析企业系统中各成员间的正式关系的调整和变革。企业只有具有完善的制度创新机制，才能保证技术创新和管理创新的有效进行。如果旧的、落后的企业制度不进行创新，会成为严重制约企业创新和发展的桎梏。企业制度主要包括产权制度、组织制度和管理制度三个方面的内容。企业制度创新就是实现企业制度的变革，通过调整和优化企业所有者、经营者和劳动者三者的关系，使各方面的权益得到充分的体现。

5. 结构创新

在工业化时代，市场环境相对稳定，企业为了实现规模经济效益，降低成本，纷纷以正规化、集权化为目标。但随着企业规模的不断扩大，组织复杂化程度也越来越高，信息社会的到来，使环境中的不稳定因素越来越多，竞争越来越激烈。管理者意识到传统的组织结构不适应现代环境的多变性便会实施创新。一个有效的组织应当是能随着环境的变化而不断调整自己的结构，使之适应新的环境的组织。根据这一认识，现代企业组织正不断朝着灵活性、有机性方向发展。

6. 环境创新

环境是企业经营的土壤，同时也制约着企业的经营。环境创新不是指企业为适应外界变化而调整内部结构或活动，而是指通过企业积极的创新活动去改造环境，去引导环境朝着有利于企业经营的方向变化。例如，通过企业的公关活动，影响社区、政府政策的制定；通过企业的技术创新，影响社会技术进步的方向。就企业而言，市场创新是环境创新的主要内容。市场创新是指通过企业的活动去引导消费，创造需求。人们一般认为新产品的开发是企业创造市场需求的主要途径。其实，市场创新的更多内容是通过企业的营销活动来进行的，即在产品的材料、结构、性能不变的前提下，或通过市场的地理转移，或通过揭示产品新的物理使用价值，来寻找新用户，再通过广告宣传等促销工作，来赋予产品一定的新的使用价值，影响人们的某种消费行为，诱导、强化消费者的购买动机，提高产品的销售量。

7. 文化创新

现代管理发展到文化管理阶段，可以说已达到顶峰。企业文化通过员工价值观与企

价值观的高度统一,通过企业独特的管理制度体系和行为规范的建立,使管理效率有了较大提高。创新不仅是现代企业文化的一个重要支柱,还是社会文化中的一个重要部分。如果文化创新已成为企业文化的根本特征,那么创新价值观便能得到企业全体员工的认同,行为规范也会得以建立和完善,企业创新动力机制也会高效运转。

案例链接

"北有王麻子,南有张小泉。"在中国剪刀行业中,王麻子剪刀声名远扬。王麻子剪刀在清顺治八年(1651年)成立,是著名的中华老字号企业。300多年来,王麻子剪刀以刃口锋利、经久耐用而享誉民间。王麻子剪刀在生意最好的20世纪80年代末,1个月曾创造过卖出7万把菜刀、40万把剪刀的最高纪录。

但从1995年开始,王麻子剪刀陷入连年亏损的境况,审计资料显示,截至2002年5月31日,北京王麻子剪刀生产总额1 283万元,负债总额2 779万元,资产负债率高达216.6%,只能向法院申请破产。最终在2003年年初宣布破产。

讨论:你从中得到了什么启示?

(二)创新的策略

1. 首创型创新策略

首创型创新,是创新度最高的一种创新活动。其基本特征在于首创。例如,率先推出新的产品,率先开辟新的市场销售渠道,率先采用新的广告媒介,率先改变销售价格,所有这些行为都可称为首创型创新。首创型创新具有十分重要的意义,因为没有首创就不会有改创型创新或仿创型创新。每一项重大的首创型创新,都会先后在不同的地区进行一系列相应的改创型创新和仿创型创新活动,从而具有广泛又深远的创新效应。对于康养旅游管理企业来说,进行首创型创新,可以开辟新的市场领域,提高企业的市场竞争力,获得高利润。对于已经处于市场领先地位的企业来说,要想继续保持自己的市场领先地位,也必须不断进行首创型创新。

一般来说,首创型创新活动风险较大、成本较高,但相应的利润也较高。由于市场需求的复杂性和市场环境的多变性,以及生产、技术、市场等方面的不确定性,首创型创新活动有较大的不确定性和风险性。另外,要开辟一个全新的市场,企业必须先进行大量的开发投资,包括市场调查、产品开发、设备更新、组织变动、人员培训、广告宣传等开发费用。当然,如果首创型创新获得成功,企业便会因此获得巨大的市场利益;如果首创型创新失败,企业就会蒙受一定的损失。首创型创新是一种高成本、高风险、高回报的创新活动。因此，在采用首创型创新策略时，创新者应根据实际情况，充分考虑各种条件的影响，选择适当的创新时机和方式，及时进行创新。

2. 改创型创新策略

改创型创新的目标是对已有的首创型创新进行改造和再创造，在现有首创型创新的基础上，充分利用自己的实力和创新条件，对他人的首创进行再创新，从而提高首创的市场适应性，促进新市场的不断发展。这是一种具有中等创新度的创新活动。改创型创新策略，是介于首创型创新策略与仿创型创新策略之间的一种中间型创新策略。改创性是改创型创新策略的基本特征。改创者不必率先创新，只需对首创者的创造进行改良或改造，因此，改创承担的创新成本和风险比较小，所获创新收益却不一定比首创者少。当然，改造也是一种创造，也具有一定的风险。首创是重要的，改创也是重要的。如果没有首创，便失去了改创的前提和基础；如果没有改创，许多首创便没有其市场发展前景。例如汽车、计算机等首创产品，如果没有后来的不断改进和再创新，也就不会有今天的大发展。

3. 仿创型创新策略

仿创型创新是创新度最低的一种创新活动，其基本特征在于模仿性。模仿者既不必创造全新的市场，也不必对首创进行改创。仿创者既可模仿首创者，又可以模仿改创者，其创新之处表现为自己原有市场的变化和发展。一些缺乏首创能力和改创能力的企业，往往采用模仿策略，进行仿创型创新。

一般来说，仿创者所承担的市场风险和市场开发成本都比较小。虽然仿创者不能在市场中占领先地位，却可以通过自己某些独特的市场发展条件来获得较大的收益和竞争力。例如，仿创者可以采取率先紧跟首创者的策略，从而取得时间优势，或者采用市场割据策略、低成本策略，从而获得价格优势。仿创有利于推动创新的扩散，因而也具有十分重要的意义。任何一个首创或改创企业，不论它拥有多强的实力，都无法在一个比较短的时间内占领所有的市场。因此，一旦首创或改创获得成功，一大批仿创者出现就成为必然。

总之，在制定创新策略时，不同企业应该选择适当的创新度，进行适度创新。所谓适度创新，就是既要适应市场需求的发展状况，又要适应本企业的创新条件。只有这样，创新者才能充分利用和发挥本企业的创新优势，尽量减少或避免创新的风险，提高创新的效果，促进企业的发展。

（三）创新的方法

1. 头脑风暴法

头脑风暴法是美国创造学家亚历克斯·奥斯本（Alex Osborn）在 1939 年发明的一种

创新方法。这种方法是通过一种别开生面的小组畅谈会,在较短的时间内充分发挥群体的创造力,从而获得较多的创新设想。当一个与会者提出一个新的设想时,这种设想就会激发小组内其他成员的联想。当人们卷入"头脑风暴"的洪流之后,各种各样的构想就像燃放鞭炮一样,点燃一个,引爆一串。这种方法的规则有如下7点。

① 不允许对别人的意见进行批评或反驳,任何人不做判断性结论。

② 鼓励每个人独立思考,广开思路,提出的改进设想越多越好,越新越好,允许相互之间存在矛盾。

③ 集中注意力,针对目标,不私下交谈,不干扰别人的思维活动。

④ 可以补充和发表相同的意见,使某种意见更具说服力。

⑤ 参加会议的人员不分上下级,平等相待。

⑥ 不允许以集体意见来阻碍个人的创造性设想。

⑦ 参加会议的人数不超过10人,时间限制在20分钟到1小时。

这种方法的目的在于创造一种自由奔放的思考环境,诱发创造性思维的共振和连锁反应,产生更多的创造性思维。讨论1小时能产生数十个乃至几百个创造性设想,适用于问题较单纯、目标较明确的决策。

这种方法在运用中又发展出"反头脑风暴法",做法与"头脑风暴法"相反,对一种方案不提肯定意见,而是专门挑毛病、找矛盾。它与"头脑风暴法"一反一正可以相互补充。

2. 综摄法

综摄法是美国人威廉·戈登(William Gordon)发明的一种开发潜在创造力的方法。它是以已知的东西为媒介,把毫不关联、互不相同的知识要素结合起来创造出新的设想,也就是摄取各种产品和知识的精粹,综合在一起创造出新的产品或知识,故名综摄法。这样可以帮助人们发挥潜在的创造力,打开未知世界的窗口。综摄法有两个基本原则。

(1) 异质同化,即"变陌生为熟悉"

这实际上是综摄法的准备阶段,是指对待不熟悉的事物要用熟悉的事物、方法、原理和已有的知识去分析对待它,从而提出新设想。

(2) 同质异化,即"变熟悉为陌生"

这是综摄法的核心,是指对熟悉的事物、方法、原理和知识,用不熟悉的态度去观察分析,从而启发出新的创造性设想。

3. 逆向思考法

逆向思考法是顺向思维的对立面。逆向思维是一种反常规、反传统的思维。顺向思维的常规性、传统性,往往导致人们形成思维定式。这是一种从众心理的反映,往往使人们形成一种思维"框框",阻碍着人们创造力的发挥。这时如果转换一下思路,用逆向思考法考虑，就可能突破这些"框框"，取得出乎意料的成功。逆向思考法由于是反常规、反传统的方法，因而它具有与一般思考不同的特点。

① 突破性。这种方法的成果往往冲破传统观念和常规，常带有质变或部分质变的特性，因而往往能取得突破性的成就。

② 新奇性。由于思维的逆向性，改革的幅度较大，因而必然是新奇的、新颖的。

③ 普遍性。逆向思考法适用范围很广，几乎适用于一切领域。

④ 实效性。通过反向、逆向或非传统的思考方式解决问题时，其在实际应用中的有效性、效率和成果。它强调跳出常规思维框架，以对立或反向角度切入问题，从而可能更快地发现解决方案、规避风险或实现创新。

4. 检核表法

检核表法几乎是适用于任何类型与场合的创造活动，因此又被称为"创造技法之母"。它是用一张一览表对需要解决的问题逐项进行核对，从各个角度诱发多种创造性设想，以促进创造发明、革新或解决工作中的问题。实践证明，这是一种能够大量开发创造性设想的方法。

检核表法是一种多渠道的思考方法，包括以下一些创造技法：迁移法、引入法、改变法、添加法、替代法、缩减法、扩大法、组合法和颠倒法。它启发人们缜密地、多渠道地思考问题和解决问题，并广泛运用于创造、发明、革新和企业管理中。它的关键是一个"变"字，而不把视线凝固在某一点或某一方向上。

5. 类比创新法

类比就是在两个事物之间进行比较，这两个事物可以是同类的，也可以是不同类的，甚至是差别很大。通过比较，找出两个事物的相似之处，然后据此推断出它们在其他方面的相似之处，因此，类比创新法是一种富有创造性的发明方法，它有利于发挥人的想象力，从异中求同，从同中求异，产生新的知识，得到创新性成果。类比方法很多，有拟人类比法、直接类比法、象征类比法、因果类比法、对称类比法、综合类比法等。

6. 信息交合法

信息交合法通过若干类信息在一定方向上的扩展与交合，来激发创造性思维，提出创新性设想。信息是思维的原材料，大脑是信息的加工厂。通过不同信息的撞击、重组、叠加、综合、扩散、转换，可以诱发创新性设想。要正确运用信息交合法，必须注意抓好以下3个环节。

（1）搜集信息

不少企业已设立专门机构来搜集信息。网络已成为当今企业搜集信息的主要渠道。搜

集信息的重点放在搜集新的信息上,只有新的信息才能反映科技、经济活动中的最新动态、最新成果,这些往往对企业有着直接的利害影响。

(2)拣选信息

拣选信息包含核对信息、整理信息、积累信息等内容。

(3)运用信息

搜集、整理信息的目的是运用信息。运用信息,一要讲快,快才能抓住时机;二要交合,即将这个信息与那个信息进行交合,这个领域的信息与那个领域的信息交合,把信息和所要实现的目标联系起来思考,以创造性地实现目标。信息交合可通过本体交合、功能拓展、杂交、立体动态四种方式进行交合。

总之,信息交合法就像一个"魔方",通过各种信息的引入和各个层次的交换会引出许多系列的新信息组合,为创新对象提供了多种可能性。

7. 模仿创新法

人类的创造发明大多是由模仿开始的,然后进入独创。模仿既可用于工程技术领域、艺术领域,也可用于管理领域。

四、中国企业的管理创新

(一)中国企业面临的挑战

当前,以互联网、大数据、人工智能为代表的新一代信息技术蓬勃发展,催生出新产业、新业态、新模式,给经济发展、社会进步、人民生活带来重大而深远的影响。中国企业目前正处于一个飞速发展的创新时期,中国的科技创新进入了一个跟跑和并跑、领跑并存的新阶段。一方面,以企业为代表的民间创新,成为社会进步的一个引擎。"百度大脑"人工智能、阿里巴巴"飞天开放平台"等技术成果,在全球互联网领域内位于先进行列。华为、中兴通讯等企业参与的中国5G技术方案,在全球5G标准制定中赢得一席之地。另一方面,社会对于科学求真求实的探讨,也在不断深入。当前,中国企业既要使自己能够与国家经济体系的转变合拍,又要使目前的企业状况得以改变并有所创新,以跟上世界现代企业管理发展的步伐。这种双重任务使中国的企业在其发展过程中面临着管理创新的挑战。

管理知识的积累是信息技术等先进技术能够得以发挥作用的重要条件。西方国家能够快速进入知识经济时代就是因为其所具有的长期的管理知识的积累。我国企业适应市场经济的时间较短,与工业发达国家相比还不太成熟,这就决定了我国企业在管理水平上存在多层次性和复杂性。

1. 经济制度和体系创新的挑战

中国的经济制度和经济体系由计划经济制度和体系向市场经济制度和体系转变,对中国企业而言,意味着要对原有的经营理念、生产运作方式、管理方式等进行扬弃和取舍,并重新在企业运行过程中学习和建立一套新的理念、方式和方法。企业在市场竞争中会遇到一系列现代经营管理上的问题,如市场分析和预测、消费者行为心理的研究、供应商的选择和合作、遇到危机时的应急策略等,这些问题在西方现代企业管理中已经得到解决或者正在探讨,但对于中国的企业来说却仍需要在实践中进行探索。

2. 知识经济和经济全球化的挑战

知识经济的全面兴起为经济全球化奠定了基础。在这样的背景下,新一轮兼并浪潮席卷全球。企业经历了生产型管理之后必须快速转向创新型管理。我国加入世界贸易组织(WTO)以来,面对的已不再是相对封闭的国内市场,而是一个在世界贸易组织规则之下的、开放而通畅的国际大市场,这种开放使中国的经济发展提升到了一个新的水平,中国企业的经营和管理与国际惯例的接轨势在必行。

3. 现代生产运作管理方式的挑战

在过去,生产运作管理系统的研究和实践主要考虑的是制造业的问题,甚至许多时候只涉及生产系统内部,绝大部分的生产管理理论和方法也是针对制造业的。但在今天,人们已经把服务业作为生产管理系统的一个重要方面来加以研究,提出了许多更适用于服务业的新的生产管理系统理论和方法并应用于实践中,这使生产运作管理的范围扩大。随着科技的进步和人们生活条件的不断改善,消费者的价值观变化很快,消费需求日趋多样化、个性化,这使产品的生命周期相应缩短,从而使生产运作模式发生了相应变化。同时,随着信息技术和现代生产运作管理技术的飞速发展,我国企业应通过智能化、数字化、虚拟化、网络化、敏捷制造等来提升企业竞争力。

4. 技术创新能力薄弱的挑战

当今世界的竞争,归根结底是科技实力与技术创新能力的竞争。中国与发达国家的高技术产业经济相比,还有一定的差距。从投入上看,世界500强企业研发经费占销售收入的比重逐年增大。在企业研发人员比重上,我国大型企业不到10%,而美国和日本平均超过30%。因此,中国应健全市场机制,提高科技转化为现实生产力的能力,进而提高国际竞争力。

（二）中国企业管理创新的阻力及克服方法

1. 中国企业管理创新的阻力

中国企业在经济全球化的竞争中要遵循新的游戏规则，创新是唯一的出路，在进行管理创新时，不可避免地会遇到阻力。根据我国企业的实际情况，企业在管理过程中通常会遇到以下5个方面的阻力。

（1）观念转变的阻力

在中国，创新的最大阻力不是来自技术的改进，也不是来自先进体系的缺乏，而是来自观念的陈旧。我国的某些企业长期以来习惯了计划经济体制下的经营管理，对市场经济快速多变的情况感到不适应，因此企业在不得不进行创新时往往首先要克服来自观念方面的阻力。

（2）目标过高的阻力

我国的某些企业整体管理水平不高，在制定创新目标时，不应好高骛远或照搬照套国外成功企业的创新经验，把企业创新目标定得过高，这实际上会阻碍企业的创新。例如，我国有些企业照搬美国摩托罗拉公司的成功经验，在企业内推行六西格玛管理模式，结果刚开始轰轰烈烈，到最后却不了了之，浪费了大量的精力和财力。之所以产生这样的现象，原因在于这些企业在创新活动过程中也往往没有仔细分析管理理论和方法的适用性，在不了解这些理论和方法的来龙去脉的情况下，就进行套用，其结果适得其反。

（3）目光短浅的阻力

某些企业由于目光短浅，仅考虑眼前利益或墨守成规，畏难不前，不能适时进行创新，其结果是企业不能产生创新的火花，以致在竞争中处于劣势，甚至被淘汰。还有的情况是某些人认为管理创新不符合组织的目标和最佳利益，为一时的得失而斤斤计较，缺乏长远眼光，看不到创新对组织发展产生的深远影响，从而错失良机。

（4）内部的阻力

在一定程度上，创新意味着组织结构的创新或者业务流程的重组，因此创新受到的阻力往往也来自企业内部人员。企业之所以创新，当然是现有的组织结构或业务流程存在着种种弊端，但是在创新的推行中，难免涉及许多人的切身利益，因此创新会受到一些挑战。另外，很多企业由于长期积累的弊病而形成的一些惯性，也会对创新起到一定的反作用。

（5）过度分析论证的阻力

管理本身具有不可复制性，对于创新，总包含着一定的风险因素。过分挑剔的眼光和过度的分析论证都可能将创新扼杀在摇篮之中。实质上，任何一种行动方案，在实施过程中都会随着实际情况的变化而调整，然后逐渐完善。

2. 管理创新阻力的克服

管理者要成功实施管理创新，必须克服上述来自各方面的阻力，争取员工的支持和合作，但是管理者应该如何应对管理创新中的抵触情绪、克服创新阻力呢？

（1）观念创新

观念创新是企业创新的先导，决定企业的生死存亡。企业的观念创新是指形成能够比以前更好地适应环境的变化，并更有效地利用资源的新概念或新构想的活动。观念创新必须与外部环境的变化同步。它是一个自我否定的过程，要超越固有的思维模式，打破旧的利益分配格局。我国企业之所以对遇到的许多问题束手无策，就是因为观念受到了束缚，我们已经习惯于在自己熟悉的范围内寻找对策，而事实是现在的环境与过去相比已经发生了根本性的变化。在这种情况下，即使我们使出浑身解数，也无济于事。只有跳出原有的圈子，才能柳暗花明，而要跳出原有的圈子，就必须进行观念创新。企业管理者和员工应该不断学习，吸收先进企业的管理创新思想和经验，树立创新意识。企业的经营者应该主动进行观念创新，以便适应现在变化迅速的企业外部环境。

（2）领导风格的创新

任何一种创新工作的实施，都需要有一支强有力的创新领导队伍。没有好的领导，创新工作就很难取得成功。创新的决策和运行需要控制，这就要求各级管理人员不仅要善于领导，还要具有创造、沟通能力，这也意味着企业管理者对自身的领导能力要有非常清醒的认识，应该重新审视自己的领导风格，打破传统的等级观念，改变依靠命令推行创新的思想，通过建立适合企业长远发展的创新目标和措施及与企业内外部环境的沟通与协调推行创新。

（3）实事求是地分析企业的实际情况

企业在进行创新时，目标过高或目光过低都可能导致创新的失败。这就要求企业能够客观地评价历史和现状。只有对历史和现状有一个正确的评价，才可能让员工切实体会到创新的重要性，从而制定出合理的目标和正确的措施。在分析企业情况时，要防止出现前面提到的过度论证分析的情况，导致创新裹足不前。

（4）创新计划的交流

在创新之前，企业有关管理部门应提前对员工进行教育，使员工做好创新的准备，需要向员工传达创新的动因、性质、内容、目的、逻辑及可能的结果等。有时就算管理部门的改革建议能使每个人受益，人们也可能因为没有领会它的目的而反对它。此时，管理层和员工之间的良好沟通可以预防或消除抵制。管理层应该在沟通的基础上再引导员工参与到创新计划的制订和实施中来。除内部成员外，企业还必须顾及其他利益相关的外部人员，如政府机关、供应商、新闻媒体等，因为有时外部力量对创新也起着很重要的作用。为了创新的成功实施，企业不应忽视这些外部环境因素。

知识链接

创新之"过"

多数知识型或科技型企业都将创新视为企业的灵魂，视为企业发展的不竭动力，但是通过对众多企业的调研发现，创新不足是问题，盲目创新也是问题。事实上，创新对企业发展具有正反两方面的作用，创新需要管理，盲目的创新、过分的创新，可能意味着"自杀"。

尽管很多公司经常谈论开发革命性新产品的必要性，但真正的突破几乎总是来自充满活力的年轻初创企业。这里的主要原因很好理解，建立新市场所需的是冒险、试验和有点鲁莽的热情，这与运作成熟企业所需不同。

这样说并非否认创新是企业发展的动力和赢得竞争优势的重要手段，但企业创新不同于专门科研机构的创新。专门科研机构创新的目的在于发现新知识或新技术，其制约因素主要在于人、财、物构成的科研能力大小。企业创新有着特殊的制约因素，那就是市场需求，包括客户需求和竞争需求。高绩效的企业创新来自市场需求导向，失去市场需求导向的创新是盲目的创新。多数拥有创新声誉的企业都深谙创新之道，但它们最好的点子往往是借鉴而来的。

（1）过快创新

过快创新是单纯追求技术推出速度而脱离市场节奏的一类创新。不给创新成果一段相对稳定的应用过程，总是在快速不断地推陈出新、更新换代，虽然满足了技术人员的创新欲望，但会造成创新的不经济。日本的汽车企业在 20 世纪 80 年代就品尝过汽车换型过快（平均 3～4 年）、研发投入过多的教训。尽管赢得了局部竞争的胜利，但给企业背上了较重的财务包袱。相对而言，英特尔公司有节奏地推出新产品的策略，就是对创新进行有效管理的成功案例。CPU 从 286 到 586，又从 Pentium 1 到 Pentium 4，表面看来是按照摩尔定律进行的技术创新、产品换代，实质是对市场节奏的巧妙把握，对游戏规则的灵活掌握。企业应该以市场为导向而不能以技术为导向。创新是为客户服务的，而不是给客户找麻烦的。

不仅是技术，管理创新也会有过快的问题。深圳华为技术有限公司有针对性地提出"先僵化、再优化、后固化"的思路，就是为了尽量避免管理学习过程中过快创新可能带来的问题。

（2）过早创新

企业存在的理由是满足客户需求，但更高调和更激进的企业往往提出要"创造客户需求"。尽管俗话说"买的不如卖的精"，但是这种假定自己比客户聪明的想法也有问题。比如,由于过于超前的技术或产品创新是为少数超前客户服务的,它可能导致短期内无法形成有效的、有规模的市场。跟不上客户需求是问题,超越了客户需求同样也是问题,正所谓"领先半步是先进,领先三步成先烈"。

过早创新产生的理由之一往往是强调所谓的长远目标或长期战略,而忽视了企业近期的生存需要,于是当欣赏新技术所描绘的美好远景的人数过少时,创新可能会演变成"找死"的盲动主义。企业创新必须注意短期市场和长期市场的协调。

企业创新必须以客户需求为导向。当企业陷入批评竞争对手产品技术落后、不久就会被淘汰,而客户却不以为然的时候,就应该反思企业是否偏离客户的需求导向了。

凭技术优势而自豪的高科技公司更容易滑向技术导向。北大方正激光照排产品的成功就是因为竞争对手过分得意于产品在某些特殊功能上的技术优势,如能够排版微积分、苯环等,错误地将目标客户集中在了特定出版社等狭窄领域,从而为北大方正留下了报社等广阔的市场空间。背离客户需求的创新是盲目创新,脱离有效客户需求的创新同样是盲目创新。

深圳华为技术有限公司可以说是非常崇尚技术创新的公司,但公司为自己确定的宏观商业模式是"产品发展的路标是客户需求导向,企业管理的目标是流程化组织建设",再次确认了走客户需求导向、不走技术导向的成长之路。

(3)过度创新

过快和过早创新主要是从技术和产品角度来看的,掉进这两个陷阱可能是因为竞争所致,与企业过强的技术导向有密切关系,但过度创新则与技术因素无关。

过度创新指的是企业在组织或管理变革方面过于激烈的、疾风暴雨式的创新。创新或变革对原有组织或管理系统造成过大冲击,使组织失去了起码的稳定性和连续性,这是很多企业创新或变革失败的主要原因。企业规模越大,其管理结构、流程及人际关系就越复杂,越适宜"搞改良",也适宜循序渐进。华为首席执行官任正非形象地将这种创新叫作"文火慢慢烤",联想柳传志先生则将它比喻为"绕大弯"。

管理进步的标志之一就是流程化,流程化可以减少和避免随意性。在某种意义上,小企业怕超速扩张,大企业怕随意变革。

避免过度创新有一些原则可循。比如,衔接有序原则:防止变革过程中出现决策和责任真空,在新组织完全建立前,旧的决策模式不完全消失,保障业务变革在有序中进行。继承发扬原则:反对"一朝天子一朝臣",反对新干部上台否认前任干部的管理,反对随意地破坏原有文化或管理的合理的内核及与周边已形成的习惯性协调。评估论证原则:稳定发展时期不能提倡管理上的大胆探索,任何管理改进,都要以全局为目标来进行评估,任何变革都必须经相关委员会充分论证后批准等。

企业要保持持续的创新,还需要建立创新的激励和保障机制,为创新分配充足的资源是必要条件，同时不能忽视对创新成果的正确考评。比如，创新成果必须是为企业创造效益的，而不是为科研人员晋升职称的；创新成果必须是不断累积成文档的，而不能只是储存于员工头脑中的。

总之，创新是实现企业持续成长的一种手段，而不是目的。因此，创新本身没有对错，但创新的结果可能是吃到"馅饼"，也可能是掉进"陷阱"，盲目的创新极有可能导致企业掉进过快、过早、过度创新的"陷阱"。对某些正在成长为大公司的企业更是如此。有研究表明，中小企业的特殊优势在于新产品、新技术的创新能力，大企业的特殊优势不是创新能力而是对各种资源的吸收和整合能力。所以，对于志在做大、做强、做久的企业来讲，创新重要，如何管理创新、避免创新陷阱更为重要。

点评：创新对管理来说固然重要，但如何把握好创新的"度"，对于成功管理而言更加重要。

任务思考

1. 在生活中，你的周围有创新意识的人吗？他们的创新意识体现在哪些方面？
2. 请为创新过程画一张图。
3. 创新的内容与方法有哪些？你体会最深的是哪个？为什么？
4. 创新的原则有哪些？

项目总结

创新是一种思想及在这种思想指导下的实践，是一种原则及在这种原则指导下的具体活动。本项目介绍了创新的含义、特征、作用，创新的原则、主体，创新的过程、内容、策略及方法，中国企业管理创新所面临的挑战，中国企业管理创新的阻力及克服方法。我们以后从事康养旅游企业管理工作，必须培养自己的创新意识，按照管理的基本规律，积极进行管理创新，才能帮助组织不断地创新发展，也才能使自己不断进步。

项目实践

以小组为单位，每小组选择一家康养旅游公司进行调研，分析其在管理创新上的问题，提出解决的对策，并展示汇报。

参考文献

[1] 乔宇静. 管理学[M]. 郑州：郑州大学出版社，2010.

[2] 章平. 旅游管理基础[M]. 北京：科学出版社，2007.

[3] 毕甫清. 管理学基础[M]. 北京：清华大学出版社，2006.

[4] 邢以群. 管理学[M]. 杭州：浙江大学出版社，2021.

[5] 蒋永忠，张颖. 管理学基础[M]. 大连：东北财经大学出版社，2023.

[6] 郑丽梅. 管理学基础[M]. 北京：清华大学出版社，2006.

[7] 许凌. 旅游管理基础[M]. 北京：科学出版社，2019.

[8] 杨奇美. 健康与旅游[M]. 哈尔滨：哈尔滨工程大学出版社，2018.

[9] 周三多，陈传明，鲁明泓. 管理学原理与方法[M]. 上海：复旦大学出版社，2009.

[10] 董观志，梁增贤. 旅游管理原理与方法[M]. 北京：中国旅游出版社，2009.

[11] 范黎波，宋志红. 管理原则解析：案例分析方法[M]. 北京：对外经济贸易大学出版社，2004.

[12] 王凤斌，李东，李彬. 管理学[M]. 北京：中国人民大学出版社，2018.

[13] 刘秋华. 企业管理[M]. 大连：东北财经大学出版社，2009.

[14] 刘兰剑，李玲. 管理定量分析：方法与技术[M]. 北京：中国人民大学出版社，2018.

[15] 戴淑芬. 管理学教程[M]. 北京：北京大学出版社，2009.

[16] 刘追，石冠峰. 管理学[M]. 大连：东北财经大学出版社，2013.

[17] 宋振春，张友臣. 现代旅游管理学[M]. 青岛：青岛出版社，1998.

[18] 田里. 旅游管理学[M]. 昆明：云南大学出版社，2001.

[19] 邹统钎. 健康旅游养生经典案例[M]. 北京：旅游教育出版社，2023.

[20] 白小虎，陈海盛，王松. 特色小镇与生产力空间布局[J]. 中共浙江省委党校学报，2016，32（5）：21-27.

[21] 赵晓鸿. 康养休闲旅游基础[M]. 北京：旅游教育出版社，2021.

[22] 雷铭，薛欣，陈维. 康养服务理论与实践[M]. 北京：旅游教育出版社，2020.

[23] 潘一宽，胡月殷，龚哲. 冲破混沌：生生不息的企业文化之光[M]. 北京：机械工业出版社，2022.